大连理工大学公共管理学院学术著作出版资助项目

新业态下知识产权专题研究

王越 杨异 著

中国社会科学出版社

图书在版编目(CIP)数据

新业态下知识产权专题研究 / 王越，杨异著.
北京：中国社会科学出版社，2025.7. -- ISBN 978-7-5227-5136-8

Ⅰ.D923.404

中国国家版本馆 CIP 数据核字第 2025E04N69 号

出 版 人	季为民
责任编辑	许　琳
责任校对	苏　颖
责任印制	郝美娜

出　　版	中国社会科学出版社
社　　址	北京鼓楼西大街甲 158 号
邮　　编	100720
网　　址	http://www.csspw.cn
发 行 部	010-84083685
门 市 部	010-84029450
经　　销	新华书店及其他书店

印　　刷	北京君升印刷有限公司
装　　订	廊坊市广阳区广增装订厂
版　　次	2025 年 7 月第 1 版
印　　次	2025 年 7 月第 1 次印刷

开　　本	710×1000　1/16
印　　张	15.25
插　　页	2
字　　数	212 千字
定　　价	88.00 元

凡购买中国社会科学出版社图书，如有质量问题请与本社营销中心联系调换
电话：010-84083683
版权所有　侵权必究

前　　言

随着科学技术的不断发展，人类社会迎来了新的产业变革与发展，不仅改变了人们的生活方式，也深刻影响着经济发展的格局。在科技浪潮的推动下，新业态如雨后春笋般迅速崛起。这些新兴产业，如大数据、人工智能、区块链、基因技术以及云计算等，以其高度创新性和颠覆性，正逐渐成为推动经济增长和社会变革的重要引擎。新业态的崛起，促进了产业结构的优化升级，推动了经济增长方式的转变。同时，新业态还为创新创业提供了广阔的舞台，激发了市场主体的活力和创造力。越来越多的企业开始将目光投向新业态，通过技术创新和模式创新，寻求新的增长点和发展空间。

新业态的发展往往伴随着大量的技术创新和商业模式创新，这些创新成果需要得到有效的保护，以维护创新者的合法权益和市场秩序。然而，由于新业态的复杂性和多样性，新业态的涌现也带来了前所未有的挑战和法律问题。其中，知识产权保护问题尤为突出，出现了知识产权边界模糊、侵权手段更加隐蔽和复杂等新情况。传统的知识产权保护制度往往难以适应其需求，存在保护力度不够、保护范围不明确等问题。因此，本书《新业态下知识产权专题研究》应运而生。本专题研究将以"新业态"为切入点，聚焦不同类型的新业态与知识产权的交叉领域，旨在全面剖析新业态对知识产权保护提出的各种挑战和问题，探讨新业态下知识产权保护的新思路和新方法。通过理论与实践相结合，既深入分析了新业态下知识产权的理论问题，又结合具体案例进行了实证研究，以期在这个前沿领域能够为知识产权制度完善、相关政策制定、知识产权战略部署、学术界开展相关研究提供有益的参考和理论支撑。

  本书围绕新业态在知识产权方面出现的理论和实践问题展开研究，共分为六章。第一章介绍新业态下知识产权的基本内容，包括研究背景、新业态概念及其发展历程以及新业态知识产权的内涵，探讨新业态对知识产权保护的需求、现有法律制度存在的问题以及构建新业态下知识产权规则体系的路径与方法。第二章到第六章则是分别从大数据、人工智能、区块链、基因技术以及云计算五种新业态类型，梳理不同新业态类型的概念内涵、技术特征等基本理论，结合法律制度和实践案例分析现行法律制度的宗旨和适用衔接不当的问题，针对不断涌现的挑战提出促进新业态技术发展和知识产权保护应对措施的可行建议。

目 录

第一章 新业态崛起与知识产权前沿探索 ……………………（1）
 第一节 新业态知识产权的基本内容 ………………………（1）
 第二节 新业态发展对知识产权保护提出挑战 ……………（12）
 第三节 新业态下知识产权规则体系构建 …………………（26）

第二章 大数据的知识产权保护 ………………………………（36）
 第一节 大数据概述 …………………………………………（36）
 第二节 大数据知识产权保护的主体 ………………………（41）
 第三节 大数据知识产权保护的客体 ………………………（45）
 第四节 大数据知识产权保护的内容 ………………………（55）

第三章 人工智能知识产权保护 ………………………………（65）
 第一节 人工智能知识产权保护概述 ………………………（65）
 第二节 人工智能生成物著作权保护 ………………………（76）
 第三节 人工智能专利权保护 ………………………………（87）
 第四节 人工智能商标权保护 ………………………………（101）

第四章　区块链知识产权保护 …………………………………（115）
第一节　区块链知识产权保护概述 ……………………………（115）
第二节　区块链知识产权保护的风险规制 ……………………（131）
第三节　区块链知识产权保护典型模式 ………………………（138）

第五章　基因技术知识产权保护 …………………………………（151）
第一节　基因技术知识产权保护概述 …………………………（151）
第二节　基因技术专利权保护现状 ……………………………（160）
第三节　基因技术知识产权保护的理念 ………………………（186）

第六章　云计算知识产权保护 ……………………………………（198）
第一节　云计算知识产权保护概述 ……………………………（198）
第二节　云计算知识产权保护的应对措施 ……………………（201）
第三节　云计算服务模式知识产权保护 ………………………（205）

参考文献 ……………………………………………………………（230）

后　记 ………………………………………………………………（237）

第一章

新业态崛起与知识产权前沿探索

第一节 新业态知识产权的基本内容

一 研究背景

世界正处于百年未有之大变局已经成为当前社会的时代特征，国际力量重新洗牌盘整，政治环境和经济形势错综复杂，作为重要支柱乃至国家命脉的科技产业也经历着创新、变革等发展和升级，我国发展已进入重大战略发展机遇和巨大风险直面挑战并存的关键时期。在全面建设社会主义现代化国家开局起步的重要阶段，为了实现中华民族伟大复兴的宏伟目标，经济必须作为排头兵和主力军，首当其冲做出应对。在这个关键时期，坚定不移地实施创新驱动发展战略，加快现代产业体系建设，推进高水平对外开放，加强国际合作，是经济由高速增长阶段转向高质量发展阶段的必要手段。

依托信息时代计算机技术及信息产业的蓬勃发展，传统产业转型调整已形成不可逆转的趋势，以新技术发展为核心的产业变革为社会生产、生活方式带来巨变。新技术革命使原有的生产和商业模式翻陈出新，推进产业结构新格局的形成。在生产模式方面，工业生产中"人"的要素逐渐降低，通过计算机编程实现从"人操控机器"到"机器操控机器"的转化；在商业模式方面，互联网和信息技术的飞速进步一改传统供应模式、远程协同制造、供应链精准管理、客户个性化定制等新型智能商业模式层出不穷，有效提高企业运转执行的效率，降低企业运营成本。

受惠于技术革新产生的应用升级和创新成果，一方面能够促进新产业、新业态的出现，另一方面与现有产业、技术相融合而形成以新技术为核心要素的传统领域延伸发展的新业态。这种基于互联网及新经济产生的新业态，已经成为当前经济发展的重要推进器、改变产业格局的主要发动机。我国在2017年国务院下发的《国务院办公厅关于创新管理优化服务培育壮大经济发展新动能加快新旧动能接续转换的意见》中就充分认识到了新业态蕴含的巨大发展潜力及新特征，从政府服务、审慎监管、激发生产要素流动、建立支撑保障机制四个角度打造支持新业态新技术发展的制度环境，推动供给侧结构性改革、激发创新活力、培育壮大经济发展。① 国家领导人在多次重要会议、座谈及采访中强调了现阶段发展新业态的重要意义，鼓励政府和企业要注重培育新动能和发展新经济，促进新技术、新产业、新业态发展，助力供给侧结构性改革和经济的创新发展。

二 新业态概念及产生发展

（一）新业态概念

"业态"一词最早于20世纪60年代在日本出现，指业务经营的形式、状态，起初是在零售行业中指代零售商品、目标客户及零售形式这一具体经营模式，后来逐渐推广应用到其他产业领域，泛指提供产品和服务过程中所形成的经营形态。② 随着科技发展和产业变革，现代产业

---

① 国务院办公厅：《国务院办公厅关于创新管理优化服务培育壮大经济发展新动能加快新旧动能接续转换的意见》，2017年1月20日，http://www.gov.cn/zhengce/content/2017-01/20/content_5161614.htm。

② 李程骅：《商业新业态：城市消费大变革》，东南大学出版社2004年版，第74页。

中新业态的概念已经迥然不同。工商管理学从产业和企业内部管理角度对新业态下定义，即"新业态是指基于不同产业间的组合、企业内部价值链和外部产业链环节的分化、融合、行业跨界整合以及嫁接信息及互联网技术所形成的新型企业、商业乃至产业的组织形态"。① 而国家统计局则从产业领域宏观角度，认为新业态是指"顺应多元化、多样化、个性化的产品或服务需求，依托技术创新和应用，从现有产业和领域中衍生叠加出的新环节、新链条、新活动形态，具体表现为以互联网为依托开展的经营活动等"。② 但可以确定的是，新业态并非横空出世的全新产业，而是通过新技术的创新、推广和应用来实现对传统产业的升级、改造而形成的业态形式，是特定产业在信息时代的发展新阶段。传统行业的产品、商业流程、服务模式等方面依托于互联网及通信技术的迅猛发展，实现了巨大进步甚至行业颠覆，满足了信息时代社会生产和人类生活提出的更高的物质需求乃至精神需要。

新产业、新业态、新商业模式，"三新"为中国经济添活力。③ 三者有区别和共同之处。

1. 新业态与新产业

新产业指应用新科技成果、新兴技术而形成一定规模的新型经济活动。④ 新产业主要有两种产生方式：一是新技术应用产业化直接催生，二是传统产业采用现代信息技术升级形成。与新业态相比，二者皆以新技术为基础而实现创新活动，不同的是，新产业集中于产业宏观领域，

---

① MBA智库·百科：《什么是新业态》，http//wiki.mbalib.com/wiki/%E6%96%B0%E4%B8%9A%E6%80%81。
② 国家统计局：《2021年我国"三新"经济增加值相当于国内生产总值的比重为17.25%》，2022年7月29日，http：//www.stats.gov.cn/xxgk/sjfb/zxfb2020/202207/t20220729_1886876.html。
③ 孔德晨：《新产业、新业态、新商业模式占GDP比重提高0.2个百分点——"三新"为中国经济添活力》，《人民日报海外版》2020年7月10日第3版。
④ 国家统计局：《2021年我国"三新"经济增加值相当于国内生产总值的比重为17.25%》，2022年7月29日，http：//www.stats.gov.cn/xxgk/sjfb/zxfb2020/202207/t20220729_1886876.html。

而新业态的内涵更为丰富，包括产品和服务的经营模式、产业链等构成产业结构的重要组成因素。

2. 新业态与新商业模式

"新商业模式"是指采用互联网、大数据和云计算等技术手段，在高度垂直细分领域内整合交易主体、改变交易方法或者颠覆交易结构，提升了交易效率和质量并产生较好用户体验的商业方法。① 国家统计局在解释"新商业模式"时，更加侧重从商业运行模式的角度进行定义：为实现用户价值和企业持续盈利目标，对企业经营的各种内外要素进行整合和重组，形成高效并具有独特竞争力的商业运行模式。② 在实际生产和现实表现中，其主要特征是将互联网融入产业升级创新、把硬件融入服务，为消费者提供包含消费、娱乐、休闲、服务等内容的综合服务。

新业态与新商业模式，都是依托互联网进行创新，在服务和产业上实现升级。但新业态的外延比新商业模式更为广泛，不局限于商业模式的创新，还对产业链进行改造升级，增加了活动形态的形式等变革。如在传统制造业的信息化改造中，技术产品的设计研发、加工生产、销售营销及售后服务等环节充分利用大数据和人工智能等信息技术产物，提高单个环节和整体产业链的效率，实现环节之间互通融合，增加产业附加值。

(二) 新业态的产生与发展

计算机和信息技术革命极大地推动了产业变革，依托于互联网和数据处理的电子信息技术不断升级，并迅速扩大应用领域，对人类生产生活产生深刻影响。传统的手工业和工业时代的机器化循序渐进向信息

---

① 闫文锋、苏丹：《试论新业态对专利制度的挑战》，《知识产权》2018 年第 5 期。
② 国家统计局：《2021 年我国"三新"经济增加值相当于国内生产总值的比重为 17.25%》，2022 年 7 月 29 日，http：//www.stats.gov.cn/xxgk/sjfb/zxfb2020/202207/t2022 0729_1886876.html。

化、智能化转变，互联网和信息技术促进产业链内外实现升级、互动和交融，并在产业之间实现互联，进而推动产业结构、分工和融合，催发了新业态的涌现。

信息技术革新、产业升级和消费者需求是推动新业态产生和发展的三大重要因素。

1. 信息技术革新

探寻世界发展演变轨迹，经历了蒸汽、电气、计算机和信息时代，每一次技术变革都是人类工业文明的跃迁。而今，信息技术的革新也使得产业发展进入新阶段。信息技术对产生新业态的推动体现在三个方面：其一，信息技术自身发展形成新产业——电子信息产业，电子信息技术对传统产业形态和商业模式产生颠覆性创新，形成新业态。20世纪后期，计算机技术和通信技术的迅猛发展为新业态的兴起奠定基础。从个人单机PC端到Internet时代再到万物互联，大数据、云计算、区块链等新名词、新技术层出不穷，电子信息技术的每一次更新进步都助力海量的新业态落地；其二，信息技术能够通过与第一、第二产业及其他服务融合的方式来形成新业态。代表第一、第二产业的农业和加工制造业伴随互联网及信息技术的发展而不断产业升级，无论是智能化、机械化的新养殖种植方式还是加工制造产业链中研发、销售及服务等不同环节的融合与分离，都极大地推动了产业分工及变革，催生大量新业态；其三，信息技术自身的发展与制造业融合互动，在互联网技术的支持下，增进不同产业链之间进行分工与互动，推动企业之间的关联网络不断更新调整，进而创造新业态。

2. 产业升级

世界经济已经进入了产业升级换代阶段，面临产能过剩、制造业利润下降等发展难题，科学技术革新与推进传统产业改造、促进产业转型升级、转变产业发展方式、提升产业发展层次等产业调整紧密相连，向新业态的发展提出质询。在互联网大背景下，用户需求创造、消费渠道创新以及消费者观念转变等开拓了创新经济的发财之路，在传统经济效益增长点内崭露头角。以制造业研发生产的产业发展的三个层次为例：第一类是最广泛意义上的制造业，即满足基本生产生活需求，如基本的工业材料和生活日用品；第二类是在社会、经济的关键领域实现独立自主制造，产品质量、工艺符合国际先进标准，又保留本土优势及特色，如北斗卫星系统；第三类则是通过技术创新成就顶尖技术含量的制造，掌握核心技术形成壁垒，赚取超额利润，如外国对我国采取封锁的芯片和半导体技术。制造业从基础产业向更高阶段跃迁，通过现代产业管理和高端技术发展来提升产业规模化、标准化、集约化和专业化水平，进而实现产业自身迭代更新，这个产业升级的过程必然会培育新型业态。

3. 消费者需求

中国特色社会主义进入新时代、新阶段，随着技术创新和经济发展，社会主要矛盾转化，人民的追求从日益增长的物质文化需要转化为日益增长的美好生活需要，消费者对产品的需求也推动传统业态革新和新业态的产生。追溯经济发展及营销模式演变，经历了从产品为王到渠道为王，再到终端为王，如今到消费者为王的四个阶段，将焦点从产品本身、营销推广转移到消费者身上。产品为王是倚重产品自身质量和重要性，是以酒香不怕巷子深；渠道为王则将重点放在拓宽营销渠道，通过多渠道宣传推广增加消费者了解产品的机会，铺天盖地的广告即是该阶段的产物；而终端为王的实质，则是探寻消费者灵魂深处的欲望，以此引发消费行为的发生；而消费者为王则是信息时代经济发展最直白的概述。互联网大数据等技术的发展，有利于客户群体细分市场，甚至可以通过消费者在移动终端的浏览数据及频率而使得针对单个消费者进行个性化推荐及精准营销成为商业现实。企业对消费者之于产品与服务的需求能够精准把控，对消费者价值主张和满足程度也可以在一定范围内调整，促进企业调整产业、开拓新业态。

三 新业态与知识产权的联系

(一) 知识产权制度与新业态

知识产权的理论起源可以追溯到罗马法中的"无体物理论",是"知识的财产化"的革命产物。现代知识产权制度伴随工业革命而产生,是以实用主义和经验主义作为基础并基于社会需求创设而来的法定权利[①],并且伴随科技变革而不断发展。溯源知识产权制度的变迁过程,本身就是法律制度创新与科技创新相互作用、相互促进的过程[②],知识产权制度的重大革新与科学技术的突破性创新紧密相连。

英国于1624年颁布了《垄断法》,法规规定了保护期内新发明创造未经权利人允许不得被生产、制造、销售和使用这种方法及类似产品。这是全球首部专利法律,其颁布目的是适应国家建立新工业的需要,通过给予新技术和创新市场的临时垄断的权利来促进国内相关行业的发展。1706年问世、被视为世界第一部著作权法的《安妮法》,是英国书商为了实现商业贸易和利益竞争的成果,而非是保护著作权的独创性和原创性。商标的起源则更为久远,"注册"商标的意识从古罗马开始就已经存在,而后随着经济发展,许多欧洲法院成立相关机构打击侵权行为,并在1857年法国正式颁布了世界上第一个全面、现代的商标法,即《关于以使用原则和不审查原则为内容的制造标记和商标的法律》。还有更多法制史能够阐释知识产权保护权利的发展和演变过程,但应承认的是,知识产权自身的不断完善、更新和进步都与推动国家产业发展、提高经济效益紧密相关。换言之,知识产权保护对象的范围是受到国家产业结构和经济发展水平等因素影响的。

---

① 张平:《市场主导下的知识产权制度正当性再思考》,《中国法律评论》2019年第3期。
② 吴汉东、刘鑫:《改革开放四十年的中国知识产权法》,《山东大学学报》(哲学社会科学版)2018年第3期。

知识产权制度保护"私权",无论是从经济价值还是创新发展,都有正面促进的作用,既能实现技术的经济价值和产业政策,又能鼓励权利人的研发热情、推动技术更新迭代。因此在20世纪80—90年代,我国知识产权制度伴随改革开放政策而起步,吸收通用认可的国际条约和参考国外成熟的立法规定,相继通过《商标法》《专利法》《著作权法》等知识产权相关的基本法律规范性文件,建立起知识产权法律保护的基础制度框架和基本规则。而此时,世界正经历计算机和信息技术革命,由互联网技术、信息技术、基因技术等高新技术成果极大地推进了社会变革,也使得我国知识产权制度面对新技术、新产业引发的风险与挑战,对国家创新驱动发展战略、知识产权强国建设等政策做出立法回应。

(二) 新业态下知识产权的特点

第四次技术革命催生新型业态,推进现代知识产权制度创新。在新业态大背景下的知识产权有如下三个特点:

1. 知识产权密集度高

分析产业发展的历史规律,可以看出,产业的生命力来自不断地创新、更迭,整体呈螺旋上升的发展趋势,保持强大的生命力。而产业推陈出新的过程,就是新旧业态的更替。需要注意的是,新业态具有双重属性,不仅是产业发展的客观产物,还是产业变革的推进动力。新业态的发展,能够对产业供应链、销售渠道乃至服务环节进行改造升级,提升产品竞争力,甚至提升区域、国家的竞争力。对比传统产业,依凭信息技术产业化和市场化的创新发展而不断催生而出的新业态在知识产权聚集程度上不可同日而语。大数据、人工智能等信息技术和以基因工程为代表的生物技术形成的新兴业态是大量高新技术集成得出,知识产权非常密集,呈现出明显的时代特征:在知识产权大保护框架下,专利作为根本及核心,商标和品牌作为"名牌",综合保护技术成果的价值,维护权利人的无形资产。①

2. 知识产权维权难度大

高新技术产业在全世界范围内迅猛发展，对企业而言，研发竞争是为了在领域内拔得头筹、掌握话语权，进而形成技术垄断及壁垒，以此获得巨额垄断利润；而对技术本身来说，互联网无国界的属性使其能够跨越时间空间的物理距离，便捷和迅速一定程度上促进了技术交流与发展，但也使得知识产权侵权问题愈加频繁棘手。

知识产权维权难度较大的问题主要体现在两个方面。一方面是新技术本身，基于互联网而研发的高新技术具有跨地域、跨行业的属性，新型侵权案件频发，其特征是侵权行为更为高发、侵权形式更为多变、侵权手段更为隐蔽。这种特性不利于被侵权人及时掌握证据、影响后期诉讼或仲裁时的举证，也对知识产权局等官方部门监督、管理造成阻碍。另一方面，以新商业形态、新模式、新产业结构等为内涵的新业态引发的新型法律问题层出不穷，侵权纠纷案件的热点、难点频繁变化，对知识产权保护的挑战不断升级，现行法律法规已然滞后，不能及时、有效地为知识产权侵权提供救济。

3. 知识产权跨领域问题多

万物互联的概念萌生后，不同的行业、产业通过产业调整及计算机信息技术连接起来，不仅促进传统产业转型升级，还催生了组成多元的新业态②。如修正药业跨界联手茅台集团打造的保健酒产业、计算机软件和专利组成的人工智能、大数据和传统产业交叉融合形成的共享经济、涵盖基因技术与动植物品种的转基因生物等，跨界技术和产业比比皆是，与之同步出现的知识产权跨界问题也在所难免。现行知识产权制

---

① 武伟、宁峻涛：《新业态知识产权保护问题初探》，《科技促进发展》2017年第12期。
② 万物互联（Internet of Everything，IoE）是指人、事物、数据和流程之间的连接网络，可在网络环境中提供通用智能和改进的认知功能。万物互联是一个将万物连接起来的系统，可以通过获取的数据做出更优的决策。万物互联有四个关键组成元素：人、事物、数据和流程。

度通过单行法保护专利、商标和著作权相关的单一知识产权,并将《反不正当竞争法》作为兜底性法律规范来保护商业秘密、商号和域名等知识产权外延。但是,随着新产业、新技术不断涌现,数据库、数字化作品、电子版权等新型技术成果带来的跨界知识产权保护问题持续对传统保护方法和途径发出拷问。

(三) 将新业态纳入知识产权保护范围的原因

新业态出现的直接成果是带来新知识和新技术。如果通过知识产权制度实现法律规制,其核心方法是将创新成果纳入知识产权客体的范畴之中,主要途径是扩张知识产权保护对象。对于通过扩张知识产权保护对象以保护创新产物,可以从外部需求、内部更新以及实现的便捷性三个角度来理解知识产权保护对象扩张的原因:

其一,从外部需求来看,伴随大数据、区块链及基因工程等新业态产生的新技术带来的各种问题迫切需要保护,这种制度需求是知识产权对象扩张的强力助推器。如近十年快速兴起的3D打印技术,一改传统制造的开模打板等复杂工序,可以通过绘图软件和打印装置直接获得成品,并且还能实现复制、修改等功能,因其使用和操作的便捷性而在小微工作室中被广泛使用。通过3D打印技术得到的产品,可以说是数字作品和实体作品糅合的产物,其侵权行为必然会引发《著作权法》《商标法》和《专利法》等知识产权法律法规的适用选择及不同法律规范之间的兼容协调问题。

其二,从内部更新来看,具有实用价值的法不能故步自封,必然会为了适配所处社会、经济等环境而演变发展,知识产权制度尤是如此。新业态的创新不仅体现在技术成果上,也体现在市场结构和模式上,具有经济价值或社会意义的客体都会影响到知识产权保护对象范畴的调整。最典型的莫过于专利,具有巨大科研价值和经济利益的技术方法和成果使专利保护成为重要保障,已经更新至第六版的 IPC 专利分类表就是最好的证明,不断扩张的专利保护范围推动了专利内涵的演变,也扩

第一章 新业态崛起与知识产权前沿探索

充了知识产权保护对象。

其三,从实现的便捷性角度来看,扩充知识产权保护对象是面对新业态突起知识产权制度革新的最便捷、灵活的处理方式。知识产权制度的结构仍是以专利法、商标法和著作权法为基本骨架,反不正当竞争法和反垄断法补充适用。针对不断涌现的新业态,分别制定不同的单行法的实际执行是冗余且滞后的,不能及时解决当前已存在的争议,还需考虑不同法律之间的衔接等问题。而扩大知识产权保护对象,则更偏向于政策要求,可以及时调整以应对问题,并且能够适用现有的知识产权法律条款,大大减少特殊立法的情形。如国家知识产权局在 2017 年对《专利审查指南》修订时,就增加了对商业模式、计算机程序等新领域新业态的专利保护,扩大了专利保护对象的范围。[①]

科学技术迅猛发展促进新业态勃发,而对于新业态的成果保护和技术市场交易的维护等尚还需要知识产权制度来提供法律保障,实现技术长久创新与经济持续增长。现如今,在互联网信息时代的大背景下,诸如大数据、云计算、区块链等新兴技术不断问世,生物工程、基因技术等新型产业持续更新,深刻地改变了社会生产与生活,引领科技创新拓展新领域,助力发展多元新业态。知识产权制度作为保障技术创新发展的一道重要的法律防线,应当与创新保持同频共振、与时俱进,保持对新业态、新技术等新产业发展的灵敏度,并以适时合理的制度建设对新业态的保护与促进实现法律保障。我国在 2021 年发布的《国民经济和社会发展第十四个五年规划和 2035 年远景目标纲要》第七章"完善科技创新体制机制"中的第二节"健全知识产权保护运用体制"就明确提出:实施知识产权强国战略,实行严格的知识产权保护制度,完善知识产权相关法律法规,加快新领域新业态知识产权立法。[②]

[①] 国家知识产权局:《关于修改〈专利审查指南〉的决定(2017)》,2017 年 3 月 6 日,https://www.cnipa.gov.cn/art/2017/3/6/art_99_28208.html。
[②] 《中华人民共和国国民经济和社会发展第十四个五年规划和 2035 年远景目标纲要》,新华社,2021 年 3 月 13 日,http://www.xinhuanet.com//mrdx/2021-03/13/c_139807377.htm。

第二节　新业态发展对知识产权保护提出挑战

一　新业态对知识产权保护的需求

（一）知识产权作为保护新业态的首选路径

创新是引领发展的第一动力，保护知识产权是保护创新的基础和必要保障。知识产权保护工作具有重要意义，与国家治理体系和治理能力的现代化密切相关，与经济高质量发展密切相关，与人民的美好生活密切相关，与国家对外开放密切相关，与国家长治久安与和谐社会密切相关。知识产权制度是维护创新人的创新热情、激发业态更新的重要助力，对创新成果提供有效保护。新业态的形成和发展均以技术创新成果为基础，且新技术整体含量较高。新技术的研发设计成本高，但其前所未有的新形式以及互联网背景下以计算机信息载体等区别于传统知识产权的存在情形，都使得创新成果更易被窃取、抄袭等，现行法律保护又无可奈何。知识产权作为创新成果保护的排头兵，从合理性和可行性两个方面都较其他法律更为合适。

我国针对新业态保护的途径也将知识产权作为首选。

2015 年，国务院在《关于新形势下加快知识产权强国建设的若干意见》中就明确指出，深入实施国家知识产权战略、实行更加严格的知识产权保护，应当促进新技术、新产业、新业态蓬勃发展。并且进一步在《知识产权管理体制机制改革》一节中强调，加强新业态新领域创新成果的知识产权保护，加强互联网、电子商务、大数据等领域的知识产权保护规则研究，推动完善相关法律法规。[①] 此后，国家的大政方针、政策文件以及领导人重要讲话中都多次提到通过知识产权保护新

[①] 国务院：《国务院关于新形势下加快知识产权强国建设的若干意见》，2015 年 12 月 22 日，https://www.gov.cn/zhengce/content/2015-12/22/content_10468.htm。

业态。

2021年，全面部署未来五年知识产权工作的重要文件——《国务院关于印发"十四五"国家知识产权保护和运用规划的通知》中，就新业态发展提出了"健全大数据、人工智能、基因技术等新领域新业态知识产权保护制度。采取研究构建数据知识产权保护规则、完善开源知识产权和法律体系等措施"，从宏观层面强调完善新业态提供知识产权保护的制度和体系；同时在国际合作方面提出"积极研究和参与数字领域等新领域新业态知识产权国际规则和标准的制定"的要求，在国际知识产权保护中获得话语权。[1]

2022年，在中国共产党第二十次全国代表大会胜利召开的关键历史阶段，最高人民法院再次重申对新技术、新业态的知识产权保护。党的二十大记者招待会中，最高人民法院大法官在回答"加强知识产权司法保护"问题时特别强调，"人民法院将继续加大知识产权司法保护力度、提供有力的司法服务。推动健全大数据、人工智能、基因技术等领域知识产权的保护规则，加强反垄断和反不正当竞争司法，加强行政执法和司法机制衔接，依法规范和引导资本健康发展"[2]。为新业态的更新发展用知识产权形成一道牢固的保护墙。

(二) 新业态对知识产权保护提出的宏观要求

发展的新形式对新业态知识产权的保护提出了要求，从知识产权宏观层面来看，主要体现在以下三个方面：

其一，提升知识产权保护水平，使法律更加严格、有威慑力。现行知识产权法律针对侵权行为设置的惩罚方式不能有效地震慑住侵权行为，赔偿金额乃至惩罚性赔偿与实际获利相比所差甚多，这也是知识产

---

[1] 国务院：《国务院关于印发"十四五"国家知识产权保护和运用规划的通知》，2021年10月28日，https://www.gov.cn/zhengce/zhengceku/2021-10/28/content_5647274.htm。

[2] 王珊珊：《加大知识产权司法保护力度，为实现高水平科技自立自强提供有力司法服务》，2022年10月19日，https://baijiahao.baidu.com/s? id = 1747134405503046878&wfr = spider&for = pc。

权侵权行为肆意频发的原因之一。因此，知识产权应当加强对违法和犯罪行为的惩罚力度，增加对知识产权的损害赔偿限额。此外，还应当提高司法机关对于知识产权案件的审理能力以及行政机关对知识产权问题的执法力度，让司法和执法强强联手。对于被大型资本及其他同类型公司恶意侵权的中小企业，提供相应的法律救助和快速维权体系，保护弱势企业的利益及创新热情。

其二，完善知识产权保护方式，使司法和行政保护有力落到实处。知识产权侵权问题具有跨地域、跨时空、跨法律规范等特点，因此协调衔接十分必要。合理可行的做法如建立健全知识产权专门化审判体系，包括但不限于以下方式：知识产权案件"三审合一"①，即涉及知识产权问题均由一个审判庭全权负责；设置专门知识产权法院和法庭，使知识产权审判更加专业化；第三，针对跨地域的案件，实施跨地区异地审理，除了避免地域保护问题，还能实现专门化审判。此外，部分行政程序也可以进一步优化、完善，如在专利、商标等知识产权行政审批过程中设立快速审查通道等。知识产权保护涉及的司法审判制度与行政执法制度并不是两棵孤木独立支撑，而应是二者之间有机互补衔接，协同为知识产权保驾护航。

其三，完善知识产权保护制度，构建新时代知识产权体系。知识产权保护制度应当随经济社会发展而不断革新，构成骨骼的专利法、商标法、著作权法和反不正当竞争法的法律制度应当与时俱进；司法审判领域改革创新也是重中之重，健全现有知识产权诉讼制度，建设知识产权法院体系，培养高质量审判队伍等；行政方面也可以在加强知识产权管理、严格监督以及申请、审查等便捷程序方面提升。

二 新业态下知识产权保护法律制度存在的问题

新业态蓬勃发展，带来的新技术和创新成果层出不穷，既包含人工

---

① "三审合一"是知识产权民事、刑事、行政案件统一集中审理的审判机制，其做法是将涉及知识产权的民事、刑事和行政案件全部集中到知识产权审判庭统一审理。

智能、基因工程等先进的技术方法，也包括云计算、大数据等新形态智力活动成果。知识产权越来越成为一种战略资源，是国家经济、产业发展中的重要因素，也是提高国际竞争力的关键要素。我国现行知识产权制度尚有不足之处，而面对新业态提出的挑战，更有难以招架之处，不足以提供新技术的有效保护。

（一）现行知识产权制度实体法缺陷：保护客体范畴狭窄

近些年来，新业态对经济的促进和产业转型的重要性不言而喻，国家从宏观政策方面也越来越重视新业态的保护，通过发布多个政策文件来鼓励新业态和新技术的创新、促进产业发展、激发创新热情。新业态的创新成果大多数是以算法程序、基因工程等新技术为底层技术，并且不同技术进行交叉和融合来推动新业态的形成。而人工智能、区块链等算法类技术的创新成果的无形性、传播的便利性、有效性的及时性，以及容易被复制的创意方案，使得知识产权的保护成为当务之急。

知识产权法律制度的构建非常清晰，因此保护客体范围也较为明确，即知识产权四部法律规定的客体范围。如果通过现行法律对新业态知识产权进行保护，必然会出现保护不利的问题，其根本原因在于现行知识产权法律制度保护客体范畴狭窄。

1. 专利法保护问题

从知识产权保护形式来说，新业态的创新成果主要以产品和服务为客体，其与商标法保护标识的目的不同，因此不适合通过商标进行保护；而著作权保护的客体是作品，对于认定作品的要求，区块链、大数据等无法满足其要求。此外，著作权的思想表达二分法将创意想法排除在保护范围之外，但新业态的创新成果恰好就只以思想的方式存在，被排除在著作权保护之外；商业秘密保护创新成果也不是一个合适的选择，商业秘密允许反向破解，而对于将特征显性于外的商业模式、商业方法等新业态创新成果基本上没有秘密可言，竞争对手完全可以直接模仿来复制成功，商业秘密持有者无法保护其权利。

因此，对于绝大多数新业态及创新成果来说，专利可以作为首选保护方式。首先，保护客体范围足够大，最新修改的《专利审查指南》已经将算法和商业模式等新业态创新成果纳入其中。其次，专利能够有效保护具有显性特点的技术，防止竞争对手抄袭或照搬，维护发明人的经济利益和权利。因此，新业态知识产权的创新成果的知识产权保护，无论是创新成果的特征还是形式，现阶段乃至未来很长一段时间首选仍是由专利制度来进行法律保护。从专利法角度来看，《专利法》《专利实施细则》以及《专利审查指南》等法律法规从正反两面规定了保护客体的范围：正向确定了专利保护发明、实用新型和外观设计，并提出了申请专利的条件和要求；从反面则明确指出不授予专利权的类型。[①]在2010年，信息时代的洪流尚未在国内掀起风浪时，同年发布的《专利审查指南》明确了保护客体不含智力活动规则和方法，并在举例中排除计算机语言及计算规则、计算机程序等智力成果的法律适用[②]，因此，数据库、商业模式等新业态的创新成果无法通过专利法实现法律保障。但法规并非一成不变，随着互联网和信息技术重要性和关键性不断凸显，为了更好地保护新业态的创新成果，《专利审查指南》在2017年的修改中增加了对商业模式和计算机程序的保护。但是，仅采取在《专利审查指南》中通过示例或补充文字来授予创新成果专利权是不够的，法律的修正也需要提上日程。

但必须承认的是，当前的专利保护制度在面对创新成果日新月异的新形式，仍有力所难及之处。

其一，创造性标准的理性拿捏。新业态中创新成果的创造性与传统产业的技术创新不同，创造性标准也需要顺应新技术而调整。如何合理

[①] 《中华人民共和国专利法》（以下简称《专利法》）第二十五条：对下列各项，不授予专利权：（一）科学发现；（二）智力活动的规则和方法；（三）疾病的诊断和治疗方法；（四）动物和植物品种；（五）原子核变换方法以及用原子核变换方法获得的物质；（六）对平面印刷品的图案、色彩或者二者的结合作出的主要起标识作用的设计。对前款第（四）项所列产品的生产方法，可以依照本法规定授予专利权。

[②] 国家知识产权局：《专利审查指南（2010）》，第二部分第一章第4.2节，第123页。

设置创造性的审查规范、赋予新业态创新成果合理的专利保护，是专利制度需要回答的问题。如果创造性审查标准过于严格，则面对商业模式中部分商业方法的细微调整、算法程序的细微优化等微小创新就被否认了其创造性，进而被专利保护排除在外。这种细微之处的优化，可能对新业态是一种大范围的更新迭代，如果不能得到有效保护，会损害发明人的利益；如果审查标准过于宽松，则会出现低质量专利爆发性增长的问题，低质量专利既不能促进技术升级、产业发展，又会对审核部门造成巨大的工作量，影响审核效率。此外，创造性审核标准还会因企业规模的不同，而产生不同效果：掌握创新技术的初创公司或小微公司快速抢占市场的依托只有手中的技术，需要强有力的专利保护来作为坚实后盾，并弥补企业自身规模、资金等方面的局限性；而对于掌握技术的大型公司来说，专利权是一把利剑，如果利用不当，有可能会导致扩大市场占有率而造成技术垄断，不利于行业创新和长远发展。因此，创造性审核标准的尺度需要妥善考量。

其二，底层核心技术专利受制于人。互联网和信息技术高速发展，成功地改变了国内用户的消费体验，因此国内互联网和制造业更加注重应用层面的创新，持续为消费者带来新的热点和新鲜感。但是，奠定基础的底层技术以及构建应用的核心技术等专利绝大多数并非掌握在我国企业手中，反而由国外企业通过专利、商业秘密等方式把持，赚走了占大头的专利授权费用或产品费用。如在我国应用广泛的二维码，在支付领域、物流流通、宣传推广等诸多渠道之中，二维码在新业态发展中扮演重要角色，且应用场景广泛，能够基本覆盖日常生活及消费，并且相关专利也集中在应用层面。但是，二维码这一基础技术的核心关键在于编解码和识别，而相关专利始终把持在欧美日等发达国家的行业巨头公司的手中，他们拥有大量二维码基础技术专利，并且建立了完善的专利布局。如何在这种被技术"卡脖子"的局面中挣脱出来，如何保护我国创新成果及新业态稳定发展，在宏观制度方面需要审慎考虑。

其三，新业态创新成果通过实用新型保护的可行性。专利申请目前仍以发明创造为主，发明创造也是审核周期最长的专利类别，主要是在实质性审查上审核程序较为复杂。而新业态知识产权的创新成果也通常采取发明创造的审查方式。但专利类型并不只有发明创造一种，主要对形状、构造或者其结合所提出的适于实用的新的技术方案的实用新型仍在创新发明中有重要意义，简易审核和快速授权使其在创造性或技术水平低于发明创造的"小发明"中比较具有实用价值。对专利审查速度要求较高的新技术，尤其是进行优化调整的算法和软件，是否可以通过实用新型作为客体实现专利保护？从程序来说有可行之处，但是实际应用的话，可能会出现低质量专利井喷的情形。此外，实用新型专利审核程序快速的原因之一在于无需实质审查，但是新业态创新成果如果不进行实质审查，无法确定其与先前专利不冲突，可能会出现大量专利诉讼，增加司法机关审判压力，也会阻碍技术的创新发展。适用实用新型保护的结果具有双面性，立法者需要在审查效率和创新质量之间进行利弊平衡。

其四，专利代理人水平参差不齐。在专利申请过程中，申请的材料文书基本上都由专门从事代理工作的专利代理人进行主笔。高质量的申请文书是建造专利护城河的前提，在申请过程中能够减少审核返回次数、缩短专利审查周期，使专利更快确权；而在诉讼案件中，代理人操刀的技术方案和专利文件水平会影响专利无效宣告诉讼的裁判，准确、清晰的专利申请文件是重要保障。新业态作为新行业和新技术，一份好的文书能够让专利审查和诉讼过程都更加便捷，有利于审查员和主审法官理解专利内容，进而有效地保护创新成果的专利权。因此，专利代理人整体水平的提高也可以通过设置相关的专利制度来促进和实现。

2. 其他法律保护的局限性

从著作权法角度来看，首先，著作权法保护客体范围是作品，并在

第一章　新业态崛起与知识产权前沿探索

第三条释明作品的概念，同时列举了八种类型和一条概括性兜底说明①。当前新业态在著作权保护方面出现的难点问题是人工智能创作的智力成果，是否具有独创性？能否被认定为作品？智力成果应当归属于谁？能否受到著作权法保护？这其中的问题较为复杂，需要从人工智能主体、创作行为以及著作权法等多个层面进行分析，当前理论界尚未就诸类问题达成一致，相关立法也没有下定论。其次，部分具有颠覆性的创新成果具有和作品类似的属性但又不符合作品的要求存在，能否通过扩大著作权法保护客体范围来保护？这是新业态创新成果对著作权提出的问题，也需要学界以理论进行论证。

从商标法角度来看，商标是指区别商品或服务的商业标志，即是商品或服务的提供者为了将自己的商品或服务与他人提供的同种或类似服务相区别使用的标记②，起到区分和识别的作用。新业态在商标申请、授权及维权方面暂未出现集中性问题，着重于商标持有者的权利保护受到新技术的冲击较为薄弱，而域名、链接等具有标识作用的新表现形式也有相关立法进行保护。但是，跨界产品商标的显著性确有减弱。跨界产品的参与企业会将自身商标与其他合作企业商标进行联合形成一个新

---

① 首先著作权法保护客体范围是作品，并在第3条释明作品的概念，同时列举了八种类型和一条概括性兜底说明。
《著作权法》第三条：本法所称的作品，是指文学、艺术和科学领域内具有独创性并能以一定形式表现的智力成果，包括：
（一）文字作品；
（二）口述作品；
（三）音乐、戏剧、曲艺、舞蹈、杂技艺术作品；
（四）美术、建筑作品；
（五）摄影作品；
（六）视听作品；
（七）工程设计图、产品设计图、地图、示意图等图形作品和模型作品；
（八）计算机软件；
（九）符合作品特征的其他智力成果。
② 《与贸易有关的知识产权协议》（又称《TRIPS 协定》）第十五条第一款：任何标志或标志的组合，只要能够将一个经营者的商品或服务与其他经营者的商品或服务区分开，就可以构成商标。

商标,并且标识在新产品之上。参与的企业越多,商标就会越复杂,显著性就会越被弱化,商标本质的标识能力也会大打折扣。

从反不正当竞争法角度来看,最新修订的《中华人民共和国反不正当竞争法》(以下简称《反不正当竞争法》)在不正当竞争行为的列举中覆盖范围有限,仅包括仿冒行为、商业秘密、商业诋毁、虚假宣传等传统产业存在问题,在保护客体的设置中也未对大数据、云计算等新业态创新成果未雨绸缪。如果出现侵权问题,法规中只能选择援引第二条诚实信用原则与不正当竞争行为内涵①这一兜底性、概括性条款来规制。但是原则性条款在适用时除了缺少使用标准等条件之外,虽然能在一定程度上限制不正当竞争行为,但也会成为一把刺向正常竞争的市场秩序的利剑,没有标准和规则限制的双面性具有不确定性,因此在衡量和判断是否为不正当竞争行为时对审判者要求极高,并且易出现同案件不同判的情形。

(二)现行知识产权制度程序缺陷:司法及行政程序滞后

知识产权作为新兴法律类型,在审判制度和行政执法上还在摸索和实践中,这也是知识产权保护困难的重要原因之一。而面对全新的业态,现有的知识产权审判和行政程序也力不从心。

第一,知识产权案件一审管辖问题。针对知识产权这一特殊的权利,其思考逻辑及法律规范都与传统民商法大相径庭,因此知识产权案件的管辖是特别规定的,按照地域实际情况由知识产权法院、普通法院知识产权审判庭或者中级法院指定的基层法院进行审理。这种多选的管辖方式,并未明确规定新业态带来的新技术创新成果的管辖范围,管辖主体难以明确。尤其是面对跨地域的较为复杂知识产权案件时,在管辖上就存在争议,拖慢诉讼进程。

---

① 《中华人民共和国反不正当竞争法》第一章第二条:经营者在生产经营活动中,应当遵循自愿、平等、公平、诚信的原则,遵守法律和商业道德。本法所称的不正当竞争行为,是指经营者在生产经营活动中,违反本法规定,扰乱市场竞争秩序,损害其他经营者或者消费者的合法权益的行为。

第二，知识产权案件上诉管辖问题。因为知识产权案件的一审法院就因区域而有所差别，因此上诉法院也不尽相同，这会导致审判冲突和审判层级问题。一方面，如单独设立的知识产权法院和知识产权法庭，二审法院通常由所在地的高级法院进行审判，高级法院未单独设立专门的知识产权审判庭，可能会出现民商事思维处理知识产权问题导致裁判结果不协调的问题；另一方面，审判层级也会出现不一致，普通法院中的知识产权审判庭，其上诉法院是中级人民法院，到最高人民法院还需要经过高级法院，但是单独设立的知识产权法院审理上诉法院就是高级人民法院，这种审判层级的差别也会导致案件审判结果出现差别。

第三，知识产权司法及行政程序冗杂持久，部分还存在冲突。现行知识产权制度在司法程序中尚未规定简易程序，因此案件从立案、审判到执行，时间之久和诉讼成本之高，都不利于中小微企业顺利维权。而在知识产权无效宣告问题上，行政程序和司法程序不能有机衔接。行政程序仍保留民商法色彩，以民事诉讼模式执行；而司法审查中的无效宣告采取的是行政诉讼模式，知识产权行政机关始终都作为诉讼中被告而存在，增加了行政机关的工作量，也为其正常工作造成困扰。

三 新业态下知识产权保护实践存在的问题

随着行业融合及产业更新发展，新业态不仅将显著影响人们的生产生活方式及消费模式，不特定的多样化主体与新技术相交叉融合更创造了表达方式更为多元的智力成果，侵权行为更为容易隐蔽，侵权手段和方式也愈加泛化，现有知识产权制度的规定已经难以应对，对新创新成果的知识产权保护力所不及。在实践中，对于新业态知识产权保护主要存在以下问题：

（一）商业模式的专利权保护问题

伴随新业态的迅猛发展，经济增长点在传统产业的单一技术进步和创新的基础上又增加了商业模式创新。商业模式一改往日的辅助性功能,在引领经济发展等方面大显身手。众所周知的电子品牌苹果和小米的崛起之路,其独特的商业模式是其获得成功的重要因素之一,并且商业模式的革新和发展是持续的,凭借互联网和信息技术的东风,加之企业孵化器等助力平台,推动越来越多新颖的商业模式不断问世,改变人们的消费模式。如京东通过仓储模式和次日达物流的结合,改变了传统大宗电器只能线下购买的狭窄渠道;美的则通过APP"U净"实现洗衣机与付费洗衣服务互联,在高校、宿舍等集体居住场景牢牢占据市场;国外YouTube、Netflix等新型流媒体视频网站,让Hollywood和blockbuster等传统平台成为过去等,此外还有诸多依靠大型互联网开源平台创业的小微企业以及工作室,无数成功的案例证明了商业模式创新蕴含的巨大经济价值。在互联网大背景下,商业模式创新必然会成为经济助推器。我国也意识到商业模式的经济价值,并在2017年修订的《专利审查指南》中增加了对商业模式的相关规定及保护方式。

  商业模式是一类包含多种商业方法的经营模式,因此对商业模式的审查必然要建立商业方法的数据库,以确定技术范围以及申请技术和已有技术的比对。从专利的创造性审查来看,在实体法律上,法律法规在确定"实质性特定和显著进步"[①]这一核心上的规定是非常宽泛模糊的,没有规定具体的标准;而程序上,创造性审查也只在《专利审查指南》中规定了具体的审查步骤:确定最接近的现有技术、发明的区别特征和实际解决的问题,以及发明对普通技术人员是否显而易见。[②] 而对于商业模式这一新兴保护客体来说,审查人员在审查组成的商业方法时,会按照传统的审查专利方式,即通过说明书以及行业常识来进行审查专利保护客体,但因为商业模式自身的特殊性,极易受到个人主观性

[①] 《中华人民共和国专利法》第二十二条:创造性,是指与现有技术相比,该发明具有突出的实质性特点和显著的进步。

[②] 《专利审查指南(2010)》第3.2.1.1条:判断要求保护的发明相对于现有技术是否显而易见,通常可按照以下3个步骤进行:(1)确定最接近的现有技术;(2)确定发明的区别特征和发明实际解决的技术问题;(3)判断要求保护的发明对本领域的技术人员来说是否显而易见。

影响，同一案件不同审查员给出的结果大相径庭。此外，在互联网背景下，商业模式公开后，全世界的用户都有获取、复制和直接使用的机会，如何保护创新者的经济利益，也是全球化时代需要解决的难题。因此，商业模式的审查，绝不只是将其收入专利保护范围的简单模式，还需要现有商业方法数据库的建立健全、审查人员基本能力及素养的提升、创造性标准的确定等一系列措施，才能实现新业态背景下，具有巨大经济效益的商业模式的知识产权保护。

（二）技术创新更迭之快与专利授权期之长的冲突

互联网及信息时代，有一个突出特点就是更新快，尤其是新业态带来的新产业和新技术。无论是大数据还是人工智能，都对产品发行后的用户体验极为关注和看重，根据用户反馈不断进行优化和调整，因此算法和程序也始终处于调整之中。这就导致互网络时代的用户的兴趣和热点更迭较快。互联网提供的新产品和服务，一个热点出现后，相同或相似的产品和服务会接踵而至，呈爆发性趋势，会导致用户出现审美疲劳，加快热潮涌退。这种现状会大大缩短产品的周期，企业研发时长与产品市场存活时长是难以实现对等价值的。在这其中，如果专利审查周期超过产品周期，那么新业态知识产权的保护是极为有限的，可能产品尚未获得专利权就先一步被市场淘汰。此外，不断调整和优化算法的行为属于改进行为，专利申请和授权也需要调整，到最终授权阶段，用户的兴趣已经被转移到新的产品和服务之上了。总结来说，专利授权的速度追不上新业态产品和技术的更新速度，很难满足发明人的知识产权保护需求和经济利益，不能兼顾新技术的创新和专利权的保护。因此，新业态知识产权保护对简化流程、缩短专利审查周期发出提问和要求，亟须专利制度的回应。

（三）企业专利战略布局及权利保护仍有缺陷

技术的专利保护，不仅是国家内部的知识产权问题，更是世界范围内的重要问题。技术的全球性属性，奠定了专利战略布局必须站在国际视角。尤其是以互联网、信息以及生物技术为核心发展的新业态，行业交叉、技术跨地域交流和流通更为迅捷和广泛。如人工智能技术，微软公司收购了 open AI 工作室来研发人工智能系统，并在 2022 年 11 月推出了人工智能系统"ChatGPT"，在全球掀起浪潮。而紧随 ChatGPT 之后，必应也推出了人工智能 newbing，其最初发布的版本处理问题的智能程度比 ChatGPT 更胜一筹。而我国也有高科技公司投身于相关技术，百度公司近些年来一直在研发 AI 开放平台，并宣布将推出类 ChatGPT 项目，名为"文心一言（ERNIE Bot）"，并于 2023 年 3 月份完成内测，面向公众开放。人工智能虽然只有目前算法，但是未来必然会与其他产业相联合，在传统产业产生颠覆性变革，并推出更多类型的新业态，相关专利技术也会喷涌而出，AI 浪潮将席卷全球。国内人工智能产品如果要走出国门、进军国际市场，面临着国外企业相关专利的申请内容以及保护范围对专利出口设置的阻碍和风险，包括但不限于政治制裁、软件禁用、强制收购、被动专利侵权诉讼等海外政府与企业联合进行的"围剿"，既是害怕中国企业争夺本国市场、打破现有技术壁垒和垄断地位，也是觊觎国内先进技术的核心算法等重要的知识产权。因此从宏观层面上，企业必须站在全球视角上进行专利布局，以降低专利风险、赢得新技术的收益。但当前我国企业海外专利申请十分不足，数量极少，甚至部分大型公司没有在域外申请专利，缺少基本的拓展海外市场的专利支撑。同时，国内企业在海外争夺市场时，没有充分研究所在国竞争对手的专利布局，进而落入对手通过专利手段打压发展的阴谋之中，使自身面临巨大的知识产权和经营风险。以字节跳动的产品"抖音"为例，国际版抖音（TikTok）成功打入美国的短视频市场，迅速斩获一大批用户，公司市值和影响力扶摇而上，一片向好之中却连遭官司，不得不应对 Triller、10tales Inc 和 Pixmarx 三家公司接连提起的专利侵权诉讼，极大地影响了其在美国的事业布局。

而企业在国内专利布局上也存在专利数量高但质量低、运用手段单一等情形。以互联网为例，当前新业态的领头羊是字节跳动、阿里巴巴、美团等大型互联网公司，虽然专利申请数量和授权数量都破千，但是高质量的发明专利不足总量的四分之一；同时，专利获得授权后使用场景较少，专利转移、许可和质押等流通手段少之又少，反馈出来专利应用场景不够广泛，领域全布局尚未展开。

（四）"众创"背景下的知识产权利益分配

国务院印发了《关于加快构建大众创业万众创新支撑平台的指导意见》①，为了更好地推动大众创业万众创新、让"互联网+"战略实施落地，应当加快发展众创、众包、众扶、众筹等新型经营方式及新业态发展。其中，众创与知识产权息息相关。当前网络社会中有这样的现象：产品创意来自网络用户，由企业进行实际产品的生产、使用和销售。按照知识产权理论，享有知识产权的应当是创意提供者，但最终经济收益则是属于企业。以3D打印公司Shapeways公司为例，该公司依托互联网平台向网络用户征集各类创意，汇总后筛选创意通过3D打印的方式制作成为产品，为小用户提供小批量定制产品以及网络自行销售。从Shapeways公司承担的职责来看，公司筛选创意的过程不属于智力劳动，公司仅提供按照创意生产的工作，但是小批量定制和销售的收益都属于Shapeways公司。从知识产权角度来看，用户作为真正的创意来源，投入了智力劳动，应当对创意享有知识产权，并享有其中的财产权利。而如何平衡个人的知识产权与公司收益的利益分配，是新业态下知识产权制度需要考虑的问题。

在"众创"背景下，创意的来源主体是网络用户，具有不确定性，这种主体不确定性主要来自两方面：一方面是用户身份的不确定性，与传统创意作者来自设计单位不同，网络用户身份多样，还存在冒名顶替、虚假身份等多重情况；另一方面是用户上传创意的独立性无法探

---

① 国务院：《关于加快构建大众创业万众创新支撑平台的指导意见》（国发〔2015〕53号），2015年9月23日，https://www.gov.cn/gongbao/content/2015/content_2946695.htm。

究，创意可能有剽窃、抄袭甚至冒名发布等侵权情形，负责汇总、收集创意的平台或公司也无法保证能完全审查侵权行为，这样会对真正权利人的知识产权保护造成困难。主营个性化智能定制的平台不在少数，无论是制作实体产品的上市公司酷特智能公司的 C2M 产业，还是遍地开花的 PPT 模板平台，都是让个人成为设计者，并可以通过在平台出售产品或使用模板而获得报酬。"人人都是设计师"，但"人人也都可能成为侵权人"。这些公开的设计中的元素甚至设计整体都可能并非全部原创，侵犯了他人的知识产权。如何保护真正权利人的合法权利，平台不能隐身，应当承担起相应的责任。当前图案、图形等设计元素未形成公开、透明且全范围覆盖的数据库，因此平台对审查创意来源是否侵权能做到的有限，但平台应尽基本的审查义务，对显而易见的侵权行为直接驳回发布申请。除此之外，平台要求用户在发布模板或申请审查打印时尽审查义务和注意义务能否免除平台的侵权连带责任、参照网络用户侵权的网站责任设置能否同样适用于平台？这些问题还需进一步论证。

第三节　新业态下知识产权规则体系构建

随着人们对生活的要求越来越多元化，传统的产业已不能适应持续更新变化的消费者的消费需求和文化需要。为保证互联网和信息时代中我国今后较长一段时期的经济发展，必须注意新业态知识产权保护面临的新问题，法律制度这柄长剑，必须为经济保驾护航。要立足于现实，结合各地的实践，对新业态创新的特征与要求进行深入研究，并在此基础上，探讨新型的创新成果保护机制。

一　新业态下知识产权保护域外经验

对于知识产权制度的研究，发达国家走在世界前列，而在新业态知识产权保护经验上来看，部分国家已经取得了较为有效的成果，其先

第一章　新业态崛起与知识产权前沿探索

进、可行的经验值得我国学者进行研究以及在司法、行政实践中学习借鉴。

（一）美国新业态知识产权保护经验

互联网和信息产业是美国十分重要的支柱产业，由此而生的新业态也是美国知识产权重要的保护对象。前文讨论过知识产权保护对象扩张是保护新业态创新成果的有效路径，这也是美国在实体法方面采取的措施；而在程序方面，则是授权和审查程序中有值得我们借鉴的地方。

在实体法保护方面，美国知识产权保护客体范围极广，法律规定只要是新的且有价值的产品、方法、技术、物质合成及其改进都可以申请获得专利权。[1] 这种宽泛的概念设定基本上能够覆盖大多数新业态的创新成果，如计算机程序、商业模式等。此外，也会针对特殊产业进行单独立法，如在人工智能领域内发布《人工智能未来法案》[2]，提出解决人工智能的社会风险问题的对策和建议。美国的知识产权制度中也包括反不正当竞争法，其规制的不正当行为与我国基本上相同，都集中在仿冒、虚假宣传和商业秘密等方面。

在程序保护方面，在专利领域内，针对复杂的专利审核制度，美国在专利实际审查程序外又设立了加快程序，要求在审查申请日起一年内完成，加速审核流程，使权利人尽快获得专利权；而在申请宽限期方面，同样设置了一年的期限，降低公开人的要求，并且不对公开形式做出限制。在司法领域内，司法作为守护知识产权的主要途径，也能为新业态创新成果的知识产权保护提供有效保护，如"最低联系标准"这一管辖制度。最低联系标准制度[3]主要是针对国际民商事案件中被告主体为外国籍，只要其与本国存在与原告权利有关系，美国法院就可以行使管辖权。本项原则在1945年就已经作为判例而出现，对美国企业实

---

[1] United States Code Title 35-Patents, Article101, 2015.

[2] National Science and Technology Council, *Preparing for the Future of Artificial Intelligence*, 2016, Executive Office of the President, 2016.

[3] International Shoe Company v. State of Washington, 326 U.S. 310 (1945).

现了新业态的知识产权保护，但也经常被美国企业滥用，以打击外国竞争对手、维护自身优势。

以新业态的专利审查制度为例，美国制定了后续申请制度，这种制度与"部分连续申请案"制度（Continuation-in-part Application）有相似之处。这种制度将申请人最先提交的申请作为源案，在源案审查、审理等未作出裁决之前，申请人可以根据后续申请制度对源案中涉及的技术进行修改和添加，能够有效地应对新业态创新成果的快速调整和优化。同时，后续申请制度还能在一定程度内保证专利审查员的审查水准的稳定，避免新技术刚一出现就以过高标准要求而被驳回申请，使得创新成果失去授权机会。新业态的创新成果，在当前技术背景下可能微不足道，但是从长远发展来看，可能就是"蝴蝶扇动翅膀而引起飓风"，但是这种未来不确定的影响不应当是审查员需要衡量的标准，后续申请制度修改或增加的新技术只要满足专利的条件就可以授权。同时，后续申请制度能够让企业制定长期的技术发展战略，以实现最佳经济收益。在后续申请过程中，企业可以不断根据技术潜在侵权风险而对专利进行调整和优化，阻止竞争对手就相同或相似技术的申请，形成一个密织的专利保护网。综上所述，后续申请制度能够有效地对快速更新、调整、优化的新业态创新成果实现法律保护。

（二）欧洲新业态知识产权保护经验

欧洲是专利制度的发源地，为了消除区域专利保护对欧洲共同体内的自由竞争造成的负面影响，使欧盟成员国的专利体系更加协调，欧盟相继制定了《欧洲共同体专利公约》《欧洲专利公约》等专利法律共同遵守。在新业态知识产权保护方面，虽然将商业模式、计算机程序等新业态的创新成果排除在保护范围之内，但规定了包含此类创新成果的技术方案可以得到专利法律的保护，纳入保护客体范围。[1]

---

[1] European Patent Convention, Article 52, 53, 2016.

在反不正当竞争法方面，欧洲各国规定方式各有不同。英法等国家都认为反不正当竞争法隶属于知识产权法体系，不正当竞争行为的范围基本与我国相同，以仿冒、商业秘密等为主。而德国与众不同，德国反不正当竞争法不属于知识产权法体系，而是着重保护消费者利益为核心和通过加强企业与商家之间的互相监督来规范行业秩序，并且保护客体范围也有扩张，包含了消费者利益和智力活动成果。

而在程序优化方面，欧洲专利局同美国一样设置了加快审查程序，分别从加快处理速度、放弃答复修改以及专利审查高速通路三个方面来实现快速审查。可以看出，专利的快速审查能够有效地对新技术及创新成果提供知识产权保护。而在专利申请宽限期的规制上，美国更为严格，缩短期限为6个月，并且限制两种公开情形，分别为故意滥用权利导致公开和官方及官方承认的国际展览会上展出。

在司法方面，各个地区也有所不同。德国作为大陆法系国家，十分重视法庭审判，因此知识产权侵权诉讼和无效诉讼均由法院进行审理，但审理层级不同，侵权诉讼由地方法院进行一审，最多不会超过三审；而无效诉讼由联邦直属法院进行审判，最多二审。英国则在高等大法官法庭体系中设立单独的知识产权专门法院，并在双方当事人一致同意由行政机关来处理纠纷的前提下将认定侵权行为、损害赔偿额度以及具体费用的职权交由知识产权行政机关行使。法国注重专利有效性审查，并且规定只有基于专利的有效性才能认定侵权行为。

(三) 日本新业态知识产权保护经验

日本法律规范深受欧洲法律的影响，在知识产权实体法保护方面也是如此。日本通过《专利审查指南》来确定专利保护客体，已经涵盖了如转基因技术、生物医疗技术和包含商业方法、计算机程序的技术方案等新业态的创新成果[①]，但也同《欧洲专利公约》一样排除了具体的

---

① 日本格付研究所编：《特许·实用新案审查基准》，第Ⅲ部第1章，2015年。

商业方法和计算机程序。反不正当竞争法采取英法等大多数国家的形式，属于知识产权法，规制的不正当竞争行为也没有差别。

在程序保护方面，加快专利审查程序也是日本的选择。国家在专利审查中特别设立"加快审查推进本部"，设置了优先、加快和特快审查三种加速方式，极大程度缩短审查周期，平均6个月就完成审查过程。而在申请宽限日方面，同样设置为申请日前6个月，但在公开方式上放开限制。

但与美国和欧洲不同的是，日本对国内和国外知识产权采取不同的保护方式：针对日本国内的知识产权进行保护仅能采取司法审判的途径，而应对国外侵权则采取行政执法。此外，司法审判中，日本知识产权侵权诉讼和有效性审查互不作为前提限制，并且在裁决时也将二者分立，侵权诉讼由地方裁判所审理，而特许厅复审部门则对知识产权进行有效性审查，并且特许厅复审部门的裁定相当于一审裁判，而非行政裁判。

新业态知识产权制度的构建必须顺应国家经济水平、产业结构以及法律观念，对于域外现成、可行的制度方案，可以取其精华并通权达变，不能直接生搬硬套。美国作为超级大国，在高科技领域内掌握大量的高新技术，因此美国十分注重知识产权制度的构建，并且深刻地影响了其他国家知识产权制度的设计和建立，中国也不例外。中国应当从美国的知识产权制度中刨除掉知识产权保护范围扩张、滥用垄断行为等制度问题，吸取具有操作性和实用性的可行内容，并根据自身经济和产业的发展水平等具体国情进行本土化调整，构建能够实现鼓励原创性、可持续性创新的中国新业态知识产权制度。

二　我国新业态下知识产权制度构建

传统工业时代的知识产权制度的形成和发展的目标是获得市场经济利益并实现产业进步，以扩大知识产权保护对象范围的方式来达成新技术受到法律及政策保护的需求，并鼓励掌握科技优势的行业在区域乃至世界范围内取得垄断地位，获得基于创新而产生的经济收益，推动所在行业良性发展，形成创新循环发展体系。但是进入信息时代后，这条产业闭环的老路不再适应蓬勃兴起的人工智能、大数据、基因工程等开放型新业态，知识产权保护对象的扩张形式也必须"因地制宜"地改变，以避免阻碍新业态的持续性创新。传统的知识产权制度产业成果"一对一"保护模式不能适应呈开放交叉性的新业态领域。

新业态的发展对创新成果知识产权保护提出了新需求，结合当前我国实体法及程序的缺陷并参考域外成熟可行的先进做法，以实现创新成果的保护，即以知识产权保护创新成果为基本原则、建立健全知识产权程序规则和司法制度。

（一）以知识产权保护创新成果为主要手段

知识产权是保护新业态创新成果的有效途径。从实体法层面来看，可以分别从专利法、著作权法、商标法以及反不正当竞争法实现法律保障。

通过专利法保护新业态的创新成果。首先需要扩大专利法保护客体的范围，向数据库、区块链、生物技术以及商业模式等新技术和新成果打开专利保护的大门，可以通过修改法律规范或行政命令等法律规范文件来实现。其次，针对专利审查的三个条件，即"新颖性、创新性和实用性"，也需要考虑到新业态的创新性和独特性一并做出调整，否则按照现行行业标准和法律整体相对滞后的观念常识来看，在新技术的审查过程中也会存在阻碍。以创造性为例，创造性需要普通技术人员来判断，而新技术的创新不一定昭然若揭，其有益的技术效果可能需要伴随其他技术或领域进一步发展才能显现，因此应当参考或者按照开拓性和高新技术领域发明专利创造性的判断方式[1]，对创造性审查做出调整。

---

[1] 管荣齐：《发明专利的创造性》，知识产权出版社2012年版，第213页。

通过著作权法保护新业态的创新成果。当前法律制度中，通过著作权法保护的首要前提是作品，符合作品独立完成和独创性的要求。但是有原创性和技术颠覆性的新业态的技术成果发生了著作权侵权案件，在保障权利人独立完成的前提下，针对独创性的认定标准和构成差异性的举证责任也应当调整。

通过商标法保护新业态的创新成果。虽然当前新业态创新成果的保护主要集中在成果本身的技术或外观，但是从长久发展的角度来看，商标是绕不开的保护权利的重要法律制度。当前商标的热点主要集中在地理标志作为普通商标的可能导致的混淆上。与新业态技术成果相关的商标问题尚未显现，但商标法作为知识产权制度的一部分，也会为技术成果的知识产权保护做出贡献。

通过反不正当竞争法保护新业态的创新成果。反不正当竞争法作为知识产权法的最后一道防线，在专利、著作权和商标力所不能及时，可以成为权利人保护创新成果的可行渠道。我国正在修订《反不正当竞争法》，针对日新月异的技术经济新变化，从四个方面进行法律规范的补充和完善，分别是：一是要健全数字经济相关法规，对新经济、新业态、新模式出现的不正当竞争行为进行规范治理；二是补充完善当前监管执法工作的突出弊病；三是弥补立法上的空缺，增加不正当竞争行为的种类，完善现行不正当行为的表现形式；四是根据加强反不正当竞争的需要，健全相关法律制度。大数据、云计算、基因工程技术等新业态和新技术，对企业和个人具有相当大的经济价值，反不正当竞争法应当将新业态的创新成果纳入保护范围内，以保护权利人的合法利益。

对于新业态创新成果通过具体知识产权制度保护的选择，应当置于创新机制体系当中综合考量，专利法、著作权法、商标法、反不正当竞争法、反垄断法等法律规范之间应当有效衔接，共同助力新业态的法律保护。新领域新业态的创新成果，能否通过扩张知识产权保护对象来获得保障，既需要论述创新成果知识产权保护的理论和实践可行性，还需

第一章　新业态崛起与知识产权前沿探索

要考虑到选择知识产权制度是否会因其强力的保护效果及设计缺陷而阻碍技术的可持续发展。知识产权法不是唯一的创新激励机制，在司法实践中作为知识产权补充法律的反不正当竞争法在新业态知识产权保护中也能发挥其作用。反不正当竞争法比知识产权法更具有开放性和包容性，不仅能够保护发明人权益，还能够维护市场稳定、保障交易秩序，并有效打击不正当竞争行为。尤其是当前知识产权制度尚未明确对新业态采取何种保护方式时，反不正当竞争法可以为创新成果提供过渡性保护。

（二）建立健全知识产权程序规则

通过梳理域外已适用成行的新业态知识产权保护程序，主要是从加快审查流程、减少申请日前宽限期及公开条件等方面展开，也值得我国司法和行政实践从中借鉴。

首先，针对新业态的创新成果，可以设立加速审查程序，简化审查流程、缩短审查时长。如在专利申请的审查方面，首先针对初步审查过程，可以制作提交材料的相关流程，将必要材料列为必选项，并说明提交材料的要求，最大限度上避免材料缺失发回补正的情况，减少审查时间；进入实质审查阶段，设立审查小组，分离文献检索和审查意见，提高工作效率，同时可以采取会议的方式对发明申请的新颖性、创造性、实用性等做出评价，发明人可直接做出应答与解释，通过减少发布审查意见通知书来缩短程序上的时间，在保证公平的同时提高审查效率；此外还可以根据专利类型的实际情况，参考诉讼法中的"简易程序"来设立专利制度中的简易审查程序或加速审查模式，以缩短审查周期。

其次，对于专利申请宽限期及公开条件，可以适当延长及放宽，进而更好地保护新业态的创新成果。2001年世界知识产权组织WIPO在《实体专利法条约》中提出，建议各成员国在专利申请上实行12个月宽限期。我国在专利法律制度的建立和完善过程中，考虑到法律的连续性和稳定性，将专利申请宽限期从六个月增加到一年，并且减少了公开的方法和范围。而针对新业态的创新成果,专利制度也应当参考科技发展的实际情况,适当在公开的限制条件上进一步放开。

(三) 建立健全知识产权司法制度

近些年来,我国依次在知识产权领域内制定多部政策方针及战略纲要,将知识产权上升高度地位,十分关注以新技术、新业态引领的新产业革命。而司法审判作为保护新业态创新成果知识产权的关键环节,在诸多政策文件中都做出了详细的规范,但是在真正落地实践还存在一些"水土不服"的情况,且当前制度设置也仍有可提高之处。

首先,新业态创新成果实行知识产权法院或法庭集中管辖。新业态带来的新技术基本上都具有极大创新性、高度专业性以及综合复杂性的特点,无论是以算法为核心的互联网与信息产业的大数据、区块链、共享经济,还是基因工程、新物质发明等生物工程技术。此外,新业态创新成果案件还会涉及多种权利和法律关系的交叉,不仅在学术理论界难以有统一的观点定性,司法实践中也缺少指导性案例等审判实践。因此,针对需要专业性和技术性较强的新技术纠纷,管辖法院可以选择指定知识产权法院或法庭进行集中审理,打破传统的省、市、区管辖的限制,按照知识产权法院或法庭所在位置划分管辖区域,最大程度实现知识产权法院或法庭专门从事知识产权审判的法官来审理新业态创新成果案件。

其次,建立统一的知识产权上诉管辖法院,实现四级两审、交错并行、均衡分布、两区分离的纵横架构。[①] 现行知识产权一审法院的区别设置使得上诉管辖法院以及审判层级而不能统一,且容易被侵权人钻空子,不利于知识产权案件审判结果的统一性。在知识产权法院及法庭区域内集中管辖体系的基础上,设置统一的上诉管辖法院专门的知识产权审判庭,以保持涉及新业态创新成果案件的专业化审判,实现管辖、审

---

① 徐俊:《论我国知识产权法院的规划设计》,《科技与法律》2015 年第 1 期。

判标准及结果的一致性。

最后，授予法院知识产权有效性审查的权利，衔接无效宣告的司法程序和行政程序。知识产权有效性是知识产权存在的基本条件，因此有效性审查对于创新成果来说是极为必要的。法国和日本的司法实践中都十分重视有效性审查，两国的做法可以取其精华再做融合调整：授予知识产权法院或法庭直接审查创新成果有效性的权力，以及将行政机关做出的无效宣告认定为一审裁判，如果对行政决定不服的直接向上级法院诉讼。这样既可以避免行政机关在其中的重复工作，又能提高司法效率，更好地保护创新成果的知识产权，值得我国借鉴。

第二章

大数据的知识产权保护

第一节 大数据概述

一 大数据概念界定

大数据是一个近年来蹿红的热点问题,那大数据的概念和普通数据的区别,是我们对大数据进行法律保护的基础。法学界针对大数据的概念有描述性与目的性两种表达方式。

基于现实司法的需求,部分的学者与立法者对大数据的定义采取"4V标准"的描述性定义法。维克托迈尔和肯尼斯可耶指出,大数据的4V标准即是Volume、Velocity、Variety和Value。Volume是指互联网时代的到来数据呈爆炸式增长,数据衡量标准的规模发生巨大变化,具体来讲数据已经由原先的GB、TB发展到了EB与ZB规模。Velocity是指大数据相较于传统数据具有更高效的信息传播速度与更大的信息传播量,同时大数据的高效分析更加注重随时处理、随时丢弃的时效性。Variety是指数据的来源、数据的类型随着互联网的发展变得愈加广泛,已经不再止于传统的交易数据,而是包括了不同应用系统和不同设备产生的图片、音频、链接等非结构化的数据,但是规模与来源扩大的同时也会使数据之间的密度减低,彼此之间的关联性更强。Value是指大数据中一小部分具有真正价值的数据,可以在对未来趋势的挖掘与预测中发挥出巨大的潜在价值。4V 标准一方面将大数据概念具体化具有较强的解释力，但是另一方面描述性概念简单从数量上将数据与大数据进行区分，会导致大数据法律保护的实际运用陷入混乱。

另一部分学者从大数据的性质角度出发，对大数据的概念采取目的性描述。大数据是指在体量和类别特别大的杂乱数据集中，深度挖掘分析取得的有价值信息。[1] 大数据是数据从量到质的一种提升，其是通过随机分析、回归分析等专业算法对国家、企业、个人的行为与效果进行精准预测。大数据的海量数据只是一种表象，其实质是依照特定目的挖掘与处理数字信息，进而完成精准预测的目的。比如图书馆、档案馆中拥有海量的数据信息，满足了大数据的客观条件，但是因为缺乏大数据进行挖掘、预测的主观目的，因此图书馆、档案馆中也只是静置了大量的普通数据，而不是大数据。

大数据的功能也随着互联网的应用愈加强大。移动互联终端的普及拓宽了数据采集的深度与广度，大数据的应用可以涵盖个人、企业与国家全面领域，大数据的适用对个人生活、企业发展与国家稳定都会产生深刻影响。从个人角度而言，大数据已经潜移默化地深入个人生活，对个人的生活方式产生较大影响。例如日常出行中的电子导航地图软件，个人可以从软件中获得出行路径最优路线与交通实时状况。日常消费中的消费者网络评语汇总软件，个人可以从软件中获得商户的基础信息与商店已消费者评价。当然个人在使用这些无偿的公共性软件时，通常会授权软件对自身的个人信息、位置信息等进行收集。这些软件便利用零星收集的个人信息，汇总成可以反映用户消费习惯、具有商业价值的大数据集合，来完善自身软件，进而提升市场竞争力。从企业角度而言，企业通常付出大量的人力成本、资金与技术等，对大数据进行数据收集与数据分析。企业可以通过大数据分析来完善自身，进而提升企业的市

---

[1] 常梦瑶：《P2P 网贷平台大数据风控应用研究——以拍拍贷为例》，硕士学位论文，杭州电子科技大学，2018 年。

场竞争力。企业也可以通过大数据实现对市场未来的预测，进而对未来的企业发展方向作出合理化决策，提供符合市场需求的服务或产品。从国家角度而言，大数据在国家司法领域发挥着关键作用，对国家安全的守护起到深远的影响。例如天眼系统的图像识别功能，国家可以及时阻止火车站等人员密集地区发生恶性事件。文本分析技术，国家可以及时消除网络上出现的不良言论，避免产生不良的舆论影响。甚至情绪分析技术，国家可以发掘潜在的犯罪因素，充分保护国家安全。大数据也在国家总体战略发展方面起到决定性作用，引领国家未来发展战略，这与国家利益息息相关。

二 大数据与相关概念辨析

数据与大数据存在着一定的联系，但也存在着显著的区别。数据在不同的语言体系中有不同的表达，在拉丁语中表达为已知，在英语中表达为一组事实的集合，在实际中数据是人类创造的通过计算机计算出来的 0 与 1 组合表现的比特形式，是对客观事实的计算机语言表述。数据伴随着科技发展正在高速增长，学界将数据从内容产生方式划分为原始数据与衍生数据，从数据的产生与所有方式划分为个人数据、企业数据、政府数据与公共数据。数据与大数据具有一定联系，从信息内容本质来看，数据与大数据均是计算机表述出的电子信息。从信息形式来看，数据是形成大数据的基础，通过对海量数据的收集、汇总与分析，形成具有精准预测能力的数据集合即大数据。数据与大数据也具有显著区别，从信息的规模来看，数据与大数据所包含的信息具有显著区别，大数据是海量数据的集合。从信息的实质内容来看，大数据是依托于更先进数据收集与数据处理技术，深刻把握数据之间的客观规律，为个人生活、企业发展与国家安全提供精准预测，辅助科学规划与合理决策。

数据库是指按照特定的组织结构对数据进行储存、组织与管理的数据仓库,① 数据创作者可以对数据库中的数据进行增添、删除或修改。大数据与数据库均是学界中讨论的热点问题,两者存在着较大的相似性,甚至有学者将大数据比作新型数据库,在司法实践中也没有对大数据与数据库的概念与属性作出准确的界定,因此大数据的侵权案件经常借鉴数据库的法律处理方式。虽然大数据与数据库存在形式上的相似性,但是也应厘清两者的区别,更好地对大数据提供更为完善的法律保护。大数据与数据库在起源、规模、追求目标、结构与应用范围上均存在着较大的差距。从两者的发展起源上看,大数据源于云计算,而数据库源于文件处理系统。虽然云计算也可以产生数据库,但是两者的底层技术起源与逻辑基础还是截然不同的。从两者的规模上看,随着原始数据的爆炸式增长,依托于云计算的大数据蕴含着超过传统 MB 级别的数据库规模,已经开始适用 EB 级别甚至 ZB 级别,在未来大数据可能突破现有的数据储存单位。两者数据规模的差距是两者最为显著的区别。从两者的追求目标上看,数据库仅是数据的简单储存空间,而大数据是对海量数据的汇总与深度分析得出的具有精准预测效果的数据集合,大数据具有远超数据库的生命活力与市场价值。同时,大数据的数据来源更加全方位,可以是对基础的自然变化、人类活动、计算机运算收集,也可以是对互联网相关的智能终端的多样碎片化信息收集。而数据库只是对相关实用性信息的汇总,相对于数据库的精准化数据收集,大数据的数据收集更加具有全面性。因此,大数据可以对研究对象给予更加精准的分析结果。从两者的结构上看,数据库对其包含的每条数据具有较高的真实性与精准性要求,而大数据的收集来源较为全面,具有比数据库更为庞大的规模。大数据的全面收集特性也存在天然弊端,即不能保证庞大数据集中的每一条数据的精准与客观性,所以大数据的创造者需要规定一定的误差范围,保证大数据的分析结果处于合理范围。从两者

---

① 丁煌、方堃:《基于整体性治理的综合行政执法体制改革研究》,《领导科学论坛》2016 年第 1 期。

的应用范围上看,由于数据库的结构性较强、精准度较高,数据库只能适用于特定的专业领域。而大数据的全面性拓展了大数据的应用范围,使大数据可以被应用于生活的各个方面。实践中,大数据技术的应用已经贯穿于人们生产生活的各个领域,并且形成了一个以大数据辅助人们生活,生活中的信息又回馈于大数据更新发展的正向循环。

三 我国大数据法律保护路径

大数据与数据呈现出不同的性质,从传统的数据保护路径进行保护可能会展现出局限性。民法典对大数据的性质界定与保护进行了回避,可能是为了规避发展不成熟的大数据给稳定的法典带来不确定因素,避免增加法律适用不当的社会成本。目前存在将大数据从物权、债权与知识产权三个途径进行法律保护的模式[1],重点在于选择哪种法律保护可以给大数据带来最低的交易成本与最高的交易效率。

从物权路径对大数据进行保护,赋予数据所有人占有、使用、收益与处分的权利,但是大数据本身的性质与物权原则相违背。大数据为数据代码,难以界定为有体物或者无体物,超过了物权规范的有体物客体范围。如果将大数据置于物权路径下进行保护,便违背物权法定原则,强行扩大了物权客体的范围,可能导致侵占其他法律的规范领域,法律逻辑不严密。同时,当大数据的权利主体通过协议与他人进行交易时,基于数据的可复制性,很难实现原权利主体与大数据之间真正的分割,容易导致一物多权与物权的基本原则相抵触。

从债权路径对大数据进行保护,通过契约自由的方式将大数据进行确权,但是债权的意思自治将会促使大数据的产权更不明晰,加剧垄断与不正当竞争的形成,同时也难逃大数据本身的性质对于法律保护的限制。互联网托斯拉的逐步形成,也充分展示了债法保护路径的弊端。由

---

[1] 张弛:《大数据财产——概念析正、权利归属与保护路径》,《杭州师范大学学报(社会科学版)》2021年第1期。

第二章　大数据的知识产权保护

于大数据的高价值性，因此大数据的流通成本较高，企业之间便通过形成关联企业来实行数据的互通，进而关联的大企业之间形成了一道数据壁垒，市场调节无法对产权不明晰的大数据发挥作用，中小企业如果不付出高昂的成本将被排除在数据壁垒之外，如果继续在债券路径上保护大数据，将会损害市场秩序，严重影响社会公平公正。

从知识产权路径对大数据进行保护，大数据的性质与知识产权的保护客体智力成果具有重叠性。大数据是指依照特定目的挖掘与处理数字信息，进而完成精准预测目的的数据信息，大数据作为人为加工的财产，对大数据所享有拟制权利。① 杨立新教授认为衍生数据可以作为知识产权的客体进行保护，因为衍生数据是数据处理者对原始数据进行脱敏、挖掘、计算、聚合等一系列处理后，获得的具有构建性、经济性以及间接可识别性的数据即为衍生数据。这些处理不仅需要经济资源的投入，也是脑力劳动的结晶，充分体现了劳动创造价值的过程，衍生数据就是智力成果的一种。类比推理大数据也属于衍生数据的一种，权利主体为了获得大数据付出了经济资源与脑力劳动，因此大数据也应属于知识产权的保护客体，运用知识产权体系对大数据提供保护更为合适。

第二节　大数据知识产权保护的主体

互联网时代伴随着经济高速发展，大数据已经成为商业主体彼此激烈竞争，并可借以在市场中占据竞争优势的先导性因素。大数据侵权也随之大规模爆发，各地审理涉及大数据侵权案件呈上升趋势。同时，国家也从战略层面密集发布纲领或政策性文件促进大数据的知识产权保护。② 加快大数据的知识产权体系建设不仅是一项现实需求，也是国家层面的一项迫切政策需求。我国仍需不断总结各地法院关于大数据案件

---

① 李想：《大数据知识产权保护模式研究》，硕士学位论文，东北林业大学，2022年。
② 祝建军：《数据的知识产权司法保护》，《人民司法》2022年第13期。

的经验，并不断吸取大数据保护制度完善国家的优点，逐步形成统一的大数据的知识产权保护系统。大数据知识产权保护的主体主要涉及数据所有者、数据生产者、数据处理者和第三方数据用户等角色。①

2020年10月第十九届五中全会	《中共中央关于制定国民经济和社会发展第十四个五年规划和2035年远景目标的建议》	开始对数据产权提出初步纲领化建设意见
2021年9月中共中央印发	《知识产权强国建设纲要（2021—2035年）》	明确提出研究大数据的产权保护，加快对大数据进行知识产权方面的立法
2022年3月国家知识产权局印发	《推动知识产权高质量发展年度工作指引（2022）》	提出对大数据的知识产权保护等诸多课题展开理论验证工作，使大数据的知识产权立法适应新领域的发展

一　数据所有者

数据所有者是指对数据具有法律所有权的个人、组织或企业。在大数据时代，数据具有重要的商业价值和竞争优势，因此数据所有者对其拥有的数据享有相应的知识产权。② 具体来说，数据所有者可以通过法律手段保护其数据的知识产权，包括但不限于以下几个方面：其一，数据库著作权保护。数据所有者通过对自己所拥有的数据库进行组织和整理，创造了独特的数据库作品。而根据相关的知识产权法律，数据库作品可以享有著作权保护。因此，数据所有者可以申请数据库著作权，以确保其对数据库的独占使用权。其二，商业秘密保护。数据所有者对于自己拥有的数据可能存在商业秘密的情况，例如包含了核心竞争力或商业模式的数据。在这种情况下，数据所有者可以通过采取保密措施，如

---

① 赵建国、周慧颖、王杰：《数据主体在大数据创构中的智能差异》，《自然辩证法研究》2022年第10期。

② 田广兰：《大数据时代的数据主体权利及其未决问题——以欧盟〈一般数据保护条例〉为分析对象》，《中国人民大学学报》2020年第6期。

与合同、协议或非竞争条款等方式保护数据的商业秘密，并协助法律手段对侵权行为进行维权。其三，数据许可协议。数据所有者可以与第三方数据用户签订数据许可协议，明确规定数据使用的范围、权限和费用等方面的内容。数据许可协议可以是独家许可，也可以是非独家许可，以满足不同需求和合作方式。

二 数据生产者

数据生产者是指通过各种方式和手段，创造、收集、整理和处理大数据的个人、组织或企业。数据生产者对通过其劳动和投入所创造的数据享有相应的知识产权。数据生产者的知识产权保护主要包括以下几个方面：其一，数据生成途径的保护。数据生产者通过独特的生成途径创造了数据作品，例如通过传感器、监测设备等方式获取的数据。在这种情况下，数据生产者可以通过技术手段，例如加密、水印等方式保护数据生成途径的机密性和不可篡改性，以确保自己对数据的控制和知识产权的合法性。其二，数据的独创性和原创性保护。数据生产者可以通过数据的独创性和原创性来获得知识产权保护。例如，对于采集到的传感器数据进行特殊算法的处理和分析，从而得到独特的数据结果，这些数据结果可以通过专利或著作权的形式进行保护。其三，数据处理工具的知识产权保护。数据生产者可能通过自己开发或使用特定的数据处理工具来对数据进行处理和分析。在这种情况下，数据生产者可以通过相关的知识产权方式，如软件著作权或专利申请等，来保护其开发或使用的数据处理工具，并确保其对工具的控制和经济利益的保护。

三 数据处理者

数据处理者是指对大数据进行加工、分析、挖掘和处理的个人、组织或企业。数据处理者在数据处理过程中可能会涉及数据的拷贝、转换、整理和提取等操作，因此也需要遵守相关的知识产权法律法规。数据处理者的知识产权保护主要包括以下几个方面：其一，数据处理流程的保护。数据处理者通过自己独特的算法和模型对大数据进行处理和分析，并产生独特的数据处理结果。在这种情况下，数据处理者可以通过软件著作权、专利申请等方式对自己的数据处理流程进行保护，以确保其对处理结果的独占使用权和经济利益的保护。其二，数据的派生作品保护。在数据处理过程中，数据处理者可能会基于原始数据创造出新的数据派生作品。这些数据派生作品可能包括数据清洗、数据分析、数据可视化等方面的结果。在这种情况下，数据处理者可以通过著作权保护派生作品，确保自己对派生作品的控制和经济利益的保护。其三，数据共享协议。数据处理者在与其他数据主体进行数据共享时，可以与数据所有者或数据生产者签订数据共享协议。数据共享协议可以明确规定数据使用、许可和权益分配等方面的内容，以在合法和有效的范围内进行数据共享和保护。

四 第三方数据用户

第三方数据用户是指获取大数据并用于自己的业务活动的个人、组织或企业。第三方数据用户根据实际情况可能需要与数据所有者进行数据许可协议的签订，以确保合法使用大数据并遵守相关的知识产权法律法规。具体来说，第三方数据用户的知识产权保护主要包括以下几个方面：其一，数据许可协议的签订。第三方数据用户可以与数据所有者或数据生产者签订数据许可协议，明确规定数据使用的范围、权限和费用等方面的内容。数据许可协议可以是独家许可，也可以是非独家许可，以满足不同需求和合作方式。其二，合法使用原则的遵守。第三方数据用户在使用大数据时应遵守合法使用原则，不得超出许可范围和权限范围，不得进行未经授权的数据修改、复制、传播等行为，以确保自己的使用行为合法并遵守相关法律法规。其三，数据使用权益的保护。第三方数据用户可以通过合同或协议的形式确保自己对使用数据的权益和经济利益的保护。例如，与数据所有者签订数据许可协议时可以明确规定数据使用范围和期限，或者购买数据的使用权等。

大数据知识产权保护的主体涉及数据所有者、数据生产者、数据处理者和第三方数据用户等多方角色。在大数据时代中，有效保护大数据的知识产权是关键，需要各方主体共同努力，遵守相关法律法规，并通过技术手段和协议合作等途径保护自己的合法权益。同时，也需要政府和法律监管机构加强监督和执法，维护公平竞争和创新发展的环境，以推动大数据知识产权保护事业的健康发展。

第三节 大数据知识产权保护的客体

我国对作为作品的大数据集合运用《著作权法》进行保护，对作为商业秘密的大数据集合运用《反不正当竞争法》进行保护。尽管可以从著作权的汇编作品、反不正当竞争法与商业秘密等角度对大数据进行权利的救济，但我国现行的知识产权体系对大数据提供的保护仍无法对大数据提供全面的保护，同时现行的保护路径也都存在着保护的局限性。

一 作为作品的大数据集合

作为作品的大数据集合运用《著作权法》进行保护。[①] TRIPs 协定第 10 条第 2 款规定"数据或者其他材料的汇编，无论采用机器可读形式还是其他形式，只要其内容的选择或安排构成智力创作，即应予以保护"。我国《著作权法》第十四条规定"汇编若干作品、作品的片段或者不构成作品的数据或者其他材料，对其内容的选择或者编排体现独创

[①] 许春明：《新〈著作权法〉对数据库的法律保护》，《上海大学学报》（社会科学版）2002 年第 2 期。

性的作品,为汇编作品"。只要大数据的内容选择与编排结合了经济价值与脑力活动,具有独创性便可以运用版权的规定予以法律保护。据世界知识产权组织统计,全世界有130多个国家将大数据视为汇编作品,运用《版权法》为其提供版权保护。获得版权保护的基础即是大数据的内容选择与编排具有独创性,这个保护途径在弱人工智能的今天是合理的,但是随着强人工智能甚至超人工智能时代的到来,人工智能通过科学算法便可以实现对复杂、混乱数据库进行分析,对数据的内容选择与编排要求便会随之降低,大数据最终可能无法达到独创性的标准,运用著作权法对大数据进行法律保护便会陷入困境。

  实践中消费者网络评语、电子地图导航、商标查询等类似典型案例,早期实务中通常应用著作权作为大数据保护的请求权基础。大众点评的经营公司上海汉涛信息咨询有限公司诉北京搜狐互联网信息服务有限公司侵犯著作权纠纷案[①],上海汉涛信息咨询有限公司将大众同意服务条款并完成注册程序,在网上发表出的图片、言论等进行复制裁剪,形成关于餐厅的简介、电话与消费者评价等相关信息,其他组织未经允许不得擅自进行使用、复制等。而北京搜狐互联网信息服务有限公司未经上海汉涛信息咨询有限公司同意将大众点评关于11家商户的介绍擅自刊登于搜狐吃喝频道。法院认为大众点评中餐厅的简介中采用用户日常用语的表达方式并不具有独创性,但是大众点评对于11家商户的简介具有独创性。北京搜狐互联网信息服务有限公司构成对上海汉涛信息咨询有限公司大众点评简介部分著作权的侵权,应当承担停止损害、公开道歉与赔偿损失等责任。佛山鼎容软件科技有限公司擅自使用济南白兔信息有限公司汇编的商标数据库[②]。济南白兔信息有限公司将国家商标局发布的公告进行人工识别与人工录入,汇编成其商标数据库。而佛

---

① 北京市海淀区人民法院民事判决书(2007)海民初字第5904号。
② 广东省佛山市中级人民法院(2016)粤06民终9055号民事判决书。

第二章 大数据的知识产权保护

山鼎容软件科技有限公司擅自使用济南白兔信息有限公司汇编的商标数据库，在微信上提供商标信息查询服务来进行牟利。法院认为济南白兔信息有限公司对商标数据库的汇编具有独创性，北京四维图新科技股份有限公司以著作权纠纷将北京奇虎科技有限公司、北京秀友科技有限公司与立德空间信息技术股份有限公司起诉[1]，应当承担停止损害、公开道歉与赔偿损失等责任。北京四维图新科技股份有限公司以著作权纠纷对北京奇虎科技有限公司、北京秀友科技有限公司与立德空间信息技术股份有限公司进行起诉。北京四维图新科技股份有限公司将电子导航中的建筑物、信息点等进行标注，在地图中运用不同的颜色将不同的建筑物与地貌进行划分。北京四维图新科技股份有限公司将电子导航授权给北京秀友科技有限公司，而北京秀友科技有限公司超过许可权限对北京奇虎科技有限公司进行再授权，立德空间信息技术股份有限公司将电子导航地图送至国家相关部门进行审批。法院认为被告三家公司对北京四维图新科技股份有限公司构成著作权的共同侵权，同时三家公司滥用原告付出人力、物力与财力的电子地图导航地图，将原告的市场竞争力降低，损害了其公平竞争的机会，构成了不正当竞争，但因为著作权已经对电子地图导航提供了权利救济，便只采用著作权进行保护。当大数据的权利人通过自身创作或编排获得了大数据集合，大数据的权利人可以对具有独创性的作品通过著作权进行权利救济。

从著作权汇编作品的保护角度来看，大数据的形成过程与《著作权法》第十四条中规定的"汇编若干作品、作品的片段或者不构成作品的数据或者其他材料，对其内容的选择或者编排体现独创性的作品，为汇编作品"两者存在契合，但是以著作权汇编作品的保护路径存在局限性。汇编作品保护创作实质是保护创作者的编排方式，而大数据的核心价值在于其汇总分析的具有预测性与指导性的结果，同时汇编作品对于

---

[1] 北京知识产权法院（2019）京 73 民终 1270 号。

大数据集合的独创性具有一定的要求,而大数据进行数据收集时收集到海量与全面的数据,数据的选择与编排很难达到独创性标准,很可能将具有较大商业价值的大数据集合排除在保护范围之外,较大地打击数据制作者的积极性。同时,关于著作权汇编作品中的独创性,各地司法审判人员在认定时存在较大差异性,并没有达到统一的规范标准。因此,运用著作权中的汇编作品对大数据进行保护存在天然缺陷与实践困难。

二 作为商业秘密的大数据集合

作为商业秘密的大数据集合运用《反不正当竞争法》进行保护。如果数据库未经许可被复制或者采集,严重损害了权利人的经济利益、违反市场竞争秩序,可以通过反不正当竞争法进行保护。同时,《反不正当竞争法》相较于版权方式保护具有一定的优势,《著作权法》进行保护要求内容选择与编排上的独创性,但是独创性往往是难以达到的一个标准,所以版权保护受到局限,以《反不正当竞争法》进行保护可以很好地对此问题进行规避。正如在"广西广播电视报"案件[①]与"SIC实时金融系统"[②]信息数据库侵权案件中,两者在"电视节目预告表""SIC实时金融系统"信息方面都很难在内容选择与编排上达到独创性的标准。最终法院均判决,因为开发者付出了脑力劳动,因此以《反不正当竞争法》的方式判令被告进行赔偿。但是在人工智能时代,对大数据的采集、利用是否构成不正当竞争,换言之是否扰乱市场秩序是比较模糊的,因此以《反不正当竞争法》的方式保护大数据具有很大的不确定性。

据 2017 年北京市海淀区人民法院中关村法庭和中国互联网协会调

---

① 广西广播电视报社诉广西煤矿工人报社电视节目预告表使用权纠纷案,广西壮族自治区柳州地区中级人民法院,(1994)柳地法民终字第 127 号。

② 北京阳光数据公司诉上海霸才数据信息有限公司技术合同纠纷案,(1997)高知终字第 66 号。

第二章 大数据的知识产权保护

解中心联合发布的《大数据与知识产权司法保护现状及展望的调研报告》显示近年来的数据纠纷案件，涉及大数据纠纷的案件中，有23%以著作权纠纷起诉，46.2%以反不正当竞争起诉，即数据所有人已逐步从著作权纠纷转向反不正当竞争纠纷对数据集合进行救济，这说明数据所有人对反不正当竞争角度持积极态度。从各地有关数据侵权的典型案件角度来看，大部分法院均认定数据所有人对数据集合享有财产权利，并妥善处理侵权案件，判令侵权人采取停止侵权、赔偿损失等措施。随着时代的发展，大数据对互联网等相关企业与市场的影响力逐步扩大，已经不能简单适用《著作权法》对大数据进行权利救济，滥用他人大数据进行牟利的行为，在实务中网络评语、电子商务平台、网络社交媒体平台与企业征信系统等典型案例更多地从《反不正当竞争法》的角度寻求权利保护。如前所述的大众点评的经营公司上海汉涛信息咨询有限公司在早期的诉讼中以著作权侵权作为请求权基础，而在其面对百度公司的大数据侵权时，上海汉涛信息咨询有限公司以反不正当竞争纠纷对百度公司进行起诉。大众点评通过许可协议的方式从用户处无偿获得商户的照片、评论，用户可以从大众点评内部打开腾讯地图等软件获取商家定位，也可以通过评论获取一些积分奖励，而大众点评通过汇总与编排用户提供的信息与评论获得财产权。法院认定百度公司开发的百度地图与百度知道软件中擅自使用大量大众点评中为大众提供的商户基本信息，截取了大量大众点评的流量，破坏了市场竞争环境，构成反不正当竞争，应当承担停止侵害与赔偿损失等责任。近些年电商平台随着网络直播与线上购物等新型消费方式的出现也产生大量恶性竞争案件，电商平台的经营是基于对海量大数据进行分析后的大数据进行的。淘宝软件有限公司以反不正当竞争纠纷将安徽美景信息科技有限公司进行起诉[1]。淘宝公司通过收集用户的搜索、预览、加购、购买与退货等海量信息，在进行脱敏处理删除个人信息之后进行分析与处理，形成统计

---

[1] 杭州铁路运输法院（2017）浙8601民初4034号。

型、预测型等多种类型的衍生数据，帮助用户与商家更好地进行生意参谋，促进交易的完成。法院认为安徽美景信息科技有限公司擅自将淘宝公司合理取得的生意参谋数据进行分享与出租，将淘宝有限公司的实际用户与潜在用户进行拦截，不仅违背商业道德，也构成反不正当竞争，应当承担停止侵害与赔偿损失等责任。同时，网络社交媒体平台随着网络社交等新型交流方式的出现也产生大量恶性竞争案件，网络社交媒体平台的运行是基于海量个人信息的汇总与整合。北京微梦创科网络技术有限公司以反不正当竞争纠纷将北京淘友天下技术有限公司、北京淘友天下科技有限公司进行起诉①。北京微梦创科网络技术有限公司开发的新浪微博软件，用户使用手机号注册新浪微博账号，设置昵称、性别、教育背景、工作经历等一系列信息，更新并分享自身动态，也可以通过账号观察其他用户与世界动态。新浪微博与北京淘友天下技术有限公司创立合作，在用户同意的情况下将新浪微博的个人用户数据共享给默默。法院认为默默超出合作协议的许可范围获得新浪微博用户的教育经历与工作经历，还擅自展示手机通讯录联系人与新浪微博用户之间的关联关系构成反不正当竞争，应当承担停止侵害与赔偿损失等责任。大数据的运用也会对商业主体的商誉产生较大影响，可以通过反不正当竞争法的途径予以救济。浙江蚂蚁小微金融服务集团股份有限公司、重庆市蚂蚁小微小额贷款有限公司以反不正当竞争纠纷将苏州朗动网络科技有限公司进行起诉②。苏州朗动网络科技有限公司开发的企查查软件从全国企业信用信息公示系统、中国裁判文书网等网站中筛选信息，对企业的征信信息可以提供查询与推送服务。2019年5月，企查查向订阅用户推送了蚂蚁公司本月度的营业状态为清算，而蚂蚁公司的实际状态为开业。法院认为，企查查的错误推送导致蚂蚁公司的商誉受损构成反不正当竞争，应当承担停止侵害与赔偿损失等责任。

---

① 北京知识产权法院（2016）京73民终1101号。
② 浙江省杭州市中级人民法院（2020）浙01民终4847号。

第二章 大数据的知识产权保护

从反不正当竞争法的保护角度来看,对于投入大量的时间、资金与技术等投入生成的大数据集合,可以援引《反不正当竞争法》第二条的兜底条款①对大数据提供保护,但是以反不正当竞争法的保护路径存在局限性。《反不正当竞争法》仅能对存在竞争关系的数据创造者与侵权者的侵权纠纷予以解决,对于不存在竞争关系的数据创造者与侵权者的侵权纠纷并不能提供法律保护。《反不正当竞争法》实质是保护市场的正常秩序,而并非对单个大数据提供保护,只能对大数据提供事后救济,其惩戒的法律效果并不能达到。同时,关于《反不正当竞争法》第二条的兜底条款是一个原则性规定,存在较大弹性,且各地司法审判人员在认定时存在较大差异性,容易构成对法律的滥用,双方产生较大的法律争议。因此,运用反不正当竞争法对大数据进行保护也存在天然缺陷与实践困难。从商业秘密的保护角度来看,大数据创造者可以通过签订保密协议与采取保密措施的方式灵活地对大数据提供保护,理论上看是可行的,但是在司法实践中却很少出现适用商业秘密对大数据进行保护的案例。因为商业秘密本身在我国并没有形成一个完善统一的法律体系,有关商业秘密的规定穿插于各个不同的法规之间,立法的模糊导致适用时代困境,各地司法审判人员在认定商业秘密的秘密性时,对于如何界定不为公众所知悉存在认知上的差异性。在司法实践中,数据创作者与其他主体签订保密协议采取保密措施后,一方不遵守协议规定将信息泄露发生侵权案件时,大数据一经披露便会对其商业价值造成难以弥补的折损,事后救济对大数据的补偿并没有产生较好的效果。同时,作为商业秘密的大数据,需要数据所有者采用特定技术,使公众不能从公共途径直接获得。然而大数据中汇总的大部分数据来源于公开收集的

---

① 《反不正当竞争法》第二条:经营者在生产经营活动中,应当遵循自愿、平等、公平、诚信的原则,遵守法律和商业道德。

本法所称的不正当竞争行为,是指经营者在生产经营活动中,违反本法规定,扰乱市场竞争秩序,损害其他经营者或者消费者的合法权益的行为。

本法所称的经营者,是指从事商品生产、经营或者提供服务(以下所称商品包括服务)的自然人、法人和非法人组织。

数据，侵权人很容易通过特定的技术对大数据的分析结果进行破解，使运用商业秘密保护的大数据丧失其秘密性。因此，运用商业秘密对大数据进行保护也存在保护困境与实践困难。

三　有限空白地带

大数据虽然是一种新兴事物，但其法律保护在相对发达的国家已经产生了不同的法律保护方式，有丰富的经验可以向我国大数据保护提供参考。如欧盟为大数据的知识产权保护开创了版权保护与特殊权利保护并行的先河、德国开创了大数据的知识产权保护完全融入著作权体系的先河、日本在《反不正当竞争法》内开创了设置大数据保护专门化条款的先河。

有限空白地带的知识产权可以运用"特殊权利"进行保护。欧盟于1996年发布了《关于数据库的法律保护指令》，首次提出对数据库视为一种"特殊权利"。目前，以"特殊权利"的方式对数据库进行保护的方式已经在欧盟成员国范围内得以适用。欧盟理事会首先通过发布《著作权技术挑战绿皮书》来征求欧盟各国对大数据保护意见、倡导各国颁布采取统一的数据库保护模式，后又通过发布《关于数据库法律保护指令》为大数据的知识产权保护开创了版权保护与特殊权利保护并行的先河，消除了欧盟各国大数据保护之间的壁垒。[①] 欧盟版权保护与特殊权利保护并行的模式，为满足独创性标准的大数据提供了版权保护，也为不满足独创性标准但付出了如资金、劳动、技术、时间等实质性投入的大数据提供了特殊权利保护，对满足了独创性标准与实质性标准的大数据提供版权与特殊权利双重保护。《关于数据库法律保护指令》对特殊权利保护的权利界限进行了具体性规定，赋予为大数据生成付出了实质性贡献的制作者提取权与再利用权。具体而言，提取权是指大数据

[①] 傅羽佳：《大数据知识产权的有限保护》，硕士学位论文，南京航空航天大学，2020年。

制作者有权将大数据的全部或实质性内容暂时或永久地转移到其他载体上，再利用权是指大数据制作者有权将大数据的全部或实质性内容通过网络或者复制件销售等方式向公众传播，其他权利主体如果未经许可对大数据进行复制与传播，便构成对大数据制作者特殊权利的侵权。此外，《关于数据库法律保护指令》还明确大数据制作者对特殊权利的享有并不影响原来大数据中包含的专利权、商业秘密等权利，也将新闻报道与科研教学等目的使用大数据的，划定在了大数据的合理使用范围之内，同时对大数据的特殊权利保护规定了 15 年的保护期限，当大数据制作者对大数据的内容进行了增添、删改等实质性的变动时，大数据特殊权利的保护期限也会随着实际变化之日起重新计算。

美国也曾探索以特殊权利的方式对数据库进行保护，以便本国数据库可以在欧洲获得保护，但是由于争议过大，最终未被国会予以通过。特殊权利保护的提出以洛克的劳动财产论为基础，实质上重点关注数据库的市场价值而非独创性。同理，大数据作为一种以检索为目的的数据库，也可以承接"特殊权利"的保护方式，继续进行保护。这里的"特殊权利"包括"撷取"与"反复利用"二种情况。所谓"撷取"是指"采取任何方法或以任何形式，将数据库内容的全部或实质部分永久或暂时转载到别的载体上"，类似"复制"。所谓"反复利用"，也译为再利用或二次使用，在 WIPO 提案中改为"利用"，是指"通过销售拷贝出租、联网或其他传输方式将数据库的全部或实质内容以任何一种形式提供给公众"，类似"发行"。

德国作为重视数据保护与立法的国家，在《关于数据库法律保护指令》发布之后率先完成了大数据知识产权保护的国内转化，开创了大数据的知识产权保护完全融入著作权体系的先河。德国将大数据融入著作权保护体系的模式，为满足独创性标准的大数据提供了著作权保护，也为不满足独创性标准但付出了如资金、劳动、技术、时间等实质性投入的大数据提供了邻接权保护，对满足了独创性标准与实质性标准的大数据提供著作权与邻接权双重保护。《德国著作权法》没有简单将满足独创性标准的大数据归入汇编作品，而是明确规定出数据库作品，即"按照系统或者有序的安排，并且能够借助电子或者其他方式单独获取其素材的汇编作品为数据库作品"。将不满足独创性标准但付出了如资金、劳动、技术、时间等实质性投入的大数据归入邻接权的保护，德国出于节约立法成本与保持司法统一的角度并没采取欧盟《关于数据库法律保护指令》赋予为大数据生成付出了实质性贡献的制作者提取权与再利用权，而是沿用《德国著作权法》中邻接权利中的复制权、发行权与向公众传播等权利。同时，大数据的保护期限也沿用了一般作品的15年保护期限，当大数据制作者对大数据的内容进行实质性的变动时，保护期限也会随着实际变化之日起重新计算。

　　日本从促进数据自由流通的角度出发，建立"超智能社会构想"、成立"数据流通协会"等组织，在《反不正当竞争法》内开创了设置大数据保护专门化条款的先河，平衡了数据使用者与提供者的利益，将大数据的价值最大化。《日本反不正当竞争法》增设"限定提供数据条款"，对大数据的保护范围、侵权方式与救济措施进行了列举式阐述。条款将大数据的保护范围限定于"以营利为目的向特定对象提供的，通过电磁方式积累到相当数量并对电磁管理的技术或经营信息"，即被保护的大数据所有者需要存在将大数据实际提供给不限人数的特定主体的行为或明确意向，并通过一般人注意力所不能感知到的途径与方式向特定主体传递的具有一定利益价值的大数据。条款将大数据的侵权方式限定为三种类型，具体为不当获取，即没有权限的主体通过欺诈、盗窃或其他法律禁止的不正当手段获取大数据的行为。不当使用，即没有权限的主体以大数据所有者禁止的方式公开使用大数据、明知来源不正当仍然公开使用大数据以及取得时为善意知晓不正当取得后仍然公开使用大数据。不当披露，即将大数据置于公众可以预览的状态。条款对大数据的救济措施从促进数据流通角度出发，没有引入刑罚，采取了停止侵害、销毁侵权工具、销毁侵权结果物等非补偿性救济性措施与恢复信用、赔偿损失等补偿性救济性措施。

第四节 大数据知识产权保护的内容

一 特殊权利保护的可行性探究

数据信息的定性在民法总则立法过程中曾出现过模糊的情形，为了避免重蹈欧盟由于对知识产权法律保护认识不清，而对特殊权利进行了过度保护的覆辙，在进行有关大数据的知识产权保护的讨论之前应先阐述清楚大数据应属于哪类保护客体。大数据中信息既存在属于作品的一部分，也存在属于商业秘密的一部分，而我们的重点是对大数据中包含的不属于前两类的空白地带的准确识别，为后续权利保护的阐述奠定基础。

著作权法保护对数据内容选择、整理与编排具有独创性贡献的大数据，即可视为大数据获得类似汇编作品的著作权，从而大数据在整体上具有禁止他人进行复制、发行等一系列权利。但是对于单纯的数据或者仅经过简单选择、汇编的数据则很难取得独创性，获得著作权法的保护。对于取得著作权的大数据，公众若要获取体现收集者独创性的大数据集合时是应被禁止的，而公众希望获得数据本身而非具有独创性的大数据集合时是应被允许的。但是这也并不意味着没有获得独创性的数据集合的数据收集者不能寻求著作权的保护，数据收集者仍然可以通过迂回的方式，从具有独创性的单个数据中获得独占性或排他性许可，进而也可以获得著作权的保护。正如，大众点评网中用户撰写的文字、拍摄的照片具有独创性，获得了著作权中作品、录音制品的保护，大众点评网提出自己获得了许可，有权禁止他人传播自己的数据集合，法院也对该说法予以支持。虽然数据集合中的单个数据可能取得独创性构成作品，但是它仍是数据集合中的一个小点，一整个数据集合由可能作为作品，也可能不是作品的无数个小点构成，我们所重点考虑的不是小点本身的价值，而是数据收集者为了进行数据收集整理将这些小点所汇聚起来所付出的劳动成本。例如，Youtube网站中用户创作的很多视频可能属于作品，但是我们考虑的是Youtube网站为了把这个视频资源汇集起来所付出的成本。

同时，著作权法对保护作品的技术也提供保护，即可以理解为当数据被认定为作品后，为保护数据集合采取的技术措施与防止被破解的专业工具也将同样受到著作权法的保护，这对数据收集者而言意义重大。当保护大数据集合或大数据集合中的单个作品免受侵害时的技术应由著作权法进行保护，当保护大数据的整体或局部数据均不受著作权保护时，所采取免受侵害的专业措施不受著作权的保护。数据收集者可以将具有独创性的数据与不具有独创性的数据集合混合在一起，再以专业的手段与措施防止数据免受侵害。以此种方式可以轻松消除著作权对技术的不确定性，数据收集者可以加强对数据的控制，降低数据被非法侵害的风险。

现有的商业秘密是指不为公众所知悉、需要付出一定代价获得的具有价值的信息，大数据中可以属于商业秘密的范畴包括以下三点：首先，大数据这个数据集合中的单个信息可能就具有秘密性，比如与医院相关的大数据，其包含的单个医院信息即具有秘密性。信息本来的所有者都采取了保密措施使公众无法获取秘密信息，自然通过秘密协议、保密渠道获得数据的收集者，其汇总的数据集合更是具有秘密性。司法实践中，类似的私人设备用户数据、电子商务平台信息数据等的信息集合都延续此思路，视为商业秘密。接着，即便数据集合所包含的单个数据不具有秘密性，数据收集者将整个数据集合作为一种隐私置于独立的保密措施之下，第三人除非借助网络爬虫等技术才可能接触到。此时的数据集合处于不为公众所知悉的状态下，第三人只有费时费力采取非法行为才可以窥见，需要第三人付出一定代价才可以取得。因此，此时的数

第二章 大数据的知识产权保护

据集合仍然可以采用商业秘密来进行保护。最后，数据集合是数据收集者通过对内容选择与编排制作而成的，并非简单的零散数据汇总。数据收集者的调整与加密等行为使数据集合与公共领域的分散数据区分开来。比如，许多医疗机构对外公布的数据集合经过了匿名化处理，这便可以运用商业秘密来进行保护。许多学者提出从公共领域获得公开信息，组成的数据集合具有秘密性是荒谬的。这时应当对单个条目的秘密性与数据集合的秘密性进行区分。虽然单个信息可以从公共领域中轻易获得，但是整个数据集合并不能轻易从公共领域轻易获得，因而数据集合具有秘密性，可以用商业秘密进行保护。比如，单个客户的信息可以轻易从公共领域获得，而一整个客户名单是具有秘密性不能轻易从公共领域获得，应受商业秘密保护的。

在目前的司法实践中，将大数据作为商业秘密运用《反不正当竞争法》确实取得了较大的成效。但从长远来看，商业秘密的保护方式可能并不是一个平衡数据收集者、数据利用者与公众的完美机制。商业秘密保护的尺度模糊，可能对大数据提供过度的保护或保护不足。从当下的发展角度来看，社会在不断地激励数据公开，而商业秘密的保护方式可能对公众获取公共数据产生限制。比如，有人建议为方便医疗研究将匿名化的公共数据由政府进行公开，美国国会也曾为了公共健康立法要求医疗厂商公布临床实验数据集合。因此，限制或剥夺部分商业秘密来实现利益平衡是必要的。但是同时，部分的强制许可与披露会降低数据集合的价值，打击数据收集者的积极性，并且在局部公开中，数据集合的秘密性也将处于一种不确定之中，商业秘密的保护也会失去效用。

经过对现有的著作权和商业秘密的保护规则的分析后，得出结论，这并不是如人们所想的那样是一个全新的领域，相反现有的知识产权法可以做到基本覆盖，因此简单的大数据集合立法是行不通的。对于独创性不能够达到作品要求的数据集合与处于公共领域、没有采取保密手段的数据集合，属于既不能运用著作权法也不能运用反不正当竞争法进行保护的空白领域仍需进行探索。

这些空白地带不是最近才被提出的,而是几十年内一直在知识产权法领域内被大家反复提及的存在。被公认的最早开始对公开状态的非独创性数据集合进行保护尝试的是20世纪60年代的北欧国家版权法的"目录规则"。随后欧共体在公开的政策文件中征集探讨对该类型的数据集合的保护立场问题,并在1992年发布了建议草案,最终在1996年确立了数据库指令,确立版权和特殊权利并行的立法模式。之后世界知识产权组织也在1996年组织讨论了《数据库条约草案》。同一时间,美国国会虽然也提出了多个数据库特殊保护立法草案,进行了数据库特殊保护的多种尝试,但最终因为美国国内科学界和网络行业的一致反对而搁置了。目前美国对这些不受版权保护的数据库的保护,都是在司法创设的热点新闻学说的框架下进行的。虽然之前在全世界范围内引起热议的数据库与现在的大数据集合在构成和规模上都无法比拟,但是它们所对应的立法领域的空白在本质上是相同的。目前学者对此类问题的探讨,也与20世纪90年代经典文章探讨的本质和思路基本类似。同其他国家一样,我国的知识产权界也一直在就此类数据集合的立法问题与世界各国学者进行探讨。

由于仅仅适用反不正当竞争的一般条例来为空白地带的大数据集合来提供保护,具有很大的个性和不确定性。国外的一些法官也提出不应利用反不正当竞争法来保护数据集合,因为相关条例的规定太过模糊,没有清晰的界限,只在少数情况下适用。但是随着大数据和人工智能的发展,因为大数据集合而产生的纠纷越来越多,公众对大数据集合的确定性要求也越来越高。因此对大数据集合进行明确的产权定义和权利保护,已经越来越紧迫。

综上考虑,要想弥补制度上的空白,首先应该为大数据集合提供有限排他权,即限制他人未经作者许可就滥用其通过付出实际劳动和资本投入得到的数据信息内容的权利。此处提到的有限排他权应大致包括发行权、广播权、网络传播权等。同时，不应该过多地限制复制权或其他权利，因为从目前的一些案例来看，大部分的收集者的诉讼都是为了阻止他人的未经授权的公开传播行为，而且过于苛刻的复制限制会导致后续的数据利用率被限制，社会成本增加等。① 由于目前阶段数据行业还处于高速发展变化的阶段，人们对于数据行业发展规律掌握有限，因此仅提供有限排他权是出于谨慎考虑的选择。

二 邻接权保护的可行性探究

我国现行《著作权法》中的邻接权存在权利种类上的有限性，仅包括：出版者权、表演者权、录音录像制作者权与广播组织权四种邻接权。司法实践中，保护的有限性与鼓励制作者的创新积极性之间的矛盾，导致邻接权客体认定的混乱与部分法官独创性判断的屈服，将不满足独创性标准的内容认定成为作品。邻接权随着劳动成果的多样化发展，应将邻接权作出相应的增设。部分大陆国家突破原有《罗马公约》中邻接权的制度框架，增设邻接权的客体范围。如，德国的邻接权客体中增设了独创性较低的数据库、不构成摄影作品的照片等十一种相关权利。《意大利著作权法》也突破原有邻接权客体范围，将工程设计图、舞台布景与作品的名称等多项权利以成文法的形式囊括其中。因此，基于保护投资者的角度，可以顺应邻接权的扩张趋势，突破传统的邻接权保护范围，将具有较大经济价值的大数据包括在邻接权的客体范围内。

将大数据纳入邻接权的保护范围不仅存在法理上的合理性，也需要满足邻接权客体的四项判断标准。② 大数据满足邻接权"无独创性"标准，独创性是作品保护范围的标志性特点，而无独创性将部分没有独创性的大数据包含在邻接权保护范围之内。近年来，大数据创造者的数据

---

① 崔国斌：《大数据有限排他权的基础理论》，《法学研究》2019年第5期。
② 朱文玉、李想：《大数据知识产权保护路径探析》，《湖北经济学院学报》（人文社会科学版）2022年第9期。

采集与数据汇编的选择编排方式逐步趋近，大数据集合愈加难以达到独创性标准，并且大数据的核心价值在于其具有预测功能的分析结果，而不是大数据的选择编排，因此无论大数据创作的选择编排模式是否满足无独创性标准，都不会影响到大数据的实质内容满足邻接权无独创性的标准。大数据满足邻接权"与作品或作品相近信息相关"标准，由于邻接权的保护客体与作品有关联是著作权对邻接权客体提供法律保护的法律渊源。邻接权制度随着司法实践的变革，经历了从与作品有关到与作品相近以及现在与信息相关的表述变化。邻接权客体的保护范围发生合理的扩张，说明学界与实践都在逐步接受与作品相近信息相关的客体具有与作品相同或类似的属性。而大数据本身属于海量的数据集合，虽然不能成为作品受到著作权的保护，但是其与作品相近的传播记录方式、较大社会与市场价值，反而满足了邻接权中与作品或作品相近信息相关的标准。大数据满足邻接权"传播功能"标准，邻接权的保护重心已经从保护传播者转向了保护投资者，但是传播功能仍然是邻接权的一项核心功能，从传播功能角度解释为大数据纳入邻接权增添了合理性。互联网的发展使大数据的传播功能不再局限于传统传播途径，大数据从各种类型的载体上收集相关信息，通过编排分析整理出具有市场价值的信息，这虽然与传统的信息传播有所区别，但是究其本质都是经营者将有价值的信息投入市场并以此获利的行为，因此大数据也满足邻接权"传播功能"标准。大数据满足邻接权"非创作性投入"标准，从劳动价值角度来讲非创作性投入具体来讲就是对创作人创作的重要性与成熟性是否达到标准的判断。在重要性层面从成本与收益两个角度判断，数据创作者为数据收集、数据编排与数据分析付出了非单个人可以实现的人力、资金与技术等成本，大数据的分析成果可以对个人生活、企业发展与社会稳定起到重要作用，有时一个大数据的分析结果甚至可以支撑起一个产业的运行，大数据在互联网时代的生产与生活中发挥着重要作用。在成熟性层面从长期性与稳定性两个角度判断，由于大数据

第二章　大数据的知识产权保护

创作者在创作时付出了巨大的成本，所以会在前期做好工作预期与长期投入的工作安排，并且会从大数据的分析结果中获得巨大的经济利益，大数据会长期稳定发展，因此大数据满足邻接权"非创作性投入"标准。

三　大数据知识产权保护的限制

大数据将碎片化的大量静置信息联合起来，形成了一个数据共享的全新环境。一方面，要运用知识产权对大数据的成果进行保护防止侵权；另一方面，又要运用大数据促进知识产权中的知识共享。同时，应结合市场本身利润来全面地看待大数据集合的产权保护，一般情况下现有的法律制度保护可以起到良好的市场激励作用，当现行的法律体系不能防止市场失败时，应在进行利益衡量的同时对大数据提供额外保护。在当前的数字时代和知识经济时代无法避开的两个话题就是知识产权保护和数据共享，面对因为数据的爆炸增长以及处理方式的转变，产生的新的知识产权问题，如何在两者之间寻找新的平衡是解决问题的关键所在。

最早提出要将数据开放和共享的是美国，它将科学数据的开放共享定为基本国策，同时欧盟也将信息的传播与共享提升至战略的高度。我国也在农业、气象、水利等科学领域进行科学数据的开发与共享的尝试。其中数据的共享主要集中在学术界的共享和电子图书数据等方面的共享。当前世界各国已经成立了多个专门进行数据分析和保存的数据库，包括世界数据中心，我国的基础科学共享网等，它们都对数据的共享和发展做出了重要贡献。目前来说，国家作为数据共享的主导者是最为合适的，因为最高层面的数据共享是国家层面的，同时国家做主导进行各部门之间信息共享，会有力地推动基础信息的汇总和利用，也可以提供跨地区跨部门的政策支持，保障数据共享的顺利进行。举例来说，地区的人口信息直接影响着城市基本设施的建设、交通运输等政策，这时候部门之间的数据共享就尤为重要。就企业和科研机构而言，两者的数据共享也会带来共赢的结果，对于科研机构来说企业掌握大量的用户数据，这些数据的收集对于机构来说会消耗大量的资源，同时过程极其烦琐和漫长。对于企业来说，科研机构的专业分析和发明，会为企业带来大量的经济效益。如果二者合作不仅可以节省社会成本，而且可以创造更多的经济效益。对于个人而言，通过数据共享也可以了解到更多的信息，方便自己作出更好的决策等。

  知识产权与数据共享处于一种既相互对抗又相互促进的状态之中。一方面，大数据的知识产权保护体现了数据收集者私权利的保护，数据共享则体现了公共领域的信息自由，代表公众利益。私权与公权两者难免产生冲突，数据的收集者为了个人经济利益考虑，对重要数据集合的公开持消极态度，可能愿意向公众展示一些非重要的数据集合，而公众可能希望从公共领域获取某些数据集合，大数据的知识产权专有于数据收集者与数据共享的公共性产生矛盾。[①] 另一方面，大数据的知识产权保护与数据共享又处于一种相互促进的状态，两者均是为了创造社会财富、实现社会公共利益价值最大化这一共同目标而运行的，两者在某种意义上相互依存、互利互惠。对数据收集者提供周延的知识产权数据保护会激励收集者进行公共领域的数据共享，而在共享数据信息的优良环境下也会产生较高价值的成果来进一步完善知识产权制度的运行，更好地保护数据收集者的权利。[②] 因此，数据共享和知识产权之间并非是完全的对抗关系，二者之间有着利益的共同点，二者的冲突点最终一定会得到均衡的解决。在之后的数据共享体系中必然会有协调者的存在，这个协调者可以是政府机关或其他组织，它从公正、合理、权威的角度来解决双方的冲突，同时要建立一个完善的共享平台，必须有立法和法律

[①] 邓灵斌、余玲：《大数据时代数据共享与知识产权保护的冲突与协调》，《图书馆论坛》2015 年第 6 期。

[②] 王社国：《论大数据时代的知识产权管理——评〈大数据创新发展与知识产权保护〉》，《中国科技论文》2022 年第 5 期。

第二章 大数据的知识产权保护

的保护以及制度的约束。在新时代，数字经济成为新的经济增长点，要想抓住发展的新契机，如何为数字经济的发展保驾护航，确保数字经济的健康稳定发展，是十分重要的科研课题。其中怎样来平衡数据共享和知识产权保护两者之间的冲突点又是重中之重。

在知识产权领域存在劳动学说与功利学说两种学派，部分学者认为劳动成果应受保护，企业为了获得数据集合付出了巨大的劳动成本，就应对该企业合法权利提供产权保护，进而激励该企业继续从事数据收集活动。而大部分学者认为，劳动成果并非一定要受到产权保护，市场本身的利益可以形成有效替代。比如，集成电路图由于技术复杂性即便没有对其进行产权保护，技术的领先时间也足以让其在市场上收回领先的成本，无需再对其进行过度保护。同理，部分数据在现有的法律制度即著作权与反不正当竞争法的规制下已经可以受到较强的保护，很好地激励数据收集者。不能因为数据收集者对大数据的收集付出了劳动成本，就予以数据集合过度的保护，从而对公共领域的数据利用自由产生阻碍。美国也曾有学者提出额外的产权保护，但因没有证据表明现有的反不正当竞争法与合同法的规制会妨害数据收集者生成新数据库而没有立法成功。无独有偶，在运用特殊保护的欧洲，主流意见认为特殊保护超出了保护的限度，并未达到预期效果。因此，并非所有付出劳动成本的大数据集合均应获得产权保护，应结合市场本身利润来全面地看待大数据集合的产权保护，一般情况下现有的法律制度保护可以起到良好的市场激励作用。

但是当现有的产权保护制度不能防止市场失败的时候，大数据集合便需要一种额外的产权保护。但是对数据集合的侵权是否会引发市场失败学术界也有两种态度。一种认为，相较于数据集合，企业更为重要的是特殊的市场优势，比如大众对于某款软件已经产生了极强的用户黏性，数据侵权对其只会产生非实质性的影响，但只要保证独特优势便不会丧失市场优势地位，因此数据侵权不会导致市场失败，自然数据的额外保护也就不具备必要性了。另一种认为，数据收集者为生成数据集合所付出的高成本，可能在现行无法对公开性、非独创性的数据集合提供保护的法治体系下不能获得足够的回报。而数据收集者为了消除搭便车行为，只能不断地收买真实或虚假的数据集合复制者，商业经营体系受到威胁而导致市场失败。同时大数据时代的到来，促使数据集合的规模进一步扩大，数据收集者与数据侵权者之间的成本差距变得悬殊，这更会导致劣币驱逐良币的现象产生，正如在 ProCD 案中数据收集者付出的劳动成本与侵权者的侵权成本相差了百万倍。数据侵权会导致市场失败，当现行的法律体系不能防止市场失败时，应在进行利益衡量的同时对大数据提供额外保护。因此，在进行大数据的知识产权保护时，也应兼顾与数据共享间和市场激励间的利益平衡。

第三章

人工智能知识产权保护

第一节 人工智能知识产权保护概述

一 人工智能知识产权的概念和特征

（一）人工智能知识产权的出现与界定

在时代发展的十字街头，人工智能与知识产权的不期而遇或许是历史的宿命。如果说作为科学技术的人工智能是一种必然，那么作为法律机制的知识产权就是一种应然。在唯物主义看来，必然是事实，属于客观范畴；应然是判断，属于主观范畴。在排除任何外部干扰的情况下，客观性决定了科学技术会按照自身的逻辑发展，由此而形成的趋势具有自发性。

科学技术的自发倾向具有很大的不确定性，它会按照自身的逻辑去发展而罔顾任何道义上的责任。技术本身对于其对人类社会可能产生的意义是没有感觉和意识的。真正有感觉、有意识的是那些掌握了该技术的人类。在善工利器的问题上，具有主体意识的人类不应任凭科学技术自在发展，应该将其纳入自己的道德评价体系，根据人类的理性和主观意志规划科学技术发展的目标和轨道。从法学意义上说，相对科学技术，知识产权应是主观见之于客观的理想机制，利用知识产权的法律范式来驾驭科学技术的发展进程和方向，以达到为人类社会服务的价值目标，也许就是知识产权的使命所在。

人工智能知识产权的由来可以追溯到 20 世纪 50 年代末期，当时人工智能领域的先驱们开始研究和开发机器学习、自然语言处理等算法，并为这些算法申请专利。随着人工智能的发展，越来越多的算法被提出和应用，这些技术的出现，使得人工智能开始逐渐成为一个独立的领域，并引起了人们对知识产权的关注。

人工智能知识产权是指与人工智能相关的各种技术和知识的法律保护和控制权。它包括对人工智能算法、技术、软件、数据、模型、产品等的专有权和权益。人工智能知识产权的概念与传统意义上的知识产权相似，但在实践中会面临更多的挑战和复杂性。一方面，人工智能技术的发展速度非常快，对于知识产权保护的要求也越来越高；另一方面，人工智能涉及多个领域，例如计算机科学、数学、物理学、生物学等，其知识产权的保护需要跨越不同领域之间的界限。

作为人工智能类型之一的生成式人工智能技术创新目前还处在初级阶段，法律法规的制定应当给科技创新留有一定的发展空间，对产品在研发阶段的数据合法性要求，应当根据数据类型和基本伦理要求，采取开放包容的规范原则。解决生成式人工智能所涉及的知识产权难题，主要有三个途径。其一，借用早期互联网治理规则，引入类似合理使用原则、避风港机制等规则。合理使用原则要求，明确生成式人工智能在数据训练和输出过程中的合理使用标准，鼓励 AI 开发者在使用受版权保护的数据时，使其行为符合合理使用的要求，如非商业性用途、适度复制、不侵犯原作品的市场价值等。避风港机制要求开发者应当建立有效的自我监管机制，定期自查模型的输出内容；网络服务提供商和内容平台应公布其对违法内容的审核标准和处理措施。其二，通过集体管理组织解决授权难题。

在生成式人工智能训练数据的著作权授权过程中，AI 开发者可以通过著作权集体管理组织获得某一领域的作品授权，充分发挥著作权集体管理的保障效能，减少开发者的数据合法性风险。即使在无法判断某一作品权利人是否系著作权集体管理组织会员的情况下，也可以通过延展代理机制保证权利人的获酬机会，表达人工智能服务提供者尊重著作权的善意。其三，利用开放授权的数据资源。开放开放授权机制源于计算机软件领域的开源许可证，是一种对世的著作权开放授权声明，通过许可证约定使用者的权利和义务，目的是打破一对一的低效授权。在遵循许可证条件的情况下，使用者可以自由、免费地使用和修改作品。目前，人工智能软件技术开发都使用开源许可证，主要有 MIT 许可证、BSD 许可证、Apache 许可证等。训练数据库也应多使用开源资源，并推动更多科学作品的开放授权，推动生成式人工智能输出数据的开放许可。

(二) 人工智能知识产权的特征

第一，人工智能知识产权具有专有性。人工智能通常拥有大量的高质量数据集以及封闭算法。某些企业通过拥有独特的数据集和算法，显著提高人工智能的准确性和效率，增加自身的竞争优势。包含这些算法和数据集的人工智能往往具有垄断性、独占性和排他性的特点，没有法律的特别规定或人工智能权利人的许可，其他单位不得擅自使用该人工智能。

第二，人工智能知识产权具有地域性。某些人工智能技术和应用会受到地理位置和文化因素的影响，表现出一定的地域差异或特色。一方面，对于一些数据密集型的人工智能应用，如图像识别、自然语言处理等，不同地区和文化背景的数据和语言可能存在明显的差异。如，在中国使用的汉字和日本使用的汉字虽然相似，但仍有一些不同之处。这种差异可能会对人工智能算法和模型的准确性和效率产生影响，需要进行相应的适配和优化。另一方面，不同文化和习惯可能会对人工智能的应用场景和需求产生影响。如，在中国，人工智能在金融、医疗等领域的应用比较广泛，而在一些西方国家，人工智能在教育、娱乐等领域的应用相对较多。

第三，人工智能知识产权具有时间性。首先，对于人工智能算法和模型的知识产权保护，一般通过专利、商标和著作权等方式进行。我国发明专利的保护期限为20年，商标权为10年，著作权通常为50年。其次，对于人工智能中所使用的数据的保护，也需要考虑时间性。在欧盟，通用数据保护条例（GDPR）规定个人数据必须得到保护，即使是由人工智能处理的数据也不能例外。保护数据的期限通常是永久性的。

二　人工智能对知识产权的影响与挑战

（一）人工智能对知识产权保护的影响

由于人工智能技术的特殊性和广泛应用性，使得人工智能侵犯知识产权的范围越来越广、侵权行为越来越隐蔽、侵权纠纷越来越复杂，侵权速度越来越快、侵权风险越来越高、侵权成本越来越低。以出版物为例，人工智能技术对生产速度的变革，容易使得出版方陷入一味求快的深渊之中，而忽视出版的质量、内涵、内在伦理及价值引导，且容易增添知识产权的侵权风险。[①] 以新闻为例，人工智能编辑软件的出现，促使网络洗稿行为更为快捷、频繁，人工智能编辑软件较易沦为侵犯知识产权的工具。[②] 以短视频为例，在人工智能、区块链、5G等新技术的影响之下，短视频的运作模式不断更新，侵权方式更为多样，有关知识产权的纠纷更为复杂，同时也对知识产权保护提出了更高的要求。[③]

涉及知识产权的人工智能侵权，常常表现出人工智能侵犯著作权或专利权的形式。人工智能侵犯著作权能够总结为以下三种形式：其一是

---

① 周国清、陈暖、杜庭语：《改变与回归：人工智能对出版活动影响的理性审视》，《出版广角》2021年第22期。

② 付丽霞、刘鑫：《人工智能时代新闻出版领域著作权问题的类型化分析》，《科技与出版》2021年第6期。

③ 周书环：《我国短视频著作权纠纷的现状、问题及其完善建议——兼评近两年的司法案例》，《大连理工大学学报》（社会科学版）2021年第4期。

产出方式的改变加剧了侵权行为的泛滥。从产出速度上看，人类的产出能力难以与人工智能相比拟，人工智能技术的高速抓取能力、保存能力、计算能力，就决定了其侵权风险的增高；其二是人工智能数据的输入侵权。这种侵权方式鲜少被学者提及，具体表现为人工智能在深度学习时，需要从网络中抓取海量的数据并存储作为今后日常训练的数据集，此种数据的汇集是否会侵犯他人在先的知识产权仍待论证；最后是人工智能的输出侵权。这是最常被提及到的一种侵权方式，具体表现在人工智能生成内容的著作权侵权中，且此种侵权不同于传统的知识产权侵权纠纷，它存在侵权主体的不明确性。人工智能专利侵权常常表现为人工智能生成物（生成技术方案）的专利侵权、人工智能算法的专利侵权、人工智能的发明专利侵权等。

（二）人工智能技术对知识产权主客体界限的挑战

这里的主体指在知识产权法律关系中享受权利且承担义务的人，它通常需要确认三种能力，分别是权利能力、行为能力和责任能力[1]，也有学者认为需要增添义务能力。[2] 传统的知识产权法利用"劳动理论""人格理论""工具理论"等，完全剥夺人工智能具备以上能力的可能性。但随着强人工智能的不断发展，此种趋势已然转变，部分学者认为仅将其视为客体的做法早已不合时宜。有学者站在较为中立的位置上，对此主张应当随着技术的发展赋予强人工智能有限的民事主体资格。[3] 有学者站在完全对立的位置上，主张强人工智能机器人兼具权利能力、行为能力、义务能力与责任能力[4]，或是充分证成人工智能具备权利能

---

[1] 张光杰主编：《中国法律概论》，复旦大学出版社2005年版，第39页。
[2] 张新平、章峥：《强人工智能机器人的主体地位及其法律治理》，《中国科技论坛》2022年第1期。
[3] 乔芳娥：《人工智能对民事主体地位的挑战与应对——以未来强人工智能的出现为视角的分析》，《〈上海法学研究〉集刊2021年第5卷——2021世界人工智能大会法治论坛文集》（会议论文集），2021年。
[4] 张新平、章峥：《强人工智能机器人的主体地位及其法律治理》，《中国科技论坛》2022年第1期。

力和行为能力。①

这里的客体指的是权利和义务所指向的对象，在知识产权法律关系中对应的是智力成果。如若认为人工智能技术本身具有智力成果的属性，即将人工智能归入客体范围之中，如若认为其生成物才能被称作智力成果，即将人工智能归于主体范围之中。

客体的非主体性是必须遵守的基本规则②，但此种基本规则逐渐开始模糊并重构。在传统的法律体系中，主体与客体之间相互对应、泾渭分明，且不得相互转换。但人工智能渐渐开始脱离人类的掌控，并独立创造出人类无法预估出的生成物，因而脱离了客体的属性，逐渐被证明可能具备主体的属性，主客体的界限随之模糊甚至有着重构的态势。

(三) 人工智能对传统知识产权法学理论的冲击

在传统的知识产权法哲学理论中，黑格尔的"财产权人格学说"、洛克的"劳动财产说"、卢梭的"社会契约论"常被用来论述知识产权的合理性和权力来源。但在面对人工智能抑或是其生成物这类新兴产物时，却面临极大的伦理挑战与理论困境。

人工智能主体困惑及人工智能生成物的产生，极大地冲击了以黑格尔的"财产权人格学说"为奠基的传统的知识产权法律体系。日益提升的人类创造力催生了著作权、专利权、商标权等新型权利，为所有权提供理论基础的"财产权人格学说"常常被学者们延伸到作品、发明专利等知识产品之上，以此来论证传统知识产权制度的正当性③，同时也深刻影响着大陆法系的知识产权法体系。首先，此学说中的"人格"要素以人为本，人工智能作为尚未被界定的主体显然不能与此要素相匹配，且人工智能生成物难以体现其创造者的人格；其次，学说中的"意

---

① 朱梦云：《我国著作权法视域下的人工智能法律主体资格论证》，《电子知识产权》2021年第8期。
② 刘强：《人工智能对知识产权制度的理论挑战及回应》，《法学论坛》2019年第6期。
③ 刘鑫：《人工智能创造物知识产权保护的正当性释疑——黑格尔"财产权人格学说"下的理论证成与制度调适》，《科技与法律》2020年第6期。

志"要素要求人们不受外界影响,而人工智能作为人类的创造物,其创造能力不可避免地受到人类的影响;最后,立足于"财产"要素,在现阶段,人工智能生成物尚不能与传统理论框架下的财产概念相吻合。

基于人工智能技术本身惊人的信息存储及数据处理能力,以洛克的"劳动财产说"为积淀的传统的知识产权劳动理论被颠覆。一方面在于洛克的"劳动财产论"充分强调财产权正当性的基础是"个人的劳动"[1],人工智能显然不能作为"个人"这一权利主体;另一方面在于传统的"劳动"指的是个人的身体和双手所从事的劳动,人工智能依托于其深度的计算能力、强大的信息储存能力、惊人的数据处理能力能够创造出海量的发明成果,也就脱离了传统的劳动范畴。

人工智能为以卢梭的"社会契约论"为基础的传统的知识产权法律体系带来了极大的挑战。首先,依据社会契约论的观点,人们与国家签订契约,约定将与生俱来的权利转让给国家,由于事物发展的先后性,订立这个契约的主体显然不包括人类制造的机器;其次,社会契约论中强调民事权利能力对应相应的责任能力,而人工智能无法作为权利主体独立地承担责任;最后,订立社会契约论的深层原因,在于通过群体意志充分保障个人的财富与自由[2],而人工智能显然不具有财富、自由以及签订社会契约的合意。

三 人工智能知识产权保护合法性探究

知识产权之于人工智能的影响其实就是前者对后者的法律化过程。在这个过程中,需要强调的有两个方面:其一,人工智能及其产品能否被纳入知识产权的法律框架;其二,如何从法理上证成人工智能法律保护模式的合法性。

---

[1] 任安麒:《人工智能发明成果的专利保护困境与出路——基于洛克"劳动财产论"的视角》,《北京政法职业学院学报》2021年第3期。
[2] 梁旖君:《人工智能创作物的著作权保护问题研究》,硕士学位论文,华南理工大学,2018年。

（一）人工智能及其产品能纳入知识产权法律保护框架

科学技术是一把双刃剑，虽其本身并无是非善恶之分，但其所向有正邪良凶之别。正是因为这样，知识产权的规范和引导才有意义。如何引导科学技术向善的方向发展，保证科学技术成果被善用而不是被恶用，是文明社会构建知识产权必须坚持的价值取向。当然，精神层面的问题总表现得复杂抽象。由于知识产权针对的客体是精神活动的产物，所以精神成果被应用于物质世界会引起一连串的复杂反应。以 GPT 为例，其强大的功能具有天然碾压群芳的优势，GPT 的普遍应用不可避免地会冲击甚至颠覆许多传统行业。如果不对其进行干预或约束，其可能成为行业竞争或利润收割的野蛮力量。因此，应该采用公平正义的尺度评估 GPT 的生产贡献，从其对投入产出的比例、对数据资源的占有、对经济生态的影响等方面进行价值评判。

人工智能的三大要素，即数据、算法和算力，是人工智能的技术核心和支点。三大要素的交互作用与驱动，产生了智能算法和机器学习。从知识产权法原理出发，能否将智能算法和机器学习纳入法律框架加以保护，仍是一个颇具争议的问题。

1. 数据保护

从本质上讲，人工智能是数据的一种集成。数据与数据权争议的实质是数据该不该被赋权保护的问题。从法律意义上说，数据被纳入权利保护之前，是公有领域的公共资源。从自然法角度看，数据赋权具有正当性和必要性，因为所有经由人类精神劳动创造的成果，只要符合法律规定的条件，都可以成为权利客体并受到法律保护。"尽管数据是随着科技社会的发展而产生的一种新的客体，具有无形性和非独占性等独特的特征，但是数据依然具有民事权利客体所要求的独立性与财产性，是现代民法中一类新型的民事权利客体。"而在诸法之间，与数据关系最为紧密的法律，非知识产权法莫属。

满足知识产权的基本属性要求是数据成为知识产权客体的前提条

件。知识产权的基本属性是财产性，因此，在知识产权法语境下讨论数据的保护和使用，最基本的要求就是数据的财产性和商业价值。知识产权的另外一个属性是专有性，对于这个属性，数据似乎显得底气不足，因为数据的排他性特征并不十分明显。不过，既然数据可以通过技术手段进行界分和控制，那么就有可能实现对数据的占有和控制，这为数据权利的定分提供了可能性。立法曾经将数据以"数据信息"的客体形式纳入知识产权范畴，这在一定程度上强化了这种立场。

需要从主体、客体、内容以及保护原则方面完成数据赋权的建构，探寻其与知识产权的有机联系。至于采取什么样的立法模式，比如设置一种新的权利形态，抑或用旧瓶装新酒，通过法律解释来扩大适用范围，都有待实践经验的积累与凝练。无论如何，主张采用知识产权法保护数据的呼声日益高涨，在此方面，一些学者确曾提出不少颇具建设性的意见。

2. 算法保护

人工智能算法是用系统的方法描述解决问题的策略机制，包括一系列解决问题的指令和对解题方案完整准确的描述。深度学习是机器学习的子集，基于人工神经网络。学习过程之所以谓之深度，是因为人工神经网络的结构是由多个输入、输出和隐藏层构成的，其中各层包含的单位可将输入数据转换为信息，以供下一层用于特定的预测任务。得益于这样的结构，机器可以通过自身的数据处理进行学习。算法本身和算法结果均有可能涉及知识产权保护问题。

在过去几年中，人工智能在语言模型、可预测学习、人类反馈强化学习等方面均取得了重大突破，这使得生成式人工智能具有了很高的应用价值。ChatGPT已经实现了长文本写作、长代码写作的功能，而且精准度颇高，可扩展性也很强，带来了非常好的用户体验。不过，继而产生的问题是：人工智能生成物能否受到著作权法的保护？如果答案是肯定的，那么著作权又应该属于谁？

根据著作权法规定，作品应当是自然人创作的，包括文学、艺术和科学等领域的作品。GPT生成的成果，是由人工智能深度学习模型驱动的，其生成的文本不完全受人的意识驱动，而是机器自我学习的结果。在多数场合下，人工智能生成物是由机器人程序生成的，没有自然人思想创作，更没有情感意识等因素，其生成的内容不是人类的独创性表达，不具有独创性，因此不构成著作权法意义上的作品。不过，这并不排除在特殊情况下，人工智能生成的成果由自然人通过机器人程序进行加工和改编，具有一定的独创性，这样改编或加工的作品，可以视为"著作物"的衍生物而给予著作权法的保护，其著作权应该属于自然人而不是机器人。

3. 算力保护

人工智能的算力主要包括三类应用：第一类是图像检测、视频检索，如人脸识别，这类应用对国民经济和国家安全意义重大；第二类是智能决策，如能与人下围棋的阿尔法狗，这类应用也可以在国民经济方面发挥很好作用；第三类是自然语言处理，通过超级计算机可以为社会管理机构和组织提供主动、准确、智能的服务。以上三类应用，都涉及人工智能与公权和私权的交集，从而产生许多复杂的法律关系，需要立法和司法做出适当的应对。

（二）从法理上看人工智能知识产权保护具有合法性

1. 根植于人工智能之私人权利属性

知识产权以私权名义充分强调了知识财产私有的法律形式，具体分为私人的权利、私有的权利和私益的权利。私人的权利指平等的法律主体，私有的权利指直接支配权，私益的权利指与公益相对的合法私利。人工智能的直接权利主体立足于创造性要求，可通过支配性的权利来获得经济利益，例如未经许可禁止使用专利权、禁止侵犯商标权，并再次激励自我更新技术水平以求达到边际效应的最大化。

首先，人工智能知识产权私权首先确立于创造性的要求，可对应至作品中的"独创性",发明专利中的"实用性""新颖性""创造性",和商标中的"显著性"。其次,人工智能知识产权私权确立于直接的支配和占有,这种占有与客观物质的自然占有完全不同。只有人工智能的权利主体享受到直接支配、占有的合法权益及由此发挥的边际效应后,才能最大限度地激励权利主体创新、创造的热情。最后,人工智能知识产权必须符合私权的内在规律之后,才能释放出最多的正向效应来遏制负向效应,并最大限度地发挥出知识产权的工具性价值。[①]

2. 根植于人工智能的科学技术特性

经济发展、科技进步、政策转变、观念转变等多种因素都会影响知识产权制度的变迁,其中科技进步这一因素对知识产权制度的冲击最为显而易见,且为知识产权法带来了新的客体类型和新的内部构造形式。以人工智能技术的横空出世为例,首先,它直接冲击了传统的著作权法制度,诞生了人工智能生成物这一新兴事物,并以此模糊了主客体的界限,也产生了拟制人工智能为权利主体的可能性。其次,它直接冲击了传统的专利权制度,将人工智能的算法纳入了专利的客体范围,并产生了人工智能生成物的可专利性及权利归属问题。再次,它直接冲击了传统的商标权制度,通过智能技术解放了部分商标申请人及商标律师的重复劳动,也通过智能比对技术将侵权商标与被侵权商标的各个形成部分进行对比,由此加大商标侵权的打击力度。最后,在传统的知识产权制度中,利用人工智能技术能够方便、快捷、及时地将知识产权侵权违法案件信息、专利非正常申请、商标恶意注册、非法交易牟利等数据信息纳入社会信用监管体系。[②] 综上所述,人工智能的科学技术属性创造了一些新的法律表现形式,一些新的法律客体类型,也重新塑造了知识产权的法律体系。

[①] 王国柱:《知识产权法基本范畴中的特殊法理》,《法制与社会发展》2020年第2期。
[②] 刘然、孟奇勋、余忻怡:《知识产权运营领域数据要素市场化配置路径研究》,《科技进步与对策》2021年第24期。

第二节 人工智能生成物著作权保护

一 人工智能生成物的类型

人工智能，英文名称为 Artificial Intelligence（AI）。人工智能最早可以追溯到 20 世纪中叶，人工智能的起点在 1950 年，人工智能之父马文·明斯基（Mawyn Minsky）与其同窗邓恩·埃德蒙（Dunne Edmont）合作，研制出了世界上首部神经网络电脑。"计算机之父"阿兰·图灵提出了划时代的设想——图灵测试，在人工智能哲学方面，这被称为一个严肃的提案。按照图灵的设想：如果一部机器能够和人交谈且不被人识别，那么此机器就是有智慧的。人工智能正式诞生在 1956 年的达特茅斯会议上，计算机科学家约翰·麦卡锡首次提出了"人工智能"一词，认为人工智能是"让机器达到这样的行为，即与人类做同样的行为"。

人工智能生成物的类型分为三种：其一，完全由人类控制的人工智能创造的生成物。此阶段为弱人工智能时代，人类对人工智能掌握百分之百的控制权，人工智能被单纯当成算力工具使用，以此提高人类的可持续创造力。其二，人类与人工智能合作创造生成物。此类生成物有两种创作方式，分别是人类仅履行开启义务和人类对此做出独创性的贡献。一部分人类的贡献被称作是开启主义，以美国威廉·罗尔斯顿为代表。[①] 一个人不过是将人工智能开机，随后 200 篇报道就在一秒之后被创作出来了。罗尔斯顿认为：如果没有这个人的开机，则这个可取得著作权的新事物永远都不会出现。但这一论断很容易被推翻，使用者具备可替代性，换一个使用者开启人工智能同样可以快速创造生成物，实际上是智能程序自己在不断创造。所以有学者认为使用者除开启以外还应

---

① [美]约翰·弗兰克·韦弗：《机器人是人吗？》，刘海安、徐铁英、向秦译，上海人民出版社 2018 年版，第 208 页。

第三章 人工智能知识产权保护

注入独特的贡献，才能成为新生成物的创作主体。这就涉及另一部分使用者有实际贡献的合作创造，但实际贡献是一个抽象概念，实际贡献没有一个现实既定的标准，是达到百分之五十还是七十的创造，如何量化实际达到了这一贡献，都将成为难以落地的举措。著作权法的真正目的是鼓励创作文学、艺术和科学作品的积极性，并促进作品的传播与使用。基于此我们认为只要使用者有证据表明自己具备一定的实际贡献，称得上与人工智能进行了合作创造，就应该保护其创作利益。这一观点充分支撑了使用者说，如果人工智能最初的投资者或者设计者能够得到大部分使用者创造出来的著作利益，这些在后的使用者便失去了经济上的激励性，鼓励创作与传播的目的，实际是通过向部分能良好利用人工智能并合作创造生成物的人，去提供经济上的回报以此促进人类社会的进步，而非将回报聚集在投资者或设计者手中。延伸以上观点，设计者不仅使生成物应达到独创性的标准，合作者也需为人工智能做独创性的贡献。其三，人工智能独立创造生成物。此阶段为强人工智能时代或已达到超人工智能时代，人工智能依靠在先的物质基础开创出其他领域的生成物，此领域不能为人类所提前窥探，且百分百由人工智能独立完成。人工智能作为一种新兴科学技术，它主要用于研究和发展人类的智力的理论、方法、技术和应用系统，起到模拟或助力于扩展人类智力的作用。[1] AI 作为一种高端的智能科学，被以人类的行为标准去猜想、假设甚至被实验造就出来，已经从弱人工智能转向了强人工智能，未来甚至可能是超人工智能，即也许会自发地演化出新"任务"，并通过神经网络运算来获取"意识"[2]，甚至可以设想在未来的某一天 AI 能够完全摆脱人类的控制，成为著作权法上被独立保护的创作主体。本文所讨论的人工智能生成物（Artificial intelligence products），是基于人类利用计

---

[1] 腾讯研究院、中国信通院互联网法律研究中心、腾讯 AI Lab、腾讯开放平台：《人工智能》，中国人民大学出版社 2017 年版，第 23 页。

[2] 陈昌凤：《未来的智能传播：从"互联网"到"人联网"》，《人民论坛·学术前沿》2017 年第 23 期。

算机系统和程序或者单独由计算机系统和程序对数据进行有效抓取和分析，形成若干个经验模型，再对应所需主题自动创作的生成物。

二 人工智能生成物适用著作权法保护的分歧

首先要厘清一个问题，即人工智能自主创造的作品是否受著作权法的保护。对这一问题，学界有着截然不同的看法。一种观点认为，从外在的表现形式来看，如果人工智能生产的作品符合独创性的最低要求，就可以构成著作权法意义上的作品。[1] 另一种观点则以三种角度来论证人工智能生成物的非作品属性：首先以创作的主体为视角，主张作品成立的前提与基础在于自然人的创作，人工智能不能成为和自然人一样的权利主体，故人工智能的生成物不能被认定为作品；[2] 其次，以人工智能生成物产生的过程为视角，认为人工智能满足不了作品独创性要求的原因在于其体现不出创作者的个性化特征，同时将人工智能等同于算法、规则和模板的应用结果；[3] 最后，基于人工智能而生成的作品并不具有人类独特的思维和情感意义，因此，著作权法的"授权"也不能看作是一种鼓励，这与版权体系的根本目的相悖。[4] 以上两种截然不同的观点，其核心区别在于对"人"这一主体不同的重视程度，第一种观点对自然人予以最大程度的淡化，更看重生成物存在的客观基础和独创性程度，第二种观点则充分强调人类参与因素的不可或缺性。

世界各国的著作权制度大体上仍以人类为权利主体中心，并未充分考虑人工智能能否成为创作者以及人工智能生成物的问题。观察美国法律可知《美国专利法》第 100 条指出发明人是指"个人"或"联合发

---

[1] 廖斯：《论人工智能创作物的独创性构成与权利归属》，《西北民族大学学报》（哲学社会科学版）2020 年第 2 期。

[2] 邱润根、曹宇卿：《论人工智能"创作"物的版权保护》，《南昌大学学报》（人文社会科学版）2019 年第 2 期。

[3] 王迁：《论人工智能生成的内容在著作权法中的定性》，《法律科学》（西北政法大学学报）2017 年第 5 期。

[4] 刘银良：《论人工智能作品的著作权法地位》，《政治与法律》2020 年第 3 期。

明中的多个个人"，从此角度可以看出，美国智慧财产权的法律制度是建立在有生命力的"人"的创造性之上的，它所保护的技术，创造性的发明和作品都归属于人类。观察日本法律可知，根据日本发布的《2017年知识产权推行计划》，并在法律解释的基础上认定，对于人工智能自主创造的物，由于不包括人类的思想或情感，所以不产生著作物，并因此不产生著作权。[①] 回归到我国的法律制度中，我国法律排除了人工智能作为主体的资格，明确规定著作权人包括作者，其他依照本法享有著作权的自然人、法人、非法人组织，并未将人工智能作为主体囊括其中。

随着超人工智能的出现，一些国家和地区逐渐开始肯定人工智能生成物的作品属性。如，《2000年版权以及相关权利法案》富有开创性地扩展了版权保护的客体，将计算机生成的作品进行全新的定义[②]。再如《2020欧盟人工智能知识产权立法报告》规定如果人工智能只是被用来帮助人们进行创造性活动，则对知识产权的传统保护方法依然有效。除此之外，美国国会开始强调作者并非宪法授权的核心和关注重点，作品才应是宪法所授权的重点。由此可见，以人类为中心构建的著作权制度开始向作品主义中心偏移，对人工智能生成物进行版权保护并赋予相应权利，如今已成为迫切需要解决的问题。

三 人工智能生成物著作权法保护的典型问题

（一）人工智能生成物是否具备独创性

在探讨人工智能作品能否获得著作权法保护时，其核心问题在于人工智能作品是否具有独创性。著作权法视独创性为作品的必备生成要件和最本质的属性，毫无疑问，人工智能生成物的最关键性因素也是独

[①] 张海斌主编：《人工智能、区块链与法治：国别区域科技与法律动态》，法律出版社2020年版，第73页。

[②] "作品由计算机生成的，作品的作者不是个人"。

创性。

在弱人工时代，对于人工智能作品的独创性，理论界普遍认同是由自然人产生的。在大陆法系中，独创性被认定为是作者人格的反映，包含了作者的思想情感和精神表达；在英美法系中，独创性的唯一来源是人类智慧。随着弱人工时代向强人工时代的转化，人工智能生成物的独创性开始有了自然人来源淡化的趋势。[①] 法国认为人工智能生成物的独创性可以间接来源于自然人，法国波尔多上诉法庭，在其2005年的一起"人工智能自动写作新闻"案件中，清楚地表明，由人工智能创作的作品也是受著作权法律保护的。只要该作品的独创性是人类创作者所带来的，即使独创性很小。剖析其智力创造，人工智能所能生成的内容已逐渐开始脱离人类的掌控，即人类虽设置好固定算法，但人工智能却能依据数据的堆积延伸出更具深度的世界，人类对人工智能未来生成的"智力"成果也无法控制和预测。有学者认为，人工智能生成物独创性标准应达到三个方面的要求：其一是人工智能生成物需具有原创性，新生成物不能是对现有物的抄袭或是简单的粘贴复制；其二是生成物应是被人工智能自主独立创作的，人工智能不应仅仅机械地执行人类的命令；其三是人工智能生成物与自然人创作的作品要达到无法准确区分的程度。如微软小冰原创的诗集——《阳光失了玻璃窗》让评委分辨不出其创作主体是人工智能还是人类。更有部分金字塔端的人工智能已经具备自主学习的科学能力，这种能力不是对既定规则的简单执行或是对数据的机械抓取，它甚至不需要人类就算法、创作模式或者细节程序给予帮助，就生成的流畅度和生成物的完整度而言，这部分生成物与人类作品的质量不相上下甚至有超越或再创造的趋势。有学者表达了类似观点：人工智能在许多方面已经显示出超越人的能力，基于其强大的数据

[①] 张晓萍、郑鹏：《论人工智能创作物独创性自然人来源的淡化》，《大连理工大学学报》（社会科学版）2021年第6期。

处理能力。① 从形式上看，此类人工智能生成物已达到法律所要求作品具备的独创性。

探究现有的司法案例，我们能够发现规律，法院对人工智能生成物的"独创性"裁判标准关键在于否认人工智能是创造性主体，即人工智能不具有人格意义，不能享有权利能力和行为能力，也无法承担相应的义务责任。法院不从生成物的本身出发来判断其是否能够符合独创性的要求，在不改变现有法律体系的前提下，法院更侧重于保护传统著作权体系的完整与稳定。但从事实上论述，创作主体的"非人性"与人工智能生成物具有独创性的关联度不高。其一在于因主体不适格的原因割裂生成物被保护的可能性，以此思路裁判会让私有领域的生成物无序落入公有领域，酿成公地悲剧并打破有序的市场秩序；其二在于生成物不能使得其所有者获益，也就不能判断后续著作权权利的归属与分配，著作权法的立法宗旨是为了保护创作者权益，促进人类的智力成果创造和传播，但若一味追求著作权保护制度，不鼓励人们主动利用人工智能技术进行创作活动和后续新人工智能技术的开发，便不利于推动人工智能产业的蓬勃发展，阻碍人工智能产业的发展。因此笔者建议，人工智能生成物的独创性应当淡化人类的个性特征，向客观化的判断标准倾斜，我们应承认人工智能能够成为生成物独创性的来源。

（二）人工智能生成物的权利主体

人工智能生成物涉及权利主体众多，创造生产过程复杂，因而在权利归属方面尚未形成合意，存在设计者说、使用者说、所有者（投资者或后续权利人）说、合作作者说等，基于此探讨权利归属的主体。

1. 人工智能的投资者

人工智能投资者是人工智能生成物所涉及的权利主体中最为特殊的一类，因为其不直接涉及技术层面的探索，依靠更多的是金融投资领域

---

① 林德山、文慈：《热话题与冷思考——关于"人工智能与未来社会"的对话》，《当代世界与社会主义》2019年第6期。

的分析判断。人工智能作为投资金额高、回报周期长、技术壁垒大的行业，比其他任何传统行业都更考验投资者的专业性、耐心、决断力和眼界，没有投资者前期巨大的融资投入，人工智能生成物根本难以产生。基于经济的效应性、回报性及合同的相对性，有学者主张，人工智能作品的版权属于为其性能研发付诸资金的投资者。

2. 人工智能的设计者

人工智能的设计者是涉及一种或多种算法程序控制计算机模拟人脑的认知和决策逻辑并从事相关技术研发的科学工作者。人工智能离不开设计者的宏观调控，其创造生成物的过程充分体现设计者的思维与意志，并被视为是执行设计者的命令。除此之外，如若将设计师和用户作比较，设计者们对人工智能的创造做出了最基本的贡献，他们所付出的成本和代价显然更具有显著性。[1] 故而，一些学者主张，从技术层面考虑，人工智能的技术创造者才是真正掌握人工智能作品的版权主体。也有学者认为，给予设计者程序上的著作权保护已足够达到激励作用，无需在生成物上继续主张权利。[2]

3. 人工智能的使用者

人工智能使用者是利用人工智能的工具属性并创作出带有自我色彩作品的人。当人工智能脱离了设计者的原始算法，而根据使用者的兴趣爱好来进行深度学习时，就可以认为是使用者在人工智能后续的学习和创作过程中实施了绝对的支配力。一物一属性，不同的使用者能够运用同一个人工智能程序创造出大相径庭的作品，他能决定人工智能运行的具体方向以及搭载的具体数据并最终得到体现其创作意图的生成物，如制定人工智能收集多种词曲的创作方式，并最终创作出美国乡村音乐风格的歌曲。在此种情况下，根据洛克的劳动价值理论，我们认为人工智

---

[1] 朱梦云：《人工智能生成物的著作权归属制度设计》，《山东大学学报》（哲学社会科学版）2019年第1期。

[2] 陶乾：《论著作权法对人工智能生成成果的保护——作为邻接权的数据处理者权之证立》，《法学》2018年第4期。

能的使用者因付出了定量而具体的劳动而享有权利主体地位。

4. 人工智能的所有者

人工智能所有者是与人工智能生成物直接相关的利益主体,也即实际支配人。本文的所有者讨论的不是第一次的投资者,而是投资者获取所需利益后退出而转让所有权利义务给下一个主体。所有者可以从人工智能及其生成物处获得使用和处分的收益,就必须承担起著作权法上的主体责任。

以上主体可能基于现实原因而存在重叠的情况。

(三) 人工智能生成物著作权法保护模式

现有的著作权法体系排斥人工智能作为创作主体,也并未构建人工智能生成物利益分配及解决侵权问题的法律制度。于当前的科技发展与法律伦理之中,多数学者认为人工智能仍不能具备法律主体资格,强调人工智能的独创性不过是为了说明当今自然人来源淡化这一客观事实。人工智能生成物的保护问题不能长期处于悬而未决的状况之中,因而在著作权法体系之外找寻较为合理的替代方案才是明智之举。

1. 邻接权保护模式的可行性和实现途径探讨

邻接权指与著作权相邻、相关的权利。在我国现行《著作权法》下,邻接权是一种"与版权相关的权利",它包括:发行人对表演者的表演权、对音像制品的著作权、对出版商对版式设计的独占、对广播电视节目的播放权。邻接权制度保护的核心创造性劳动过程的投资,而非独创性智力。[①] 为人工智能生成物创设新的邻接权模式,有利于激励人工智能所有者对生成物的创造与传播,有利于激励人工智能投资者对智能产业的资金投入,有利于明确生成物的权利归属、维护市场秩序的稳定。

首先,不破坏现有的著作权法体系。如若修改著作权法,我们将思考著作权法的权利归属规则,将作品权利归属给投资者、设计者、使用

---

① 胡康生主编:《中华人民共和国著作权法释义》,法律出版社2002年版,第208页。

者还是所有者,还是开创性地将人工智能拟制为新的创作主体,更要思考如何从法理视角出发去构建一个新的体系,如此改法是否能够符合公民的期待和情感诉求,接踵而至的是配套的侵权规制体系、解决主观意识与过失等问题。我国著作权法中已然规定了邻接权的保护制度,创设新型邻接权保护模式不需要推倒重建,而只需要做相应的加法,以此减低了修法的难度和成本。

其次,突破了作者主义。现行著作权法仍仅认可自然人作为创作主体,享有著作权,但是随着强人工智能甚至未来超人工智能的出现,我们不得不承认,人工智能创造的生成物与人类作品具有高度相似性甚至有超越的趋势。现有的著作权法体系使得人工智能所有者与人工智能的利益保护陷入两难境地,如若选择所有者作为作者,其对生成物的实质贡献过低且不能体现相关联的思想情感。新型邻接权保护模式的出现无疑缓和了这一矛盾,邻接权人并不是作者,主要投入在经济领域和技术领域,继而并不要求其对生成物做出实质性贡献,更不必体现其思想情感或是人格特征,此举有利于解决人工智能生成物在传播过程中利益分配模糊和权利保护不健全的问题。

再次,对人工智能生成物的独创性要求较低。传统的邻接权制度不要求所保护的生成物是具有独创性的作品,甚至可以列在非作品行列,例如,音像制品和广播电视节目都基于自然的声音、场景、情景等构成,都并非基于"作品"为基础的,权利并不属于"与版权有关"。[1] 著作权发端于作品创作,而邻接权的产生一方面基于对作品的传播,另一方面为一些尚未达到独创性要求但具有保护价值的客体提供保护。由此可见我国现行的邻接权制度设立的逻辑基础完全有别于著作权制度[2],解决了人工智能生成物在版权保护方面存在的独创性保护不足。

---

[1] 何怀文:《中国著作权法:判例综述与规范解释》,北京大学出版社2016年版,第367页。

[2] 黎桥:《人工智能生成内容在著作权法之下的法律保护问题研究》,硕士学位论文,浙江大学,2018年。

最后，建议创设新的邻接权保护模式，通过规定人工智能生成物权利主体、客体、归属、保护期限、侵权责任的判定、补充内容等必备性框架条款。

2. 雇佣作品保护模式的可行性和实现途径探讨

我国法律历史上并未有"雇佣作品"这一概念，但我国的《著作权法》吸收了美国版权法"雇佣作品"的精髓，即将雇主视为作者，享有完整的版权，雇主不享有权利而只能根据合同获得相应的劳动报酬。结合我国法律实际发展状况，既采纳了美国版权法中"视为作者"原则，又保留了"创作者为作者"这一传统原则，最后创设了"职务作品"这一概念，即指为完成工作任务及要求所创作的作品称为"职务作品"。职务作品制度对比雇佣作品制度仍有较大的差别，从主体层面看，前者是法人和其他非法人组织，后者包括了法人、其他非法人组织和自然人，人工智能的权利主体大多数情况下皆为自然人。从立法意图看，前者侧重于将著作权归属于实际付出劳动的创作者，投资者仅仅享有优先使用权；后者侧重于将著作权归属于投入财产性要素的雇主，重在保护投资者的权益。换言之，后者更注重实现经济利益和实际激励效果。美国学者布里吉主张美国应当承认人工智能享有著作权，并对受雇作品理论解释进行扩张，将对作品进行必要安排规划的人视为雇主。综上，借鉴美国雇佣作品制度创设符合我国国情的新型雇佣作品保护模式，将更适合保护人工智能生成物的产生和发展。

设计雇佣作品保护模式，应从三个模块分别规制。首先设置雇主（人类投资者或是投资公司）——上级雇员（人类使用者）——下级雇员（人工智能）的模式，此类模式比将人工智能直接等同于权利主体的模式，更具合理性、可接受性、落地性，且更符合雇佣作品的核心要义。在雇主的指导、监督和协助下，员工可以最大限度地使用雇主所提供的各项客观条件及现实，运用自己的技能为雇主服务。其次将雇佣作品模式分为两大类：一类是通过立法将雇主规定为人工智能生成物法律意上的作者，由其享有实际意义上的著作权利，同时将人工智能拟制为其生成物事实层面上的作者，不额外赋予其在传统著作权法意义上的作者人格；另一类是通过立法将人工智能拟制为其生成物法律意义上的作者，由其享有形式上的著作权，但仍由其背后的人类代为行使与人工智能生成物相关的权利，并承担相应的义务与责任，此种归类更为契合了人工智能程序事实创造的"强行为能力"和"弱法律能力"这一特征。最后再合理分配权利。赋予人工智能作品的署名权，并赋予人工智能的投资人、设计者、用户或所有人以财产权中的复制、发行、出租等权利。

雇佣作品模式的优越性体现在多处。一是能够消解传统上人工智能不能作为创造性主体的制度障碍；二是能够避免直接将人工智能的设计者视为作者，能够给予其他主体被视为作者的可能性，大多数设计者在设计初始程序后，并未进行作品意义上的实际再创造；三是能够更好地发挥实际的激励效果，因为人工智能本身没有思想情感或是物质欲望，将其列为创作主体不能起到直接的激励作用。倘若把人工智能后面的"人"视作雇主，并且对其进行著作权保护，雇主便可以从人工智能产物中得益，从而源源不绝地产生间接的驱动力和创造力；四是能有效地解决责任主体缺失的问题，能够在人工智能领域确立侵权行为发生后可起诉的主体，且权利主体能够把握人工智能的创作内容和方向，提前减少人工智能在创作过程中侵害他人作品著作权的可能性。

（四）人工智能生成物著作权登记制度的设立

班固花了20余年著成了《汉书》，司马迁写《史记》花费了15年，而人工智能创作一本几十万字的小说需要的时间可能不到一个星期，人工智能作品跟人类作品从价值上或是数量上都有很大的区别，因而我们需要分开保护。随着科技水平不断地提升，利用现行的手段很难将人类作品和人工智能生成物进行区分，例如我国北京大学、清华大学、北京邮电大学共同研制的人工智能"薇薇机器写诗人"创作的诗歌已有百分之三十一的概率通过了图灵测试,甚至被误认为是人类的创作。人类作品一经完成便可以自动取得著作权,人工智能生成作品的速度过快,我们很难将所有生成物设定统一的保护方式,因而需要从制度层面上进行构建和区分,建立人工智能生成物著作权的登记制度就变得非常必要,也可为后续可能产生的纠纷提供保护依据。

借鉴现有的商标登记制度,人工智能的所有者先对其所创造的所有生成物进行自我审查,筛选出其认为具有独创性的智力成果后提交给相关部门调查审核,最后登记符合独创性的生成物,登记时给予编号并注明相关人工智能利益主体的信息。此种登记制度并未将所有人工智能生成物纳入保护的范围内,节约了大量的行政资源和时间成本,同时有效地过滤掉了独创性较低的生成物,避免被保护的生成物源源不断地进入公有领域,避免因其相对较大的数量优势去垄断著作市场。登记主要信息可方便生成物后续的转让,也可在出现纠纷时发挥其登记效应并有效寻求国家公权力的保护。但缺点在于登记机关需要付出一定的成本去审查人工智能生成物,同时对登记机构审查人员的素质及能力提出了更高的要求。对此可利用现有的人工智能程序设计出能够初步筛选作品的另一套程序,以此达到效益和效率的最大化。

第三节 人工智能专利权保护

一 人工智能专利权保护概述

专利制度的诞生是市场经济体系发展的必然结果,这一制度通过为发明创新者给予特定的专利权,以此鼓励和保护创新。专利制度自诞生起便被广泛应用,以此保护国家、个人的知识产权,它的存在推动了技术和经济的快速发展。随着人工智能技术的快速发展,它已经在各个领域引起了深远的影响,同时也在不断挑战现有的制度,其中之一受到广泛关注且争议颇多的便是专利领域。

谷歌针对 Dropout 算法的专利在 2019 年 6 月 26 日正式生效，这是一次人工智能的划时代进展，也让全球围绕人工智能的专利权保护问题的辩论进入白热化阶段。自 2010 年以来，世界上关于人工智能的专利申请越来越多，仅 2010—2016 年间便增加了 5 倍之多。传统的专利法制度正在受到新兴人工智能技术专利保护的冲击，如何解决两者之间的矛盾以推动人工智能技术和专利制度的发展迫在眉睫。诚然，人工智能技术不仅带来了挑战，也为我们带来了社会制度发展的巨大机遇。

从其正面效应来看，人工智能技术的发展与应用能够推动我们发展和实践专利制度。例如，人工智能技术可以对专利搜索和分析产生重大影响，其能够快速地搜索和分析大量的文本和数据，帮助我们迅速找到需要的数据资料，高效的信息收集分析能力能够大大提高我们进行专利比较确认的效率，同时也能减少在专利制度上的人工成本，为专利制度的推行和发展带来积极影响。除了提高监管部门处理专利问题的效率之外，人工智能技术也可以帮助人们申请、创造新的专利。这种新的专利产生与申请方式打破了传统的以人为专利生产主体的界限，这种新的专利申请方式一方面能够激发社会的创新活力，另一方面为专利的申请者提供了更多的选择和创新空间。

此外，人工智能技术也提高了专利申请的成功率。由于人工智能可以协助发明者更快地构思出更为创新的专利申请。因此，许多申请人往往能够在提交专利申请之前就已经找到了更好的解决方案。这样一来，申请人就可以更轻松地获得专利授权，并且不需要花费过多时间去面对烦琐的程序。

反之，人工智能技术也可能会导致一些专利问题的出现。例如，人工智能算法可能会生成一些无法实现的专利申请，或者它们可能会涉及专利侵权问题。同时，由于人工智能技术的广泛应用，现在许多专利申请都包含了一定的机器学习或者深度学习元素。这意味着申请人有义务提供足够的证据来证明其发明符合专利的标准。申请人在准备专利申请时，往往需要投入大量的时间和精力来研究和准备相关的证据，这无疑极大打击了人们的创新热情。同时，人工智能技术能够对各个领域的内容进行学习吸收，其所创造出的专利无疑包含了各个领域的内容，同时有着高度的模糊性，这对监管者进行专利审查是一个很大的挑战。

据 WIPO《人工智能技术趋势（2019）》，在人工智能领域的专利累积申请数量，中国位居全球第二，数量之多，对我国现有专利体系提出诸多挑战。其焦点大致有以下三点：一是人工智能技术对专利申请的影响；二是人工智能技术对专利审查的影响；三是人工智能技术对专利侵权的影响。总体来看，人工智能技术对专利制度的发展同时带来了机遇和挑战。本文将从人工智能技术的发展对专利制度的挑战出发，探讨可行的应对方法。

二　人工智能专利申请主题

人工智能领域的专利申请主题非常广泛，包括机器学习算法和技术；自然语言处理技术；计算机视觉技术；人工智能在医药研发中的应用；人工智能在物流和供应链管理中的应用；智能驾驶和自动化交通技术；机器人和人机交互技术；联邦学习和隐私保护技术；区块链与人工智能的融合应用；人工智能在金融、保险、证券等领域的应用。

（一）人工智能算法

人工智能算法，指的是人工智能所采用的核心技术。对于算法在人工智能领域的重要性，学者提出 AI 爆发在于算法冗余，AI 寒冬在于算法不足。人工智能算法是人类的抽象思考或自然法则的具体体现[1]，常被认为是等同或类似于智力活动的规则和方法，而被排除在专利法的保护之外。算法虽产生于人类的抽象思维，但随着强人工智能的出现，人工智能开始渐渐地脱离人的掌控，算法也逐渐超出人类思维的范畴，因

---

[1] 邱福恩：《人工智能算法创新可专利性问题探讨》，《人工智能》2020 年第 4 期。

此我们不能武断地将算法排除在专利法领域之外。众所周知，自然现象或是自然规律不具备可专利性，但是人类所有的发明创造均是在自然现象或自然规律的基础之上创造的。对于算法是自然规律的具体化，有学者认为如果人工智能算法并未与自然规律相联系，则无法超出专利法意义上的抽象思维范畴，也就不构成技术方案①，以美国实际案件中的两步法判断标准去适用人工智能算法，第一步的关键在于专利权利指向自然规律，第二步的关键在于发明则是要超越算法本身所代表的自然法则，并将其应用到特定的行业中。由是观之，不能因为算法类似于自然规律的具体化而将其置于专利法的形式障碍之中。

　　人工智能算法可专利性最具争议之处在于如何判定人工智能算法的客体属性。中国《专利法》第二十五条明确规定：不给予智力活动的规则和方法以专利法上的保护。智力活动的规则和方法的特点是其属于抽象思想的范畴，即在使用时必须经过人脑的思考和判断，其通常包括：各种设备和仪器的使用说明、教学方法、速算、口诀等，以上单纯的算法因未结合具体实践而不具备获得专利授权的可能性，其不仅未采用技术手段，也不产生技术效果，更未解决技术问题。《欧洲专利公约》第52条规定了不应当授予专利权的项目，与人工智能算法相关而被排除保护的分别有"数学方法（算法本身具有抽象的数学性质）""执行智力活动的方案规则和方法（算法所体现的抽象概念）"以及"计算机程序（算法包含计算机模型）"。从欧洲专利局的审查指南中也可推测出，人工智能算法只有与实际技术相结合且能解决客观存在的技术问题，才能满足专利法保护客体的基本要求。美国受早期额头流汗原则的影响而保护一切对人类社会发展有用的项目，但法院在实际审判中仍拒绝仅仅涉及数字算法和抽象概念而并无实际应用的专利申请。日本专利法规定：仅单方面利用规则的算法发明不能认定为专利法意义上的发明，一项算法发明能否享有专利权需要从整体上考量其技术属性。

---

① 刘强：《人工智能算法发明可专利性问题研究》，《时代法学》2019年第4期。

综上分析各国关于人工智能算法的法律规定和司法实践可得出结论,算法若要追求专利保护的可能性,核心在于与技术相结合。笔者认为算法除了要体现技术特征,还应加强在各个技术领域的应用,提高算法的广泛适用性,让算法设计者获得更多的商业利益,以此激励算法的不断创新。

(二)人工智能计算机程序的专利保护可行性

计算机程序的定义被具体规定在《专利审查指南2020》第九章节中[①],在审查基准上,有关计算机程序的发明与其他领域的发明专利具有共性。共性在于:第一,仅涉及代码化指令序列的发明(即计算机程序本身或仅记录光盘、磁带等载体上的计算机程序)会失去被专利法保护的可能。第二,权利要求既包含计算机程序又包含了技术特征(也可以是利用自然规律的技术手段)。从总体上讲,计算机程序与智力活动的规律、方法不能完全等同,那么就不能排除其被专利法保护的可能。《专利法》第二条第二款规定:专利法所称的发明是对产品、方法或者其改进所提出的新的技术方案。因此在人工智能领域,涉及计算机程序的发明只有在构成技术方案的前提下才具有被专利法保护的可能性。

在审查基准上,与计算机程序有关的发明除了具有同其他领域相通的共性特征,还具有自身的特殊性。与计算机程序有关的发明专利,其实质是针对电脑外在对象或内部对象,提出一种方法来控制与处理。如果计算机程序是为了对外部技术资料进行加工,并且取得了与自然法则相一致的技术处理结果,则该专利申请就可以获得批准。如果仅仅是为了提高计算机系统的内部性能,并且可以得到与自然规律相一致的改良效果,则本专利申请也有可能通过。例如一种自动计算动摩擦系数 μ 的方法,这个计算机程序并不能改善测量方法,因此不具备技术效果或

[①] 计算机程序是一种或多种被执行的代码化指令序列或符号化语句序列;涉及计算机程序的发明是指为解决发明提出的问题,全部或部分以计算机程序处理流程为基础,通过计算机执行按上述流程编制的计算机程序,对计算机外部对象或者内部对象进行控制或处理的解决方案。

专利法意义上的技术特征。虽然该计算机程序的求解与物理量有关,但是,总的来说,它还是一个用计算机程序进行的数值计算。所以,这一计算机程序不属于《中华人民共和国专利法》第二十五条第一款第二项所列之智力活动的规则和方法,不受专利法所保护。

三 人工智能发明专利审查要件

人工智能发明专利取得审查时最核心的问题在于对实质性要件进行审查。实质性要件在于对三性的审查,分别是实用性、新颖性、创造性。其中,实用性是审查的起始性标准,审查对象如不具备实用性,则无需审查其是否达到新颖性和创造性标准。但是近年来,随着技术不断地更新迭代,专利审核对于发明实用性的要求越来越低,在实践中更多是以先入为主的思维推定专利申请一定具有实用性。随之而来的现象是,专利的数量虽然逐年递增,但是专利的转化率却未随之上升,除此之外,实用性审核标准的降低也会引发审查资源的浪费,专利申请量逐年激增而实用性的筛选功能却并未有效发挥,最终将形成恶性循环。

(一)人工智能发明专利中的新颖性要件

发明专利的新颖性,指的是发明不属于现有技术,也没有与之相冲突的申请,即没有任何的单位或者个人就同样的发明向相关部门提出过申请。新颖性审查的第一个重点在于对现有技术检索范围的框定。人工智能涉及领域之广,数据存量之大,算法模型之复杂性加大了检索难度,普通专利审查员难以穷尽方法去调查发明专利这一小圈是否能够超脱现有技术这一大圈。这一过程不仅容易浪费审查资源且会加大专利申请的成本。要攻克这一技术障碍只得期待未来信息共享程度及搜索功能的提高与加强,也可以要求专利申请人适时公开创造发明所用的数据库。数据库的公开有利于其他创造主体得到更多基础性的信息来源,符合专利法中提高创新能力的要求,并且,由于发明并不是对其中数据的简单堆积或整理,自然也不会侵犯专利申请人的商业秘密。新颖性审查的第二个重点在于数据和算法结合所输出物的属性。具体可分为以下四种情况，在此以图表的形式呈现。

	情形种类（概述）	是否属于现有技术
一	新数据+新算法＝新的输出	否
	旧数据+新算法＝新的输出	
二	新数据+新算法＝已存在的输出	①如申请专利方法—否 ②如申请专利产品—是
	旧数据+新算法＝已存在的输出	
三	新数据+旧算法＝新的输出	①如申请专利方法—是 ②如申请专利产品—需要看产品是否依附于方法 a 依附—是 b 不依附—否
四	旧数据+旧算法＝已存在的输出	是

　　仔细观察以上情况，我们不难看出算法的新颖性对发明专利的新颖性起决定性作用，数据的新颖性仅仅起到辅助性作用。身处信息爆炸时代，数据的公开性和流动性不断增强，它会随着人类生产生活的变化不断更新，而算法却需要大量的技术人员付出实质意义上的努力，故而算法在人工智能发明专利上的重要性不言而喻。新颖性审查的第三个问题在于避免人工智能发明专利申请的不当竞争。人工智能凭借其强大的运算能力很容易规避现有技术，以此满足专利法对新颖性的要求，加之商业活动的逐利性，很容易引发人工智能专利申请的"圈地运动"。传统的圈地运动指英国的资产阶级通过暴力手段强行驱逐农民，圈占农民土地为私有的农牧场。而在此种情形下指专利申请人利用人工智能程序的高效性，源源不断地产出各类发明专利。而不论其质量好坏或是可实施性的高低，用最快的速度将发明专利公开于现有技术领域以防止竞争对手申请专利。此种投机式的专利申请会危害专利制度现有的运行秩序，并打击其他主体的创造积极性。有的学

者认为，对于人工智能创造，应当设立一个独立的新颖性审查标准，而有的学者则提出了对人工智能领域内的专利申请和授权的数据进行统计，并且限定人工智能发明的搜索范围。笔者认为也可以要求专利申请人利用人工智能强大的计算能力，通过公开其发明与现有技术的对比过程来倒推发明专利上的新颖性。

（二）人工智能发明专利的创造性要件

发明专利的创造性，指的是与现有技术对比，发明具有突出的实质性特点和显著的进步。创造性是现代专利审查的核心，其中"突出的实质性特点"与"显著的进步"之间存在两个参考坐标，一个是所属技术领域，一个是领域内的技术人员。所属技术领域的判定是比对现有技术的前提，所属技术领域随着人工智能数据抓取的广泛性不断扩宽，发明专利审核判定的难度也随之加大，对于技术人员的判定，一些学者认为，它的判断标准应该比其他的技术领域要高，可以考虑引入具有更高学历或更有专业经验的软件开发者，并且必须是特定的专用，而不能把它推广到其他领域的发明专利的审查中去。另有学者的意见完全相反，认为应当在所有技术领域拟制普通的技术人员，而非在特定的领域。技术人员可分为现实生活下存在的专利审核人员和拟制背景下所期待的虚拟人员，《专利审查指南》明确规定，本领域内的普通技术人员为一类假想人。自然人相较于机器人，其时间精力、工作效率、检索能力都极为有限，因而专利审核人常常会陷入不能穷尽方法审核的传统困境之中。虚拟人员则被预想为用现代技术手段配备相当程度的人工智能装备[①]，且完全知晓所有领域的技术知识，最终脱离主观因素的影响而更具客观性审核能力。

单独判定"突出的实质性特点"，其核心在于发明对于现有技术而言并非显而易见。具体来说，主要包括三个步骤：第一，判断出与之最

---

① 吴汉东：《人工智能生成发明的专利法之问》，《当代法学》2019年第4期。

接近的现有技术。在本技术领域内，应综合考虑同类或相似的先有技术，以达到近似的结果；第二，要确定本发明的不同特征以及具体要解决的技术问题，还可以将其理解为对最接近的先有技术的改进，以便获得更好的技术效果；第三，判断"显著的实质特征"对于本领域的普通技术人员而言是否明显。

单独判定"显著的进步"，其核心在于发明能否产生有益的技术效果。具体分为四个方面展开探讨，其一在于发明与现有技术相比较是否具有更好的技术效果，如人工智能推进效率的提高、产品的改进、方法的多样性等；其二有没有提出一种不同的技术构想，如人工智能基于更多的技术领域更容易产生综合性的、与以往不同的构思；其三在于发明是否能够代表一种新的科技发展方向，人工智能发明在此特征下更具优势；其四在于尽管发明在某些方面具有负面效果，但是其带来的积极效果更具参考价值，如人工智能具有发展为超级智能后的不可控制性，有伦理上的形式障碍性，也有侵犯个人信息的潜在可能性，但不可否认的是其为人类生活带来的极大便利性以及对生产方式的进步产生的积极性。

鉴于人工智能专利中包含了算法特性，而算法特性并不是技术特性，所以在判定其独创性时，该如何考量算法特性，一直是该领域的难点。在《专利审查指南》中，对于同时具有技术特性、算法特性或者商业规则、方法特性的发明专利，在对其进行创造性审查的过程中，应当将其从功能上相互支持且具有互动关系的算法特性或者商业规则以及方法特性作为一个整体来加以考量。但是，如何判定算法特性与技术特性之间"在功能上相互支撑，又存在交互关系"，这就很难了。2022年，国家知识产权局将"一种建立废钢等级划分神经网络模型方法"专利申请被列为2022年度十大专利复审无效案件。本课题涉及算法特征被应用于不同场景，是一种典型的算法特征与技术特征在功能上相互支撑和交互作用的案例，对于人工智能专利创造性判断有重要的借鉴意义。国家知识产权局表示，该案件对含有算法特性的发明专利是否具有创造性的判定标准进行了细化，为人工智能领域中发明专利创造性的判定提供了一个范例。当涉及人工智能技术，在判断具有算法特征的发明专利是否具有创造性时，要综合考虑算法与应用场景，尤其要考虑算法的训练方式、重要参数或相应的步骤等，以及这些调整能否解决具体的技术问题，取得有益的技术成果。

（三）人工智能发明专利中的实用性要件

根据我国《专利审查指南》规定，实用性的判断标准主要表现在三方面：其一在于审查对象能否投入到制造、使用之中。需要说明的是，《指南》中提及的"可创造性"具体表现在理论层面上而非实践层面，二者有着天壤之别。此外，由于专利审查大多采用书面形式，即可行性分析的逻辑推理成演绎，难以将审查落在实处，同时也难以解决其在投入应用后产生的各种问题。其二要具备再现性。关于再现性，人工智能算法程序复杂，涉及包括计算机、数学、经济学、神经学、哲学、语言学等诸多领域，这就导致普通技术人员难以理解、运用该智能程序，专利审核部门在对人工智能发明专利申请进行实用性审查时，容易认为其不具有再次可实施性，即普通技术人员运用其专利方案也难以再现相同的技术成果。其三在于能够产生积极效果。关于能够产生积极效果，由于"积极"这一词过于抽象，有学者认为应取消能够产生积极效果的要求，而将其交由创造性去评价。[1] 也有学者认为审查积极效果应将人类价值取向介入其中，以积极、有利的价值决策保证发明专利有利于经济社会的发展。综上，对于人工智能专利申请者而言，首先需要最大限度地具体描述该程序，学会举例子，运用多种场景展现其专利的可行性，同时尽可能将申请计划书撰写得更饱满、更全面，例如，日本专利局在人工智能领域的专利审查标准，就以专利复审案件为例，对涉

---

[1] 刘明江：《宽严相济的专利实用性审查标准的构建》，《中州大学学报》2020年第6期。

及可执行要件的审查重点进行了新的修订。其次需要履行充分公开的义务，及时公开人工智能发明所涉及领域的背景和大部分步骤的具体内容，使得抽象的专利方案具体化、详细化，便于专利工作人员理解和审查，确保可重复实施性。最后需要体现数据的相关联性，人工智能的核心在于建立算法模型，也就是说，对各类数据进行标注和整理，将各类基础数据进行摘选、加工，再输入到算法模型之中进行多次训练，最终优化升级形成最佳的算法模型，人工智能是否能够落地应用，关键在于数据与专利的联系性是否紧密，以及数据的相关联性是否能被专利审核的技术人员所推测。

四 人工智能发明专利权保护

（一）人工智能发明专利侵权困境

1. 侵权行为认定困难

人机合作生成发明是由多方参与多步骤创造出来的。该发明是由人工智能与人共同合作创造的，无论是人自己单独完成还是人工智能单独完成都不能创造出该发明。该创造过程表现出了分离式侵权的特点。我国与专利侵权相关的法律规定只规定了直接侵权与间接侵权，没有与分离式侵权相关的法律规定。因此在实践中，人工智能发明创造的专利权侵权问题，在司法实践中面临着许多困难。

首先，直接侵权无法判断人工智能发明创造中的专利侵权。《专利法》规定了直接侵权，即"发明和实用新型专利权被授予后，除本法另有规定的以外，任何单位或者个人未经专利权人许可，都不得实施其专利"。《专利侵权认定指南》中规定，直接侵权的判定应当以"全面覆盖"为前提，也就是行为人要完成涉案专利所具有的全部技术特征，方可构成直接侵权。然而，人工智能发明产品中所包含的必要的技术特征需要多方主体共同创造，也就是说除了专利步骤实施者之外，还包括人工智能所有者和应用操作者等主体。① 例如，乙公司从甲公司购买了某机器人制作的算法程序，甲公司作为该程序的所有者在出售之前执行的程序1和程序2与丙公司已注册的某一机器人专利中的程序1和程序2相同。B公司购买后，依据A公司提供的运行方法，运行了剩余程序，A与B公司共同创造了人工智能产品。如果说A公司侵权，但该侵权并没有满足全面覆盖原则。因此，多方参与的人工智能合成产品并没有办法通过中国现行的专利侵权办法进行认定。

其次，间接侵权也无法判断人工智能发明创造中的专利侵权。在中国目前的法律框架下，针对人工智能发明创造中的专利侵权问题，间接侵权确实存在一定的判断困难。专利引诱侵权和专利帮助侵权作为间接侵权形式，在当前专利法规定下并不直接适用于人工智能发明创造。对于专利引诱侵权，需要判断是否存在直接侵权行为，而人工智能发明创造具有多主体、多步骤等特点，可能导致难以确定直接侵权行为是否存在。因此无法构成专利引诱侵权。另外，对于专利帮助侵权，需要判断参与人工智能发明的主体是否具有故意或知情的情况下提供了帮助或指导，从而导致他人实施了专利侵权行为。如果参与人工智能发明的主体没有故意或知情地提供帮助或指导，那么就不能构成专利帮助侵权。

总之，就中国现有的关于专利侵权判定的立法，无法认定上文所述的分离式侵权。但也不能任由其胡作非为，仍要受到专利法的特别规制。

2. 侵权责任主体确认困难

在认定侵权责任时，责任主体对整个侵权责任制度都有着根本的影响。所以要找出侵权行为的实施主体，保证专利权人的合法利益。侵权责任的承担主体要求是适格的民事主体。因为只有具备适格的民事法律

---

① 吴汉东、张平、张晓津：《人工智能对知识产权法律保护的挑战》，《中国法律评论》2018年第2期。

主体资格，才能就其侵权独立承担民事责任。但目前对于是否应赋予人工智能法律人格一直存在争议。争议的原因主要有以下两方面：

首先，人工智能还未实现"意思表示自由"。目前，在实践中，有些人认为一些智能软件或智能产品已经具有自主的意志。事实上，这些人工智能只不过是通过算法程序的设置，进行不断的自我更新和程序升级，最终实现脱离预定的算法预设的结果，体现出结果的随机性和不可预测性。但这并不意味着人工智能就具备了表达意思的能力，更不意味着它就具备了以民事主体身份参加民事法律关系的能力。

其次，人工智能还没有完全脱离人的掌控。尽管人工智能目前可以通过自我学习及自我进化，独立自主地生成人类所不能预测的生成物；尽管人工智能自主性在逐步提高，人类辅助工具性在逐步弱化，人类的介入程度也在逐步弱化甚至消失，但这并不代表着人工智能就可以彻底摆脱自然人主体的掌控。为了保证技术发展的安全，人工智能所有者仍然有机会，并且有责任继续对人工智能程序和算法进行持续改进，并通过设置审计过滤器来监控人工智能的运行，以避免意外情况的发生。尽管人工智能的法律人格并没有法律明确规定，这并不代表人工智能就可以免除对已有专利的侵权行为的追究，而应该由人工智能的拥有者承担。

（二）人工智能发明专利权保护规则

1. 将"控制与指挥"规则作为专利侵权认定的补充规则

人工智能发明专利侵权往往牵涉多个主体，如果按照传统的"全面覆盖原则"中"单一主体"的专利法侵权原则进行认定，将面临难以确定的侵权问题。因此，为了更好地保护人工智能产品，应该突破传统的专利侵权认定规则，寻找能够满足多主体、多步骤的分离式侵权行为直接侵权责任认定的新规则。从比较法的角度看，中国可以借鉴美国经过不断实践探索总结出来的"控制与指挥"规则。该规则的适用范围主要是对当事人间有无独立的侵权者进行控制或指导，进而对某一具体侵权人负直接侵权责任进行判定。这一原则旨在根据当事人间的法律关系，确定其行为是否构成共同侵权，并规定被控侵权人对其所控制或管理的另一方实施其部分方法专利的步骤，负有替代责任，进而对其负有直接侵权责任。适用该规则时，首先仍要以全面覆盖原则进行分析认定，分析人工智能产品的多方主体所实施的侵权步骤与被侵权专利的所有必要的技术步骤相符。其次，以"控制与规则"为补充，判定被控侵权人与第三人之间是否有合同、代理等特定的关系或者联系，能否将该责任归咎于实际支配或实际上支配着整个侵权进程的一方，从而认定实际控制主体实施了专利直接侵权行为并将其视为专利侵权责任承担主体。

2. 明确人工智能产品侵权的主体

首先，根据自然人在人工智能发明中参与程度来划分责任主体。目前，随着人工智能行业的发展，除了机器人作为辅助，协助人类生产与应用发明专利，出现了人类辅助机器人进行生产与应用专利。当人工智能作为辅助机器时，人工智能的工作体现着人类的意志，受到人类的控制。对该种情况的专利侵权的判断，可以适用传统的认定方法，由实施了侵权行为的具体用户来承担责任。当然，由于目前处于弱人工智能时代，还未实现人工智能可以完全独立生产发明，仍然会受到人为的控制及干预。在此种情况下，人工智能与使用者的关系更类似于民法中的"代理"关系，即人工智能以被代理人的身份进行创造活动。故而，应当将侵权责任推给"代理人"，即使用者。所以，上述两种发明方式仍然可以用传统的侵权方法认定侵权主体。

其次，确认人工智能产品的多主体的侵权责任。目前，在人工智能发明创作中，存在着大量的利益相关者，主要包括算法程序的作者、数据提供者、数据测试者、数据训练者、人工智能所有者及人工智能应用操作者。① 其中，在这些利益主体中，可以分为人工智能自身、人工智能算法设计者、人工智能拥有者以及人工智能应用运营商。② 其中，算法设计人员的工作主要是，在人工智能发明创造中，设计出高效、精准、可靠的算法程序，对其进行技术支撑，而并非必然参与到具体的发明创造活动中，甚至对其具体的过程和产物一无所知，因此，将算法设计人员视为专利侵权的主体并不恰当。而人工智能应用运营商是指那些通过制定目标和输入操作指令促进人工智能系统运行，商业化利用人工智能系统生成技术方案的运营商。有些时候人工智能的拥有者和人工智能应用的操作者是同一主体。在二者各自是不同的主体的情况下，"控制和指挥"规则能够判断出当事人之间是存在契约还是代理这样一种具体的关系。如果存在这样的关系，可以认定人工智能所有者对应用运营商具有指挥和控制权，从而确定侵权责任的承担主体。通过以上方式，可以更加准确地界定人工智能发明创造中的专利侵权责任，以保护知识产权的合法权益。

第四节　人工智能商标权保护

一　人工智能商标权保护的挑战

人工智能商标权法律问题分析，从商标权的法律关系入手。商标权的法律关系主要分为商标权的主体即商标权人、商标权的客体即我国法律所保护的商标对象、商标权的内容即商标权人所享有的权利和所需履行的义务。

---

① 朱雪忠、张广伟：《人工智能产生的技术成果可专利性及其权利归属研究》，《情报杂志》2018年第2期。
② 曹建峰、祝林华：《人工智能对专利制度的影响初探》，《中国发明与专利》2018年第6期。

（一）人工智能作为商标权人的思考

商标权是民事主体享有的在特定的商品或服务上以区分来源为目的，排他性地使用特定标志的权利。商标权的取得方式为两种：一种是使用取得，另一种是注册取得（注册商标专用权）。根据《商标法》第三条可知[①]，在我国，商标权取得的基本途径是商标注册，人工智能领域的商标也主要是依托此方式取得商标权。商标权的主体被称为商标权人，指依商标法对为区别商品或服务的商业标记享有商标权的自然人、法人或者其他组织。由此可以看出，人工智能成为商标权主体的障碍跟前文所阐述的人工智能成为著作权、专利权主体的障碍相差无几，均受制于劳动智慧的来源，即限制于不属于自然人这个法律主体。要解决这一先决性问题，就得对商标权人的发展历史展开梳理。依据1993年修改的《商标法》第四条和第九条以及《商标法实施细则》的第二条，将商标权人分为如下两类：1. 依法成立的企业、事业单位、社会团体、个体工商户和个人合伙；2. 符合法定条件的外国人和外国企业。1992年邓小平南方谈话，明确提出要建立社会主义市场经济体制，1992年10月中共十四大明确提出经济体制改革的目标是建立社会主义市场经济体制。经济体制的转变带动了社会经济的腾飞，1993年修改的法律已经不适应我国的国情需要，因而国家于2001年对《商标法》进行了重大修改。主体的修改主要表现为：1. 商标权的主体修改为自然人、法人或其他组织；2. 提出共同申请制度。3. 外国人或外国公司申请商标注册，应具有其所属国家与中国签署的商标相关协定，或联合参与该领域的国际公约。

由以上的法律修改可知，法律虽不可避免地具有一定的滞后性，但最终都需要契合经济社会的发展。随着移动互联网、机器学习、云计算等高新技术的发展，人工智能的浪潮正在席卷全球且势不可挡。人工智

[①] 《商标法》第三条：经商标局核准注册的商标为注册商标，商标注册人享有商标专用权，受法律保护。

能已经可以根据其计算程序和绘画编辑技能设计出基本符合法律标准的商标，并通过注册获得与其他商品相区分的效益。因而笔者相信在未来的某一天，强人工智能将会成为知识产权法律项下被法律拟制的主体，并最终成为著作权人、专利权人和商标权人。

（二）人工智能作为商标权客体的思考

商标权的客体是商标，指的是任何与他人商品区分开来的标志，包括文字、图形、数字、字母、三维标志、颜色组合和声音以及以上元素的组合等。商标是经营者使用的一种标记，该标记是为了使自己的商品或服务与他人的商品或服务区分开来。商标有两个最主要的功能，其一是识别来源的功能，商标权人可以在其商品或服务上使用商标，发挥商标的显著性，使消费者通过商标认识并牢记商标权人的商品或服务，了解商品或服务的质量与品牌特点，由此建立良好的商誉。消费者也可以通过商标选择信赖的商家，由此节约检索成本并选购到自己心仪的商品或服务。其二是质量担保功能，能够激励商标权利人为保持或提升其产品或服务品质，以保持良好的商业信誉与品牌效应。

人工智能可利用其高效的遗传算法分配商标检索的多特征权值，帮助人工智能的所有者设计出更具显著性的商标，以适用于商品或服务中。[①] 人工智能包含了机器学习、语言识别、图像识别、语言处理等多个系统，商标申请的关键之一在于所要申请的商标应包含以上哪些元素为客体，通常认为由人工智能程序设计的商标可包含以上任何单个元素或多个元素的结合体。除此之外，人工智能程序常常利用声音元素作为商标申请的客体。例如人工智能 Siri、小度拥有极具辨识度的声音，均具有申请声音商标的可能性，又如苹果和英特尔电脑的开机声音均被美国商标局批准注册。人工智能应用的兴起正在激发语音搜索的潜力，这预示着商标的视觉显著性开始降低，人们在未来可能会更加注重声音的

---

① 李宗辉：《人工智能商标侵权和不正当竞争的法律规制研究》，《中华商标》2020 年第 1 期。

比对，以此提高商标的听觉显著性。除此之外，人工智能作为一门新兴技术，还可能利用其技术优势创造出一些从未面世的客体元素，如多维度标志、连续动画、元宇宙空间要素等，以此更好地设计出识别度高、显著性强、价值性大的商标，用来更好地服务其所有者并发挥出商标的最大效益。

（三）人工智能商标权利侵权问题

1. 人工智能商标权利侵权问题的出现

在网络经济的汹涌浪潮中，经营者们想尽一切办法推广自己的商品或服务，以期占据更多的市场份额，吸引消费者的注意力，集聚流量、积淀商誉，取得和保持竞争优势。人工智能技术是它们实现上述商业目标的重要工具。

首先，人工智能可以帮助经营者设计和使用适合于其商品或服务的商标。这种设计和选择以计算机视觉等人工智能的感知能力为基础，将遗传算法用于商标检索的多特征权值分配，比以往的商标检索更加精确和高效，通常能够形成具有较强显著性的商标。但是，正如所有人工智能都面临的"常识"认知困难一样，其很可能会忽略一般消费者认为构成与在先注册商标近似的标志，而给经营者带来侵权的风险。另外，由于人工智能本身也是一种软件产品，如APP，需要有自己的商标，这一商标与借助其所推广的商品或服务商标之间也可能会存在混淆的问题，从而加剧了人工智能的商标侵权风险。

其次，在非直接的商标使用行为中，人工智能也会竭尽所能地帮助使用它的经营者进行广告宣传，同时抑制竞争对手的商业推广，以促成消费者购买经营者的商品或服务。这其中就隐藏着商标侵权和不正当竞争的风险。例如，某一搜索引擎智能机器人根据自动分析，将在网络上同类商品中受欢迎的他人商标埋置到其使用者的网页之下，使得他人在搜索该商标时就错误地被链接到该经营者的网页，造成了市场混淆。又或者，在垂直搜索服务中屏蔽被链接网站的广告而宣传人工智能使用者的商品或服务。

最后，由于商业领域的人工智能基本需要以某一方面的大数据作为算法运行的基础，其在数据采集、分析、处理、出售和进行其他应用服务的过程中就必然会产生不正当竞争的风险，因为人工智能所抓取和使用的极有可能是竞争者已经更早获得授权或者加工过的数据。例如，档案库在淘宝公司诉美景公司中[1]，淘宝公司"生意参谋"是通过对用户在淘宝上浏览、搜索、收藏、购买、交易等行为所产生的大量原始数据进行脱敏处理，在去除用户的个人信息和隐私后，通过人工智能算法对其进行深度加工、分析、整合、加工得到的诸如指数型、统计型、预测型等衍生数据，而被告美景公司的"咕咕互助平台"智能软件和"咕咕生意参谋众筹"网站则直接攫取了原告的上述衍生数据。由于经营者所使用人工智能在数据获取和计算能力的差距，以及算法和数据处理的黑箱性特点，虚假宣传、刷单炒作等利用信息不对称而实施的不正当流量竞争行为会进一步增多。

2. 人工智能商标侵权和不正当竞争的一般规制措施

从源头上讲，按照人工智能的类型为其分别制定强制性的技术标准，将相应的法律和伦理规范纳入其中，可以大大降低人工智能的知识产权侵权风险。虽然法律和伦理规范的完全算法化并不现实，人工智能也无法像人类那样"一心二用"，在大化实现预定目标的同时避免致人损害。但是，这样的人工智能设计标准仍有其必要，因为其可以在一定程度上防止开发人员恶意将一些必然会导致侵权行为的代码编入人工智能当中，也可以约束那些随心所欲、全凭个人喜好的人工智能编程行为。尽管在今天各类智能软件、智能系统和智能机器不断涌现的背景下，对每一款新的人工智能进行事先审查以减少其安全和侵权隐患因成本太高而不具有可行性，并且由于人工智能的自动化和不可预测性特点，事先审查也并不能完全杜绝潜在的侵权行为，但人工智能的开发者

---

[1] 浙江省杭州市中级人民法院（2018）浙01民终7312号。

和生产者仍然有义务进行自我审查。概言之，我们应当尽力控制我们所能控制的人工智能，暂时封闭那些我们完全无法控制的人工智能，谨慎推广那些相对成熟的人工智能。

　　从人工智能的应用环节来看，虽然大多数人工智能的技术功能和实践用途是确定不变的，似乎只需要用户接通电源、按下按钮或发出指令，而后就自动运行了，但是对于只追求人工智能所带来的便利而不十分清楚其背后工作原理的用户来说，人工智能的开发者和生产者仍然应当对其运行过程中可能产生的侵权风险提供醒目的警示、充分的说明，以及与之相应的操作规范。具体到市场竞争领域而言，为避免对他人创造性经营成果的侵害，人工智能的用户在输入数据或者要求人工智能抓取数据时就必须尽到合理的注意义务。另外，与传统的软件产品一样，人工智能产品始终处于不断更新换代的过程之中，除了性能的优化之外，每一次升级的目的都是要弥补技术的某些缺陷和漏洞，因此对于开发者通过网络提供的自动升级服务，人工智能用户无正当理由不应拒绝。当人工智能仍然发生侵权行为时，开发者应当提供可供用户执行或者协议由开发者自己远程控制的停止侵权措施。

　　对于人工智能的商标侵权或不正当竞争行为已经造成的损害，显然需要进行填平式的财产补偿救济，因而用以补偿的责任财产来源就变得至关重要。在不动摇现行法律体系根基的情况下，暂不赋予人工智能法律主体资格而建立一定的强制责任保险制度是理性而可行的选择。具体的保险费数额，可以参照工伤保险的差别费率确定机制，根据人工智能可能侵害的知识产权类型、侵权的易发和严重程度、以往的侵权记录等进行动态调整。值得注意的是，强制责任保险并不为人类的过错行为负责，而只适用于人工智能独立侵权的情形。相关人类主体如欲主张适用强制责任保险，则需要对已发生之人工智能侵权行为的不可预测性和不可控制性负举证责任。当然，出于对受害人及时、充分补偿的人文关怀，在人类侵权主体不明或者无力承担赔偿责任的情况下，强制责任保险基金也可以先行赔付。

3. 人工智能商标侵权和不正当竞争的法律规制思考

根据《商标法》所规定的诚实信用原则,减少人工智能商标侵权行为的首要措施是经营者将人工智能设计和选择作为商标使用的标志申请商标注册,通过授权审查程序来排除人工智能因机器的失误或与人类相关公众的注意力不同而未能过滤的与他人注册商标近似的标志。对于他人在先使用而有一定影响的未注册商标,或者与经营者所提供商品或服务具有较高关联度并存在他人在先合法权利的标志,经营者应当预先将它们排除在人工智能可能直接借鉴、利用和设计的商标范围之外。考虑到借助于网络和人工智能推销商品或服务的特殊性,司法上应当承认,《类似商品和服务区分表》中人工智能归属的第9类"数据处理装置和计算机"等商品上的商标与其所推销的其他类别商品或服务尤其是网络服务上的商标存在一定的混淆可能性,进而促使通过人工智能推销商品或服务的经营者谨慎选择和使用商标。

对于人工智能的不正当竞争行为,首先,相关经营者应当随着新商业模式的出现而不断确定和完善网络竞争的若干行业规范及自治协议,使它们成为《反不正当竞争法》一般条款所规定之诚信原则和"商业道德"的具体化、特定化内容,并以人工智能是否遵循这些规范和协议作为判定其是否构成不正当竞争的主要依据。例如,搜索引擎服务商应当遵守其与网络信息服务商之间达成的合理的爬虫协议,不得故意安排、放任或者因过失导致搜索机器人盗用、攀附或贬损网络信息服务商以及相关经营者的合法财产权益。其次,我们应当尽快通过数据立法促进网络经济相关原始数据的有限公开与合法使用。在市场竞争中,经营者利用人工智能分析的相当一部分原始数据都来自分散的消费者个人。从某种意义上讲,"每一个人都有对应的海量数字化档案被建立起来,甚至包括你访问的网站和点击的链接。还有一种隐秘的经济模式迅速发展起来:档案库和数据存储网站都在默默地收集着数以千计的在线行为,就等着有人找出利用所有这些数据的方法"。因此,以消费者的知情和同意为前提,这些原始数据经匿名化处理之后、被进一步加工之前,应当允许经营者有平等的机会通过人工智能对其进行深度学习和商业利用,不能由某个或某几个经营者垄断。这样就可以大量减少利用他人加工后二次数据的不正当竞争行为。再次,我们应增强人工智能应用流程的透明度,尽量减轻算法黑箱特点可能造成的不利影响和损害后果。在现行法律体系之下,人工智能的源代码经常被作为商业秘密或版权保护的客体,也被人工智能企业视为核心的竞争性资源,外部主体无论是技术人员还是社会公众都无法接触和获得。但是,在网络商业世界中,这些代码无时无刻不在影响消费者的购买决策,所以尽管消费者并不想也没有足够的专业知识了解这些代码的技术意义,经营者仍应对代码在广告宣传、信息过滤、商业评价等方面的工作原理向消费者做出充分的说明,将自主权交还消费者,而不能强制或秘密地替消费者做出选择。此外,经营者还应当将人工智能的源代码提供给相关的监管部门,以便于它们从外部约束经营者的人工智能使用行为,保护消费者的利益,维护正当的市场竞争秩序。最后,经营者所使用的人工智能不应刻意为妨碍、干扰特定竞争对手的产品或服务而设计,或者在自动运行的过程中仅仅呈现出这种单一的用途。

二 人工智能在商标权相关领域中的应用

(一)人工智能在商标信息搜索中的高效应用

当前,随着人工智能算法及其学习技术的发展,人工智能可识别模式发展得更为完善、具体、全面,人工智能技术帮助提高商标信息的搜索效率。人工智能技术在互联网信息检索领域得到了广泛和深入的应用。该系统能够快速、准确地从因特网上搜索和抽取出海量的商标信息。从长远上看,人工智能技术在商标搜索中的运用有利于降低被侵权主体监控商标侵权的各类成本,能够更早且更快地发现商标侵权行为,有利于被侵权主体及时维护其合法权益。目前,一些科技公司已经开发

第三章 人工智能知识产权保护

出可以搜索侵犯商标信息的人工智能程序。例如 Trademark Now、Trademark Vision、Mike TM Suite 和 Law Panel 的 Aila，这些程序各有所长，主要利用各种政府商标办公室的商标数据库和互联网信息来搜索和监控商标中的文字、短语和图形。

Trademark Now 是赫尔辛基一家新成立的法律科技公司[1]，其通过使用人工智能和机器学习，使商标的搜索变得更加简单和完善。这是一家以互联网为基础的智能商标管理平台和智能创新软件，它可以让企业、律师事务所和商标代理公司更快速地进行商标检索，同时还可以对可能存在的商标侵权信息进行更智能、更有效的查询与分析，这一技术的应用可以为商标专家们解决很多看似简单而又麻烦的问题。Trademark Vision 是一家总部位于澳大利亚的公司[2]，其研发了一种基于深度学习的反向可视化搜索平台，通过对世界各地类似商标的识别，来寻找可能存在的商标信息并以此保护公司用户的商标。用户只需将图像上传至平台，平台的图像识别技术将全面、多维度地比对上传图像与其他商标，让以往耗时耗力的侵权信息搜索程序更简单、轻松，也能够让公司以低额的成本、最大范围地监控可能存在的商标侵权行为。

将人工智能技术运用于商标要素的信息收集，能够帮助用户精准定位、具体画像出所需的商标。用户以往利用搜索引擎进行信息收集时，常常无法精准定位到所需的信息，搜索引擎会提供大量有关联但偏题的数据信息，有用的关键信息就被海量的无用信息所湮没，用户需要手动分类查找所需的信息，不仅费时费力且搜索效率低下，人工智能技术的应用能够在模糊信息的同时自动剔除无用信息，给商标用户的信息检索带来别样的智能体验。人工智能技术的应用，一方面能够让用户在网络信息的检索中，拥有更高的便捷度和更强的准确度；一方面能够节约企

---

[1] https://corsearch.com/trademarknow/.
[2] Trademark Vision 已被科睿唯安（计算机商标）有限责任公司收购，加入了位于波士顿的 CompuMark 公司，CompuMark 是领先的商标清查和保护解决方案提供商。

业侵权信息的监控成本,让企业面对侵权行为时能够及时有效地做出应对处理,减少因商标侵权所造成的损失;另一方面它还可以加大商标侵权人的风险,让他们的生存空间变得更小,并最终建立一个安全有序的市场环境。

(二)人工智能在商标侵权处理中的精准应用

随着互联网战略的深入推进,商标侵权信息越来越难获取,商标侵权行为逐渐开始由明转暗。首先,国家市场监管部门加强了对侵犯商标专用权的执法工作。根据市场监管总局官网消息,2021年前三季度,市场监管部门组织实施了知识产权执法和其他专项工作,进一步强化重点领域和重点商品的监管力度,以市场治理为重点,积极利用行政执法的震慑力,有效保护权利人、消费者的合法权利,维护市场经济秩序、创造良好营商环境。一至九月份,全国共调查了2.42万件商标侵权案件,针对侵权假冒高发多发的重点实体市场开展执法行动7万余次。[①]其次,互联网与物联网的结合使得线上销售盛行,以外传统实体市场中常发生的商标侵权行为,现在大都转向了更为隐秘的线上市场。过去的假冒商品被装在集装箱中或是被商标侵权人存储在定点仓库,执法机关较容易找到违法犯罪的实体证据。随着电商平台和快递业的兴盛,顾客按需按件购买商品,使得商品信息的隐蔽性变强,由此加大了收集证据的难度。最后,流量较小且不易察觉的互联网平台更有可能发生商标侵权行为。为了降低成本和躲避风险监控,网络上各类小型网络交易平台层出不穷,增加了搜寻违法信息的难度。

人工智能程序的应用简化了商标侵权的各项处理流程。商标律师检索到商标侵权信息后,通常会针对具体的侵权内容,撰写停止侵权通知书,尽量减少商标侵权造成的损害。鉴于互联网环境中可能出现大量的

---

① 国家市场监督管理总局:《2021年前三季度市场监管部门严厉打击侵权假冒取得成效》,2021年12月15日,https://www.samr.gov.cn/xw/zj/art/2023/art_03801c65bf174ac9aa7ce2d93408315d.html。

商标侵权行为，商标律师的工作任务随即变得繁重。人工智能技术与法律需求的纵深融合，使得技术工作者们开发出各类应用程序，以应对互联网中层出不穷的商标侵权行为。以 Neota Logic 人工智能软件为例，其帮助客户依据商标法保护相应的权利。软件采用智能化的流程管理，通过文档的自动化推理构建出商标智能应用程序，以此解决复杂的商标法律问题。专业的商标律师通常需要花费二到四个小时撰写停止侵权的通知书，而此人工智能程序能够帮助客户在十五到二十分钟内解决这个问题。人工智能技术的应用能够在一定程度上解放商标律师，他们可将空余时间充分利用到专业性问题中，而非将时间限于基础、重复性的劳动工作中。人工智能时代，数据自动化能够显著改善法律服务、提高服务交付效率和满意度。人工智能程序充分运用其自动化文档模块，最大限度地降低商标律师起草通知书所需的时间成本。在未来，人工智能在文书起草这类模式化基础工作中可完全替代专业的商标律师，将他们从这类繁复的工作中解脱出来，能够拥有更多的时间和精力去解决商标侵权中其他复杂的问题。

（三）人工智能在商标闲置资源盘活中的创新应用

人工智能与大数据的链接能够提高商标的闲置利用效率。我国的常用汉字为 3500 字，我国目前九年义务教育阶段语文课表里的要求也是认识 3500 个常用汉字。因汉字的排列组合有限，故两个字形成的汉字组合很难申请到文字商标，三到四个字形成的汉字组合商标也逐渐饱和。关于图形商标，新申请注册的商标较容易与已有商标构成相似。据统计数据报告，2020 年商标转让申请量为 620125 件，相较于 2008 年的 67831 件，其数量增长率为 814.22%。商标资源有限，大量的商标闲置无疑称得上是资源的巨大浪费。在对闲置商标进行激活的过程中，人工智能程序可以通过收集大量的数据，来构建企业数据库和商标信息库，从而对潜在的商标买家进行准确的定位。人工智能程序还可以充分利用它的机器计算能力，为企业进行自动的画像，并基于企业的经营范围、所在城市、所处行业等资料,迅速地将空闲的商标信息进行匹配,还可以按照客户需要的商标类别、关键词、图形关键样本等,为客户多维度、智能化地推荐闲置商标资源,这对解决顾客在商标筛选过程中的无序性和盲目性起到了重要的作用,并达到了经济效益的最大化和集约化。

（四）商标图形智能检索功能的探索与发展

人工智能技术在图像模式识别、文字语义及比对分析等方面的能力逐渐加强,人工智能技术将在商标注册审查的程序中发挥越来越大的作用。众所周知,商标审查自动化、智能化的主要难点在于图形商标的比对和审查。为了突破这个技术难点,2019年1月25日,我国商标图形智能检索功能正式上线,这是商标信息化建设的全新里程碑,同时也标志着我国商标审查自动化转变为智能化的新起点。[①] 针对目前图形标志审查工作强度大、审查智能化程度不高等问题,商标局正积极地将人工智能技术运用于商标审查,以实现审查效率和审查质量的双重提高。终于在2018年7月,商标智能检索功能在6家商标审查协作中心进行了试点,经过大规模的试验,取得了良好的效果。智能化搜索技术的运用,改变了传统的手工搜索方式,实现了"以图搜图"的智能化搜索,从而有效地避免了由于人为的主观判断而产生的主观判断偏差。随着商标检索技术的发展,商标相似比对数据的数量和效率都得到了极大的提高,目前需要人工浏览的数量已由最初的几万个降至5000个左右。比对中国、美国、欧盟、日本、韩国五方成员国的现状,我国充分发挥了成本数据优势,在国际上率先完成了图形智能检索功能的审查实践应用,同时也积极地探索了一条符合我国国情的智能审查之路。目前,在国际合作中,我国的角色开始发生了转变,话语权明显增强,我国已经从最大的商标数量拥有者向智能审查标准的制定者发生转变。接下来,

---

[①] 国家知识产权局:《商标图形智能检索功能正式上线》,2019年2月1日,https://www.cnipa.gov.cn/art/2019/2/1/art_53_117859.html。

中国商标局将继续推动人工智能技术与商标审查工作的深度结合，提高和拓展诸如人工智能在内的新技术在商标领域的运用力度和适用范围，同时强化信息系统的建设，提高商标审查的质量与效率，使商标公共服务水平持续提高。

（五）人工智能在商标近似判断中的应用趋势

基于商标侵权在不同阶段中有着不同的判断标准，加之人类的主观性判断不敌人工智能客观性的比对，越来越多的国家将人工智能程序介入商标侵权行为的判定之中。

人工智能能够最大限度地统一不同阶段商标近似的判断标准。商标近似判断涉及商标申请、商标确权、商标侵权等多个领域，判断规则的抽象性较容易使得商标判断和实际审查结果存在差异。于商标申请领域，首先提交申请书，紧接着进入形式审查和实质审查阶段，最后发布初审公告和注册公告。其过程烦琐且时间成本较高，通常需要花费一年至一年半的时间。因而国家开始引入人工智能等技术手段来辅助商标审查，于形式审查和实质审查阶段，国家知识产权局发布了对比数据，在2020年底，商标注册平均审查周期压缩至4个月以内，商标的审查周期由此被大大缩短。于商标侵权领域，常常涉及商标侵权行政执法和司法审判，其中主要审查的是商标混淆可能性要素、实际使用情况、使用历史、商标知名度等。[1] 由于不同地区审判资源、审判人员自身专业素质、主观认识、所处阶段的差异，加之影响因素的多重性与复杂性，会加剧不同阶段审判标准的差异性。为此，现实的法院审判已将人工智能程序作为商标案件识别的辅助工具。例如，在上海法院智能化改造过程中，法庭运用数字图像识别技术，对证据材料中的非文字成分进行识别，将其作为辅助系统中证据智能比对的基础信息。[2]

---

[1] 赵克：《商标近似的立法技术与司法表达》，《人民司法》2015年第11期。
[2] 葛翔：《司法实践中人工智能运用的现实与前瞻——以上海法院行政案件智能辅助办案系统为参照》，《华东政法大学学报》2018年第5期。

人工智能能够最大限度地克服人类审查员在商标近似中的主观性判断。2016年，商标局和商标评审委员会在《商标审查及审理标准》中通过举例的方式规定，文字商标近似指汉字构成、字体、字形、设计、注音、排列顺序、整体外观近似，足以产生混淆的情形。图形商标近似指构图、整体外观相似，足以产生混淆的情形。组合商标近似指其中的汉字、外文、字母、字义、数字、图形、排列组合部分相同或近似，足以产生混淆的情形。以上商标近似的判断重点在于易使相关公众对商品或者服务的来源产生混淆，这种判断标准较为抽象，尤其在图形商标及组合商标大行其道的今日，将难以回避人类审查员的主观性判断。依据2002年《最高人民法院关于审理商标权民事纠纷案件使用法律若干问题的解释》，其中规定了判定商标近似的三种方法，分别是整体比对法、要部比对法和隔离比对法。并以相关公众的一般注意力为标准，在传统的人工判断方式下，以上方法均存在认定标准模糊及客观属性较低的问题。置于整体比对法和要部比对法之中，存在商标要部具体划分标准模糊的问题，也存在整体比对与要部比对所占权重模糊的问题，这两个问题均避免不了人工审核的主观性要素；置于隔离比对法中，不能避免人类审查员在不同时间及不同空间状态下的不同处理方式；置于相关公众一般注意力的标准之中，相关公众是法律虚拟的主体，实际做出判断的仍然是法官，他们参考市场中普通消费者的应对产生判断，这种判断没有客观性要素的框定，仅基于脑中对普通消费者的想象，就不可避免地受到主观因素的干扰。人工智能能够最大限度地克服商标近似中主观性判断的障碍，原因在于其不具有人类的情感和思想判断。现阶段，我国及世界各国对商标近似的判定仍主要采取人工比对方式，人工智能仅作为一种辅助性工具，且仅作用于商标审查的初始阶段，为此WIPO也呼吁各国注重人工智能程序与知识产权的融合，以科学的技术手段更好地为法律服务。

第四章

区块链知识产权保护

第一节 区块链知识产权保护概述

一 区块链技术概述

早在2018年博鳌亚洲论坛中，习近平总书记就指出"加强知识产权保护是提高中国经济竞争力的最大激励"。《中共中央关于制定国民经济和社会发展第十四个五年规划和二〇三五年远景目标的建议》《"十四五"国家知识产权保护和运用规划》等政策文件中都指明要将知识产权与市场经济相结合，全面提高知识产权保护水平。经济发展根本靠创新，保护创新根本依靠保护知识产权。然而，知识产权保护工作中，"信息披露""知识财产流失""激励问题"等难题接踵而来。当前，信息产业已然成为全球经济发展趋势，信息作为知识产权的客体，与区块链技术的信息化本质具有天然适配性，成为区块链与知识产权联结的纽扣。区块链技术辐射范围并不仅存在技术层面，而对上层建筑、法律制度等领域也多有辐射。基于区块链技术研究赋能知识产权保护理论对提高知识产权智能化保护水平、鼓励自主创新、建设知识产权强国具有重要意义。

（一）区块链技术的概念

2021年3月《中华人民共和国国民经济和社会发展第十四个五年

规划和2035年远景纲要》明确将区块链技术归为七大新兴数字产业之一。① 区块链（Block chain）是一种由多方共同维护，使用密码学保证传输和访问安全，能够实现数据一致存储、难以篡改、防止抵赖的记账技术，也称为分布式账本技术（Distributed Ledger Technology）。② 简而概之，区块链技术的核心是"区块+链"，其本质在于利用密码学方法实现去中心化和去信任化的数据存储。每个区块都包含了系统在特定时间段内的全部信息交流数据。依靠链条及链条上的数个节点保证数据的准确性和稳定性。其中，密码学主要依靠哈希（hash）函数的特征，确保区块中的内部数据在被篡改后可以被及时发现，并可以对其进行追溯。③ 短短数十年，区块链技术已经从最原始1.0版本发展到3.0版本。区块链1.0版本仍处于早期开发阶段，应用场景较为单一，主要集中于发行、支付及兑付等虚拟货币交易领域，例如众所周知的比特币支付系统。开发者受信任于1.0版本区块链技术货币交易安全性和可信性的支撑将区块链升级至2.0版本，向金融领域进一步拓展，开发了"智慧合约"功能。也即满足合约预先设定的条件即可依据智慧合约内容自动执行，区块链相对于金融场景有强大的天生优势，进一步提高了资源的利用效率，拓宽了金融交易的新模式，以太坊社群是其主要典型代表。区块链3.0版本将技术应用场景范围进一步延伸拓展至非金融领域，能够满足更加复杂的商业逻辑，尝试在司法实务中的电子证据留存、司法公

---

① 新华社：《中华人民共和国国民经济和社会发展第十四个五年规划和2035年远景目标纲要》，2021年3月13日，http：//www.xinhuanet.com/mrdx/2021-03/13/c_139807377.htm。

② 中国信息通信研究院：《区块链白皮书（2019年）》，2019年11月，http：//www.trustedblockchain.cn/#/result/result/resultDetail/59e4d91253064c4995727f7e11192875/0。

③ 哈希（Hash）函数，是一种可以将任意长度的输入数据通过散列算法变换成固定长度的输出数据的函数，在区块链技术中应用的哈希函数，可以将任意输入的数据转化为256位的二进制数代码。同时，函数中输入值发生任意变化（即使是加了一个标点符号），都会导致输出值（区块的哈希值）发生巨大的变化。区块链技术的巧妙之处在于将上一个区块的输出值（区块的哈希值）放在下一个区块的输入值（数据块）之中。因此，当区块固定在链上之后，上一个区块的输入值（数据块）发生变化导致其输出值（哈希值）变化，会与下一个区块的输入值（数据块）无法对应从而导致无法验证，并通过此项技术找出数据被篡改的区块。

证、医疗大数据共享服务以及物联网等诸多领域拓展。

（二）区块链技术的特点

区块链技术之所以成为新型信息技术的焦点，从交易手段一步步爬升至社会生活及国家治理层面，与依托区块链技术应用原理产生的技术特点一脉相通。首先是去中心化，也即中心自由，这是区块链技术的核心特点。去中心化是针对中心化而言的新型网络内容生产过程，其内容生产过程中并不存在依靠一个节点单一决策的情形，而是每个节点都享有高度自治。区块链技术正是利用去中心化的分布式共识机制，通过所有节点对区块信息进行验证和处理，确保数据区块的传递和节点留存备份的数据准确性及安全性。其次是不可篡改性。通过采用"链式数据结构+分布式节点"的双重技术手段[1]，区块内数据具备了不可篡改性的特点。链式数据结构能够确保区块信息的真实性和完整性，而分布式节点则可以有效地避免信息交互过程中的伪造和篡改情况，进一步强化了所有数据区块内的信息真实性和可信度。对个别节点的数据的篡改、攻击不会影响全网总数据的安全性。再次，区块链技术具备可追溯性特点。区块内的数据信息是不可删除的，并且通过时间戳的技术手段，可以确保区块内信息的内容、记录时间、变动内容以及变动时间等信息都能被准确记录下来，确保其可被追溯、审查。最后，采用非对称加密算法、散列加密等统一的密码学技术及对程序、规则、节点公开的网络运行程序保证区块链内部信息有所查证，具有公开透明性。

（三）区块链技术的价值

在法学上，中国市场经济的本质是法治经济，诚信原则是民商事交易的"帝王条款"；在经济学上，市场经济的发展依靠信用进行有序的市场交换和资源合理配置，足以可见"信用"始终是市场经济蓬勃发

---

[1] 袁勇、王飞跃：《区块链技术发展现状与展望》，《自动化学报》2016 年第 4 期。

展的核心。民事主体为防范信用欺诈行为绞尽脑汁，采用各种法律或非法律途径维护自身权益，将"信用"实现最大化。同时，为防止信用度降低，公权力制定越来越多、愈加复杂的法律，并辅以执法、司法以求在实践中真正适用。这背后面临的是社会治理信用欺诈行为成本的不断上升。数字市场经济的时代，若一直希冀通过培养法治观念、增强法律治理手段的方式蓬勃发展市场经济，实在是举步维艰。在技术与法律的争端中，与其防止技术产生的信任危机，不如充分发挥技术的信任能动作用，实现在"信任"上新的价值突破。区块链技术正是一项颠覆传统信任模式的新型信息技术。从技术特点角度考虑，"去中心化"信用模式的建立是对意思自治最大的实现，用各个区块及其链条及链上分布式节点代替对中心化的依赖，建立强劲的信任关系，避免了人为干预情形发生。区块链技术支撑的信用是纯数学方法建立各方的信任关系，运用所有节点通过"全网记账"方式可以迅速建立全球的信用，也能自动剔除虚假信息和欺诈信息。①

除此之外，区块链技术的信任价值对共享价值、高效价值及资产可数据化价值的实现起到辐射带动作用。共享经济是数字经济时代经济发展的助推器，知识产权作为垄断性权利，本质是全人类的智力劳动成果，去中心化打破了公众对于数据安全性和准确性的焦虑和疑惑，实现了个体权利与公共权利的统一，对世界知识产权的整体发展起到推动作用，具有共享意义。同时，交易活动需要保障效率，区块链的智能合约技术可以实现信任与效率的统一。知识产权的许可、转让等交易行为可以通过创建智能合约方式进行，一旦内含合同条款的代码达成一致，即可签署协议。最后，区块链技术的信任是保障知识产权资产可数据化价值实现的前提和基础。以比特币应用场景为例，可将知识产权一切资产编程转化为其他应用形式，实现知识产权的登记、确权及转移，这对著

---

① 冯文芳、申风平：《区块链：对传统金融的颠覆》，《甘肃社会科学》2017年第5期。

作权数字出版具有非同寻常的意义。

二 区块链技术与知识产权的关系

（一）区块链技术与知识产权紧密联系

短短数十年，区块链技术从最初的货币领域的应用跨越到知识产权保护，除了在区块链技术高度信任的基础上，背后是知识产权客体和区块链技术构成的高度适配——信息。知识产权作为无形性的财产权利，本就是一种信息产权，而在数字化时代的今天，数字知识产权将转化成数字信息出现。区块链技术是将二进制的数字利用现代密码学技术上链保护，具有的四大特征便与知识产权制度存在天然的联系。区块链技术作为保护工具，一方面可以保障区块链中知识产权权利信息的真实性和可信性，另一方面对后续知识产权的权利救济提供可信证据。因此，在知识产权和区块链技术上建立联系变得顺其自然。

（二）区块链技术在知识产权运用中具有重大意义

区块链技术有益于知识产权自身创新及发展。知识产权的创新发展依赖于全世界劳动者的不断创新。作为一项崭新的技术创新手段，区块链技术成为数字知识产权进一步发展的助推剂。其具有的不可篡改、公开透明、去中心化等优点与知识产权保护私权及公共利益繁荣的价值目标完美契合，对数字知识产权的产生、流转和保护提供了新的发展途径。一直以来，如何应对信任缺失始终是知识产权在寻求公私利益平衡道路中面临的难题，区块链所搭建的分布式协同的关键性底层基础，减少了知识产权人对信任的焦虑情绪，促进经济数字化发展的同时催生出更多造福全人类的智力劳动成果，蕴含着巨大的创新价值。

区块链技术有助于推动知识产权交易经济蓬勃发展。区块链最初应用范围就集中在货币领域，经过短短十几年的发展，已经从单一货币领域向金融领域及非金融领域迈进，在催生市场经济发展上具有强大生命力，在其中，智能合约技术始终是区块链组成不可分割的一部分。"智慧合约"又称"智能合约",它的应用颠覆性地改变了传统烦琐的知识产权交易程序,在信任的基础上授权嵌入智能合约系统对数字知识产权快速确权,实现交易的自动化执行。传统的在何时、何地与何人进行何种方式的交易都被打破,只需通过对预设条件检索即可实现合同的执行。作为一种新型交易模式,区块链技术在知识产权中的应用在保障交易安全的情况下无疑促进了交易的频率,推动经济的创新发展。

区块链技术有助于知识产权数字保护模式构建。实现知识产权良性保护,事前规制与事后防范都值得关注。通过区块链技术可以搭建知识产权数字保护平台,既实现确权,又保障维权。以著作权为例,相较于传统的版权等级制度,利用区块链技术特有时间戳、分布式节点等诸多功能可以简化版权保护的流程且保障权利的完整性和不可逆性。此外,维权成本高、难度大始终是解决知识产权保护问题的难题,而区块链的算法加密技术可以轻松实现证据固定,为知识产权维权提供权利生成、权利交易等相应的时间点,无论是在权利确认或是侵权证明上都有一定帮助作用。

(三)区块链技术知识产权保护的政策导向与实践需要

1. 政策导向

区块链技术的应用呈现井喷式增长态势,世界各国逐渐意识到区块链技术作为新型信息技术的变革力量,纷纷进行鼓励性政策引导与法律监管并行的规制路径。区块链是比特币的底层技术,我国政府出台的区块链相关政策始于比特币等虚拟货币监管。[①] 从2020年区块链技术被正式列入"新基建"范围之内起,政策导向性越来越强,全国各省份都将区块链技术发展列入省市年度发展规划当中,这意味着区块链技术的普适性正不断增强,"区块链+X"发展成为大势所趋。

---

① 杜敏瑞:《区块链政策实施对公司业绩的影响研究——以嘉楠科技为例》,硕士学位论文,云南财经大学,2021年。

第四章 区块链知识产权保护

表1　　　国家层面区块链知识产权相关政策及规范性文件

发布时间	发布单位	政策文件	主要内容
2016年10月	中国工业和信息化部	《中国区块链技术和应用发展白皮书（2016）》	总结了区块链发展现状和趋势，分析了关键核心技术及典型应用场景，提出了我国区块链技术发展路线图和标准化路线图
2018年5月	中国工业和信息化部	《2018中国区块链产业白皮书》	深入分析我国区块链技术产业发展现状，总结了发展特点，深入阐述了区块链在金融领域和实体经济的应用落地情况，并对产业发展趋势进行了展望
2018年9月	最高人民法院	《关于互联网法院审理案件若干问题的规定》	当事人提交的电子数据，通过电子签名、可信时间戳、哈希值校验、区块链等证据收集、固定和防篡改的技术手段或者通过电子取证存证平台认证，能够证明其真实性的，互联网法院应当确认。首次认定链上数据可以作为司法采信的依据
2019年11月	中共中央办公厅、国务院办公厅	《关于强化知识产权保护的意见》	强化制度约束，确立知识产权严保护政策导向，加强公证电子存证技术推广应用
2020年8月	最高人民法院	《关于加强著作权和与著作权有关的权利保护的意见（征求意见稿）》	支持当事人通过区块链、时间戳等方式保存、固定和提交证据，有效解决知识产权权利人举证难问题
2020年8月	中国工业和信息化部	《关于开展2020年网络安全技术应用试点示范工作的通知》	结合供应链管理、电子交易、数字版权、保险、社会救助等区块链技术典型应用场景网络安全需求，在身份验证、安全存储、存证取证、数据共享流通等方面寻求安全的解决方案
2020年12月	中国信息通信研究院等	《区块链创新与知识产权发展白皮书（2020）》	就区块链创新态势看，全球专利、论文和科研项目数量迅速攀升，布局地域不断拓展，整个区块链的技术生命周期处于蓬勃发展的初期，势头良好且易于吸引投资
2021年5月	最高人民法院	《人民法院在线诉讼规则》	确定了区块链存证效力范围和审查标准。确认了区块链存储数据具有推定上链后未经篡改的效力，并分别明确了上链后数据真实性和上链前数据真实性的审查认定规则。首次对区块链存储数据的真实性认定作出规则指引

续表

发布时间	发布单位	政策文件	主要内容
2021年6月	国家版权局	《中国网络版权产业发展报告（2020）》	区块链等前沿技术可为解决版权纠纷痛点提供技术支撑，助力版权产业高质量发展
2021年12月	中国信息通信研究院	《区块链白皮书（2021）》	区块链应用模式的链上存证类刚需场景包含公证、电子存证、版权确权。司法证据上链进度加快，可信存证助力法治中国建设

有法可依，是区块链技术赋能知识产权保护的有力支撑。由表1可知，当前共有十部国家层面的政策性文件及规范性文件涉及区块链在知识产权领域的应用。从其内容上看，政策性文件主要肯定了区块链技术在司法公证、版权确权、电子存证上的积极作用，发挥了区块链由单一发展移转至"区块链+知识产权"的引导作用①。在规范性文件上，区块链技术赋能知识产权保护的功能价值更加明确、具体。2018年发布并施行的《关于互联网法院审理案件若干问题的规定》首次以法律规定的形式认定链上数据可以作为司法证据被采信，这是区块链技术应用在知识产权侵权救济上的法定依据。随后，在最高人民法院发布的《关于加强著作权和著作权有关的权利保护的意见（征求意见稿）》中，明确提出可以将区块链技术应用在知识产权权利人举证困难问题当中。除此之外，还有《人民法院在线诉讼规则》对区块链数据的真实性予以确认，为举证难题破解打开了新的思路。

2. 实践需要

充分发挥区块链技术在知识产权保护中的作用，实现双向赋能，实践需求有三，主要表现在以下几个方面：

一是从技术的发展需要制度构建的完善角度考量。基于区块链和知识产权在客体表现上的一致性，两者属于相互促进、交互发展的关系。

---

① 李耀东、李钧著：《互联网金融》，电子工业出版社2014年出版。

区块链技术可以为知识产权保护提供强有力的技术手段，知识产权制度的完善和发展也能为区块链技术创新提供强有力的制度支撑。若想实现知识产权治理与区块链技术"双赢"局面，需要实现技术与法律统一配合。在实践中，一方面，需要注重加强区块链技术在知识产权保护角度发展的基础理论和标准体系研究，制定专门法律法规，为新技术的应用和发展提供指引；另一方面，需要着重区块链技术和法律的结合问题，深入思考区块链技术在现代知识产权保护领域的应用难题，探索其潜在的解决方案和优势，尝试用制定相关规范性文件的方式加快区块链技术落地转化。在目前实践中，已有北京、上海等市发布相关产业促进条例试图实现通过保护区块链技术以期达到反哺知识产权保护的目的。

二是从技术应用落地角度考量。区块链赋能知识产权保护现如今存在些许现实困境。自2019年11月以来，区块链技术的应用领域主要集中在货币交易、金融、医疗、智慧城市以及智慧政务等涉及民生领域的垂直行业，能够落地转化的项目主要集中在金融及智慧政务领域，区块链技术赋能知识产权保护技术落地应用还存在于设想阶段。区块链技术在知识产权的权利认定、授权、流转、变现等应用可能存在巨大潜力尚未被发掘。针对此种情况，一方面需要给技术发展留出充足的时间和空间，另一方面，复杂的技术表现形式还需要法律的细化。例如，针对智能合约系统，它作为区块链技术的一大特色，依托智能合约签订的相关条款能否被法律认可，具有法律上的约束力，又该如何对加密合约进行监管，亟待公权力机关采取行动，制定一套统一的行业标准，完善相关法律法规，发布具有吸引力和可控性的具体政策。

三是从应对区块链复杂技术的制度约束和控制角度考量。分散的技术和分散的法律形成了冲突。区块链技术无中心，通过其去中心化特征，有效避免了由于人为原因导致的效率降低，以及传统的中央瘫痪导致的整个体系的混乱，从而实现了稳定、高效的运行。区块链的可控特性导致产业内部鱼龙混杂，"去中心化""智能合约"等以其为荣，容易出现目标偏离、安全隐患等问题。这就要求政府采取更为灵活的政策管制手段,既要规范技术的发展,又要强化对区块链、智能合约等应用的监管。但是,分散的技术和集权化的法律是相互冲突的。区块链无中心化,既可以避免因人为而导致的效率降低,也可以避免因中央瘫痪而导致的整体无序,从而确保整体的稳定与高效率运行。此外,去中心化还可以发挥积极作用,优化当前制度的资源并提升管控效率。而去中心化代表着解决多方信任问题的途径主要是通过算法和激励机制,缺少强有力的规制主体,若没有第三方规制机构参与,存在较大风险。[1] 因此,不仅需要制度化规则设计过滤对秩序可能产生的负面影响,同时,也需要在司法的过程中,为纠纷的多元解决保证必要的制度空间,以此防止规则异化。[2]

三 区块链技术在知识产权保护中的作用

区块链技术赋能知识产权保护的一切可能作用均围绕区块链的技术特点展开。区块链与知识产权在客体也即信息表现上呈现的一致性是区块链与知识产权保护最浅显的联结点,也是设想区块链赋能知识产权保护的开端。在后续应用环节中,信任成为区块链赋能知识产权保护的终端。从底层剖析,权利风险主要集中在确权和侵权领域,知识产权权利也不例外。区块链技术的去中心化打破了信息领域的"一言堂",以实现自治自由的方式保证了信息的真实,为制度信任技术提供了可能;可追溯性保证了权利交易的记录与追溯,为推动知识产权流转提供了新途径;公开透明性以新一代密码技术将知识产权权利人对区块链技术的信任提高到新的高度,任何信息都可被安全地公开查验;不可篡改性通过链式数据结构和分布式共识节点的双重防护保障权利的真实性和准确性。在具体操作层面,区块链上述四个特征使区块链技术在知识产权保

---

[1] 程雪军:《区块链技术规制的国际经验与中国策略》,《中国流通经济》2021年第3期。
[2] 沃耘:《民事私力救济的边界及其制度重建》,《中国法学》2013年第5期。

第四章 区块链知识产权保护

护中具有确权与证明作用,能够很好地应对知识产权确权和侵权风险证明问题,特别是在著作权、专利权和商标权领域,对知识产权制度的完善和发展都具有一定的积极意义。

（一）区块链技术具有对知识产权确权的帮助作用

1. 区块链技术在著作权确权中的帮助作用

根据我国法律规定,作品一经创作完成即可获得版权。互联网时代,作品创作信息可以被随意更改,同时,一件数字版权作品经过成千上万次转发后很难再溯其权利源头,在著作权权利难以被保证的数字版权时代,利用区块链技术可以保障区块链内部著作权相关信息的真实可信,帮助解决著作权确权困惑。

"作品创作完成便即刻取得著作权"的权利确定方式是目前世界上绝大多数国家采用的著作权权利确定规则。这实际与当时创作作品的创作难度、流通程度及技术手段等诸多因素分割不开。在公共智力成果和著作权人个人利益的综合考虑下,现代著作权法律制度当中继承了先前著作权法的精神,在非网络时代这项规定也符合时代发展规律。但互联网革命浪潮来袭后,作品逐渐由实物信息载体(如手稿、底片)转化为二进制代码,这一转变大大加强了作品可复制性的效率。同时,互联网渗透进个人生活意味着传播速度的提升以及传播范围的扩大,纷繁复杂的转发行为使得"孤儿作品"[①]及"权利盗取"等情形不断发生,权利人也面临着高额的维权成本。此外,"权利管理信息"登记系统并不能完全解决著作权权利确定问题,对专业人员而言,删除著作权人的权利管理信息并非难事,在实践中便很难确定真实著作权人,实则是"防君子不防小人"。

数字版权时代区块链面临的以上问题都可以用区块链技术解决。

[①] "孤儿作品"是指经过尽力查找,仍无法找到著作权人的作品。我国引入"孤儿作品"制度,规定不经著作权人许可而利用"孤儿作品"的条件,有利于实现"孤儿作品"的社会价值。

首先，区块链技术将存储在区块内部的著作权权利信息通过去中心化方式储存，保证区块上载信息的真实性。并且，区块链内的信息将通过加盖时间戳的方式保留每一条变动记录，此变动记录并不等同于对传统二进制数字代码的删除，而是通过叠加新记录的方式存储在区块内部。当著作权人某一财产权利失效时，区块链系统内部并不会将此条信息删除，而是增加一条"著作权人财产权利失效"的信息更改权利状态。具体来说，区块链技术对知识产权的确权帮助作用集中在权利原始取得和继受取得两方面。在权利原始取得上，著作权人可以自我决定是否将作品上链进行存储、交易。一旦作品信息被保留在区块内，将被自动加盖不可更改的时间戳，其意义在于时间戳所记录时间可以推定为著作权权利生成时间，有效对抗民事主体之间的权利之争。在权利继受取得上，分布式节点的共识验证可以保证链上数据的一致性。换句话说，当某一节点收到某条著作权权利转让的交易信息时，将会自动向其他所有节点寻求交易验证，在技术领域保证著作权交易行为的安全。由此可见，区块链技术在静态和动态上都能实现对著作权的保护，具有一定积极作用。

2. 区块链技术对专利的确权帮助作用

任何一项知识产权制度终极目的都是实现公共利益的维护，专利制度也不例外。专利通过技术公开换取垄断性权利。确定一项发明、实用新型或外观设计能够享有专利专有性权利，需要由专门机构与现有技术做比对，满足实用性、新颖性和创造性三个条件。专利制度并不是不限空间的保护制度，具有很强的地域性，在专利确权审查上有绝对标准和相对标准之分，两者以国内外公开区域范围的不同为划分标准。我国专利制度以公开方式的不同对地区审查标准作出了不同的规定，以书面方式公开的发明创造采用绝对世界性地区标准，也即绝对标准。而在以使用或以其他方式公开的发明创造上采用本国地区标准，也即相对标准。由此给专门机构带来的困扰是如何针对书面公开的技术在全世界范围内进行比对。当前专利审查机构及制度建设下，统一的专利文献检索库在世界范围内尚未建立，若想审查某一项发明创造是否满足专利制度所要求的三个条件，仍需要在世界范围内进行检索。在文件检索、语言翻译等事项上效率低下，将会耗费巨大的人力和物力，数据不同步导致的检索遗漏现象也时有发生，专利确权审查难题需要解决。

可以看到，倘若存在一个全球共享的专利文献数据库对于专利审查而言具有一定帮助作用。打造全球统一的专利文献数据库，难度不在于汇总各国专利申请数据，而在于打破国家间的信任壁垒。然而，区块链技术具有的去中心化特征实际使此难题迎刃而解。去中心化保证每一个专利文献库的节点具有同等地位，储存一整套区块链数据，打消各个国家之间对技术泄露的顾虑。同时，通过分布式共识这一原则还能确保作为节点的各个国家的专利文献数据库能够同步更新，避免更新延迟或遗漏检索现象的发生。这种机制不仅增强了区块链系统的可靠性和透明度，也避免了专利文献数据库更新不及时或重复更新的问题。通过协作和共享数据达成一致，从而实现更加高效和精准的专利文献数据库更新。这一机制不仅可以提高专利检索的准确性和效率，还可以促进知识产权保护和创新的发展。

此外，新一代密码保护技术进一步保证了专利文献数据的公开透明性，各个国家都可以对文献数据进行检索、查验，并且无法更改，进一步发挥了区块链技术在专利确权领域的应用。

3. 区块链技术对商标的确权帮助作用

商标确权制度与专利确权制度相同，都需要公权力的介入。早在中世纪的欧洲，商贸经济发达，各个行业为了维护各自行业协会的名誉，保证产品质量，强制规定在商品上设置特定标注，这是商标诞生的源头。随着商品经济进一步发展，这种商品上的特定标注逐渐孕育了识别商品或服务来源的功能，并逐渐成为商业共识。如今多数国家对于商标的确权都采取了注册取得的方式，这是受技术手段、社会成本等诸多因素影响，基于商标权利稳定以及商标确权效率所考虑的。洛克认为："每个人只要使自然状态中的任何东西脱离其原初状态，那他就掺进了他的劳动，从而成为得以排除他人主张的自己的财产。每个人的劳动绝对地为自己所有，于是经由劳动使其增益的东西便成为自己的所有物，从而享有对其的财产性权利。"[①] 商标也是如此，商标实则是商户在长久的精心经营下凝练出的标志，商标权利的来源不在于那些自然界已经存在的符号，而在于人们为了获得附着在商标符号上的商誉所付出的劳动。[②] 商标的使用取得和注册取得各有利弊，注册取得提升了商标确权的效率，保证了法律的稳定性；使用取得更看重商标的使用价值与形成价值，实际应用更贴合市场经济的需要。当前采取的注册取得无非是受技术手段诸多因素影响下的结果，在区块链技术蓬勃发展的今天，这意味着商标使用权制度有现实可行路径。

区块链技术帮助调整商标权确权方式主要在于以下三点：一是公开提供商标公共信息。受信任于区块链技术的公开透明性和可追溯性技术特征，区块链技术强大的存储能力可以记录商标的最先使用时间、使用范围以及使用持续时间等数据。任何人都可对商标相关信息进行查验，且不用担心数据造假、修改数据以及窃取数据等行为。二是辅助明确商标最先使用时间。如著作权确权一般，存储在区块链内部的商业标志数据及其加盖的时间戳将以高度保密、不可篡改的储存方式记录在区块链内部，商标使用者在使用过程中全程无忧。三是确保商标转让信息记录明确。商标权利转让是纷繁复杂的商事交易活动的重要组成部分，然而实践中材料丢失、时间模糊、当事人掣肘严重影响了商标权利转让。倘若引入区块链技术，采用分布式节点共识验证的方式即可有效追溯商标权利转让信息，保证商标权利交易安全。

---

① ［美］洛克：《政府论》（下篇），叶启芳、瞿菊农译，商务印书馆1995年版，第21页。

② 黄武双、邱思宇：《论区块链技术在知识产权保护中的作用》，《南昌大学学报》（人文社会科学版）2020年第2期。

第四章　区块链知识产权保护

（二）区块链技术对知识产权的侵权证明作用

区块链技术除了在确权上发挥技术作用，还能为知识产权的侵权证明起到一定积极效用。现如今，区块链技术对知识产权的侵权证明作用主要集中在版权及商标领域，对专利侵权的证明功能尚未被开发。这是由于专利技术的复杂性和现实存在所考虑的，一般来说，审查专利侵权行为需要认定"实行的行为使用了他人的专利"，无论是发明，还是实用新型，抑或是外观设计，都发生在真实世界当中，区块链技术所存在的互联网领域并不是能够确定专利侵权的存在场景，故而当下区块链技术还难以为专利权的侵权提供重要证明作用。

1. 区块链技术对版权的侵权证明作用

现如今，已有相关法律文件出台肯定区块链技术在司法证据留存中的积极作用。区块链技术可以将互联网电子证据予以固定，为数字版权时代的侵权行为提供可信依据。主要表现在以下两个方面：

一是区块链技术可追溯性带来的追溯功能助力侵权行为。在我国《民事诉讼法》中，起诉要求具有"明确的被告"。互联网环境下的数字版权侵权行为以计算机存储的二进制代码作为主要系统，多数情况下，普通人对数字版权的侵权人无从知晓，侵权人无法知悉意味着无法进入救济的开端，权利救济将无路可走。同时，技术人员利用自身专业优势对作品内容进行修改，一边享受着互联网给予的巨额利益，同时隐藏在网络背后难以被追踪。倘若能动运用区块链技术的特征，将侵权行为的传动状态锁定在区块链数据库当中，技术的防控大幅度降低了侵权者侵权可能性，并且极易锁定被告身份，使著作权权利人获得司法救济。从维权成本角度来看，区块链技术能够大幅度降低维权人的维权成本，保护著作权人的合法权益。

二是区块链技术高强信任度带来的数字证据固定功能。基于现存互联网信息一体化平台，区块链技术可以助力著作权侵权案件的证据留存。《民事诉讼法》所规定的"谁主张、谁举证"的民事诉讼规则[1]要求著作权人有义务对被诉人侵权事实进行举证，现实生活中，著作权纠纷案件败诉多败于证据的留存和固定，一件数字版权作品经过成百上千次转发后，侵权证据繁多，举证中极易产生披露问题。例如，诉讼中，著作权人往往采用截屏、录屏等方式固定侵权行为，交由公证机关公证。然而事实上，电子证据具有极易可能被删除的可能性，一旦进入到公证程序当中，虽然具有高度证明力，但公证给予当事人带来的是较高的时间成本和金钱成本，倘若每次诉讼案件都需要公证，对著作权权利人来说压力过大。基于区块链的技术特征，数据区块的内容不可随意修改，且单个存储节点的任何突发状况不会影响数据的真实性和可靠性。[2]司法实践中，已有法院将区块链技术存储的证据认定为是电子数据，具有一定实践依据。更重要的是，相较于高额高耗时的公证程序来说，使用区块链技术降低维权成本，对著作权权利的长远发展有重大意义。

2. 区块链技术对商标的侵权证明作用

传统商标一旦转化为数字商标入网以后，所面临的侵权风险不断增多，侵权难度进一步降低，侵权证据极易被抹除。现实生活当中，许多商标侵权人利用商标入网的便利方式进行侵权行为，淘宝、拼多多等电子购物平台帮助侵权行为屡见不鲜，并且其侵权源头往往难以被溯及。可以利用区块链技术可追溯性及不可篡改性的技术特征帮助解决商标侵权追溯难的困惑。在商标入网时增加进入区块链技术的前置环节，利用哈希值比对方式与现有商标进行比对，切断侵权来源的可能性。在区块

---

[1] 《民事诉讼法》第六十七条：当事人对自己提出的主张，有责任提供证据。

当事人及其诉讼代理人因客观原因不能自行收集的证据，或者人民法院认为审理案件需要的证据，人民法院应当调查收集。

人民法院应当按照法定程序，全面地、客观地审查核实证据。

[2] 夏朝羡：《区块链技术视角下网络版权保护问题研究》，《电子知识产权》2018年第11期。

链网络平台中,商标侵权信息将牢固地被存储在区块范围内,并且由时间戳记录商标侵权实施行为。权利人可以通过极易简便的检索方式在区块链中找到侵权证据,再基于不可篡改性的技术特征保证证据的真实性和可信任性,能够在诉讼中作为证据使用。

除了追溯侵权行为、固定证据外,3.0时代的区块链技术所拥有的广阔的技术前景或许可以推动"区块链+物流网络"的发展模式助益商标侵权目标证据的寻找。使用物流溯源,可以将侵权商标商品的生产、加工、运输、流通等环节上链存储,进行严格追踪,及时发现侵权行为并做出预警,同时也可以帮助解决司法实践中认定商标侵权损失难以解决的问题。

第二节 区块链知识产权保护的风险规制

一 区块链知识产权保护风险挑战

(一)区块链自身风险

1. 智能合约存在安全漏洞

共识机制、智能合约、区块链交易平台以及用户自身安全事件是区块链极易产生安全漏洞的四个领域,其中智能合约漏洞将会造成最大损失。传统民事活动中,符合法律规定的前提下双方当事人意思表示达成一致即可进行交易,信息时代大背景下彻底更改了传统合同法定构成要素的合约情形,传统合同构造形态不复存在,现有法律体系难以对其进行认定,法理与技术之间的冲突正渐渐浮现。不可修改是智能合约的最大特征,然而交易活动往往具有复杂性和反复性,智能合约的重新编辑不仅仅是金钱的损失,更是信誉、时间的损失。

现实应用情况下,区块链技术往往缺乏核查和修复机制,存在技术结构性安全漏洞。The DAO 众筹、美链 BEC 或以太坊的智能合约中都曾发生巨大安全漏洞，出现巨额财产被非法移转的恶劣事件。智能合约当前正面临双重难题，一方面是目前尚未有法律付诸实践，《区块链信息服务管理规定》中提出的"技术方案应当符合国家相关技术标准规范"尚未有详细规定出台；另一方面是信息公开程度难以把控，信息公布将对用户造成数据安全不利。不公布将会加剧黑客攻击情形的产生。

2. 区块链信息技术权利的滥用风险

技术滥用始终是现代新兴技术发展需要应对的首要难题。理想状态下区块链技术在知识产权领域的应用可以体现在证据留存、版权证明、数字交易等多个方面，然而由于缺乏法律法规的规制，技术极易在利益驱使下呈现出反噬形态，成为黑恶势力地下活动空间，进行赌博、洗钱和毒品交易，危及国家安全和社会公众安全。区块链最引以为傲的功能便是匿名性，尽管《区块链信息服务管理规定》已经对利用区块链信息服务从事危害国家安全、扰乱社会秩序的行为明令禁止，但匿名状态下国家有关部门很难追踪到真正责任主体。同时，区块链技术加大知识产权暗网交易趋势，"异型网络犯罪"趋势明显，对知识产权保护带来新的冲击。暗网交易可以完全摆脱中心化的传统金融监管机构，实现集封闭、不受实体控制和追踪、线下同步交易于一体的独立完整的网络系统。[①] 这意味着不法之徒将借区块链技术优势规避传统法律制度，对知识产权的打击难度将进一步加大，也不利于区块链技术自身的蓬勃发展。

（二）区块链知识产权法律风险

1. 知识产权抢注风险

区块链技术的过度公开透明性将引发知识产权风险。区块链技术的运行逻辑是将存储数据的区块和链式结构结合，并运用时间戳及现代密

---

① 金璐：《规则与技术之间：区块链技术应用风险研判与法律规制》，《法学杂志》2020年第7期。

码学技术保证记录数据上链及区块形成时间不可更改。一般规制下，时间戳技术认为首个对链内数据进行访问的用户就是原创者，这一技术特点实质暴露出区块链技术在知识产权领域可能产生的抢注风险。时间戳技术的弊端在于只能证明数据上链时间，但对上链前数据权利人对知识产权权利享有的真实性和准确性实际无法保证。当前区块链技术的主要功能还是在于由时间戳记录数据上链的具体时间及后续访客的相关行为。时间戳虽能保证每一条访问记录可以被准确记录，但首次访问人即为知识产权权利人的规则设置过于绝对和刻板，若知识产权权利人没有诉求传统版权登记方式确定权利或提供原创性的证据，则难以证明自身身份，反而极易会被有心人恶意利用，出现知识产权抢注现象，区块链时间戳技术漏洞的本质是"防君子不防小人"。

2. 知识产权虚假风险

基于区块链技术的共识机制存在着因节点数目不够而无法发挥作用等问题，从而影响到数字版权的数字化进程，造成虚假信息上传等风险，直接关系到数字版权存证的真实性与安全性。在以链条链为基础的数字资产化过程中，必须依靠区块链节点的输入才能得到数字成果。然而，目前的区块链技术仅依赖于单个节点的输入，因此存在着大量的错误或伪造数据等问题。另外，在上链生成数字资产前，缺少对其真伪、合法性进行有效认证的技术手段，致使其存在不可信任的风险。区块链技术与机制的特点决定了它仅能保证上链后的数据具有可追踪性与不可篡改性，而不能保证上链前的数据真伪。这就使得虚假知识产权信息大量存在。

3. 知识产权侵权风险

除了知识产权抢注风险及虚假知识产权风险外，区块链技术还极易引发知识产权侵权现象。互联网时代知识产权正遭受着比以往更加严重的冲击，数字内容传播与共享的同时正使得复制与抄袭现象加剧。在侵害著作权纠纷案中，法院在判定作品是否构成侵权时，通常要对作品间是否构成实质性相似进行认定，而认定会受作品类型、受众感知以及法官能力等因素的影响。[①] 然而问题是，当知识产权由一个个实体性劳动智力成果转化为数字代码时，应该如何定义实质性相似。当链上数据转移为一个个冰冷的字母或数字时，也即意味着链上数据不再具备展现人独立思考的能力，也便不具备审查知识产权实质性相似的功能。当区块链技术被滥用，盗用者只需对数据稍加更改即可躲避系统比对，作为新数据上链。这是因为区块链是通过分析数据的哈希数值判断上链内容是否存在相似性，即只有当两个知识产权信息对应的哈希数值完全相同时才会被认定是对某一知识产权内容的复制[②]，因此在缺乏有效监管的情况下，将会导致区块链技术成为不法分子从事知识产权侵权行为的工具。

二 区块链知识产权风险规制的治理逻辑

纷繁复杂的互联网形态下，法治既需要解决区块链技术应用存在的全新突出问题，也需防范传统问题的升级演变。区块链技术的出现显然已为亟待法律回应和调整的知识产权保护法治化实现提供了新的救济思路，在司法存证、产权交易等诸多领域发挥了积极的能动作用，但在此过程中依旧附带性地催生了老问题的演化升级，其中最典型的就是区块链技术完全共享式账本应用将传统网络领域的用户隐私风险隐患进一步提升。知识产权权利交易是全球知识产权流动的基础和前提，是抢占技术领先地位，腾飞全球经济的财富密码，对国家安全和社会公共利益都有主要目的。完全共享式账本的应用消解了知识产权交易者的"信任"和"诚实"疑虑，但过度开放的信息形态仍然植根于新兴技术架构特征当中。2019年"MIT比特币世博会"现

[①] 李佳梅、杜梅：《"实质性相似加接触"是判定作品侵权的核心标准》，2015年2月11日，https://www.chinacourt.org/article/detail/2015/02/id/1554526.shtml。

[②] 夏朝羡：《区块链技术视角下网络版权保护问题研究》，《电子知识产权》2018年第11期。

场向公众展示了物理密钥窃取区块链内部数字资产、交易信息的全部过程，展现了技术之外还有技术的现实景象。此外，老问题的升级催生新问题的出现，去中心化、分布式共享账本、高公开透明性等特征加速知识产权交易过程，但技术带来的节点化和数据化在一定程度上磨灭了交易者的主体地位，以个人意思为核心的独立人格在技术应用过程中不断被湮没，权利义务形态也进一步模糊。对待因完全共享式账本、智能交易等新型问题产生的漏洞，以现有民法及知识产权领域相关法律应对难免力不从心。

从治理逻辑上看，单纯技术治理存在技术异化、利益阻碍等多种弊端，为此有必要引入第三方为区块链技术的治理提供更为宽广的通道，为知识产权应用及保护提供安全稳定的网络生态。有必要将区块链技术治理纳入法治化和规范化的轨道中，应用法治框架规制可能发生的诸多风险，攻克技术风险，使用法治提供新理念和新面向抵御可能发生的种种风险。

三　区块链知识产权风险规制的法治原则

原则相较于规则具有深层次、稳定性的特征，区块链技术是21世纪算法及代码领域新的突破性技术，区块链技术在知识产权领域的应用更是新技术应用更迭传统领域的一大突破，难免会产生不适现象，若将区块链技术带来的风险全部希冀于规则的制定及出台并不现实，为此需要从法治层面明确对其规制的基本原则，为区块链技术在知识产权领域的应用添砖加瓦。

1. 激励原则

刺激新技术的催生和发展，始终需要秉持激励态度，通过上层支撑充分发挥主体的能动性、积极性和创造性，在规范中予以激励，调动主体采取一系列措施，维护网络生态环境。在技术萌芽初期，区块链技术的研发与推广是重中之重，我国始终对此秉持着技术发展优先理念，但在风险规制上采取出现问题解决问题的应对思路，自上而下的规制模式，国家公权力干预过重。从法经济学角度分析，国家公权力干预过重将导致权力运作范围扩大化发展，随之而来的是被规制者动力不足，区块链若想在知识产权领域实现新的突破，有必要释放被规制对象的主观能动性，引入激励原则。一方面，要依靠激励原则对区块链技术在规定范围内秉持一定包容性，理解并提前考虑到其对伦理和道德、人文和品格领域将会产生的异化与激励；另一方面，要始终秉持经济至上理念，把握区块链技术的研发与推广时机，顺利实现技术向生产力转变的突破技术性难题。

2. 创新原则

新技术下的法律规制手段始终需要在技术和规制之间找到一个平衡点，既不能冒进同时也不能有损创新，秉持创新的法治原则或许可以给予区块链技术规制知识产权提供一定解决思路。应对区块链知识产权领域相关风险，法治原则上的创新主要是将关注重点瞄准在新问题上，是对治理方式的创新。在立法层面，区块链知识产权领域中，参与者的数目与作用日益凸显，因此，法律需要突破以往的立法框架，从区块链主体作为节点以及数据这一事实，对相关当事人的独立人格与法律主体地位进行重新界定，并创新区块链参与主体有关权利义务的内容。

3. 区别化原则

区别化原则是指面对新技术规制难题时，应从技术的种类、功能和作用等角度考虑不同程度或方式的法律规制手段，也即需要充分考虑到不同类型区块链系统在不同应用领域的特殊性，采取不同的方法和手段规制。现代区块链技术的应用领域规制，可以类比传统互联网时期技术规制的演进路线。从传统互联网时期技术规制手段的三阶层来看，技术规制主要呈现结构层面、功能层面和意识层面的金字塔样态。结构层面主要呈现在域名、IP地址的规制上；功能层面涉及技术所应用的各个领域带来的诸多问题，突出问题表现在隐私泄露之上；意识层面主要是从国家治理角度出发，防止恶意意识形态渗透及言论煽动等。技术规制从结构到功能，再到意识的更迭与互联网技术的步步发展相伴而生，逐渐发展。区块链技术从货币到非货币领域进而转向知识产权领域，其演进路径与互联网技术有异曲同工之妙，故而可以考虑从代码层、机制层、行为层等多个层面逐级治理，推动在知识产权领域的优化发展。

四　我国区块链知识产权风险规制路径选择

（一）规范知识产权保护标准

区块链技术结合人工智能、大数据、智能算法等新型技术正迸发出蓬勃活力，新业态下知识产权发展正面临前所未有的红利期。随着算法及代码的逐步开源，区块链技术正处于持续发展和创新突破期，面对新领域新技术，由此产生的知识产权权利主体、权利归属、权利使用及转让等问题亟待进行身份认证和权利认证。区块链数字算法和哈希值的出现将智力成果变换成冰冷的数字及字母，知识产权的保护标准，尤其是对智力成果独创性、创新性的审查，需要研发企业与政府部门共同协作、同步认定。此外，司法存证成为区块链技术解决知识产权纠纷的扩展领域，2018年最高人民法院发布《关于互联网法院审理案件若干问题的规定》肯定区块链存储数据的真实性，可以作为电子证据使用。北京互联网法院、上海互联网法院、广州互联网法院等法院已经建立了相关的平台，并将其发布，通过对电子存证、区块链数据的认可与接受，为解决知识产权纠纷案件的证据取证与认定提供了一条新的途径。但公权力机关始终未建立统一的电子证据规则，在新兴技术领域或引发权力与权利的掣肘现象，也即法官自由裁量权侵犯当事人质证权，损害当事人合法权益。

（二）促成代码与法律有机结合

区块链作为一项新的技术，已经被广泛地运用于社会和经济的各个领域。在使用区块链技术的过程中，如果有人故意规避法律责任，甚至是犯罪，那么，由国家监管部门通过立法来对其进行监督，这不仅可以体现出法律的权威，也可以维护社会经济秩序的稳定。区块链技术永不能逾越技术法律交叉的界限，突破维护社会公平、正义与秩序的刚性需要。但事实是区块链技术的出现，也暴露出了传统法律体系在程序性规则和滞后性上的缺陷。拟以创新技术为基础，突破传统法律体系中的程序性不足，实现基于源代码的在线交易解决方案，其目标与动机是值得肯定的。然而，当由代码脆弱性引发的自律约束机制引发除交易主体以外的第三人乃至公共利益受到损害时，由传统法律体系所体现的外在约束需要得到及时弥补。为了保障网络交易主体和第三人的正当权益与要求，公共权力机关必须介入网络交易主体间的行为。

（三）建立全局性的统一知识产权保护链

面对"创新是引领发展的第一动力而我国高新科技领域创新能力不足的现实国情"，习近平总书记提出"全面加强知识产权保护"，以激发全社会创新活力，促进国家高质量发展。实现"区块链+知识产权"应用新场域，应对新兴挑战，法治是其解决路径，为此有必要构建全局性的统一知识产权保护链条。在前端要着力打通知识产权登记、确权、交易和流转链条畅通，在后端需注重监管机构、司法机构、仲裁机构及行业间的协调配合，利用区块链技术实现知识产权的落地转化，促进知识产权转型升级。

第三节　区块链知识产权保护典型模式

一　区块链技术与数字版权保护

信息时代，最典型具备区块链技术应用可行性和必要性的领域是数字版权保护领域。当前，版权的数字化和网络化面临前所未有的挑战，亟待解决以下几个问题：一是传统确权方式费用高、周期长、程序复杂，权利人权益极易在权利登记过程中灭失。二是数字版权交易过度依赖中介平台，权利人收益过度被第三方机构获取，不利于著作权的长远发展。三是数字版权案件诉讼难度大，电子证据极易遭受毁损、灭失或篡改等情形，公证成本过高。区块链技术作为新兴前沿技术，目前已发展至3.0阶段，不断向知识产权保护领域进军。现实中，已有案件肯定区块链技术所储存证据作为"电子证据"使用。由此可见应用区块链技术探索数字版权具有一定现实依据和现实需要。

（一）区块链技术数字版权保护原理

从数字版权保护的核心可以对数字版权保护原理一探究竟，存证、确权、维权及交易始终是数字版权保护的重中之重。链式数据结构、加密算法、智能合约等技术在数字版权保护方面展现出了独特的优势。借助这种强大的区块链技术，我们可以建立一套完整且智能化的数字版权运维机制，从而进一步丰富智力成果的创造，保护著作权人权益。

1. 链式数据结构和加密算法

区块链技术依靠链式的数据结构和加密算法，可以很容易地完成对数字版权的登记和存储。把这些技术结合起来，就可以为版权请求权的保护奠定基础，给权利人提供初步的基础，也是在发生争议的时候，将这些证据转换成解决著作权问题的重要证据。区块链所采取的链式数据结构的最大特征在于采用多方参与维护的技术机制，每个网络节点都按照区块链式结构存储完整的区块数据，相邻区块还要通过随机生成的认证标记形成互证链接，从而确保版权信息登记在时间上的不可逆转性。[1] 在此基础上，采用具有高度安全性的哈希算法对作品进行加密，生成具有独特版权的数字DNA，并将其存储在区块链上。通过哈希值对数据进行快速的判别，确保数据的唯一性、完整性和防盗用性，实现多节点、多终端、多渠道的访问。

---

[1] 黄龙：《区块链数字版权保护：原理、机制与影响》，《出版广角》2018年第23期。

2. 智能合约

智能合约（Smartcontract）是部署在区块链系统上的计算机程序代码，一旦在数字作品文件中嵌入具有版权管理功能的智能合约程序，作品就变成一种可编程的数字化商品。使用链式数据结构和加密算法构建的数字版权注册和存储系统，不能作为著作权确权的依据。虽然该系统可以记录用户上传作品的行为并提供存储证明，但并不能反映上传作品与上传者之间的权属关系。

作为作品上传者的作者若想最大程度保障自己权益，在将来的诉讼中立于不败之地还需要通过著作权登记制度以证明版权的有效性。传统著作权权属的确权之路需要当事人准备各种材料，经过烦琐的检验程序，耗时较长，然而区块链所采用的智能合约技术可以实现对版权的智能监测和管理。从交易效率和利益最大化角度看，智能合约技术带来的自动化、智能化和透明化能够帮助原创者实现利益最大化。

（二）区块链技术数字版权领域的保护内容

数字著作权中的权利人需要通过技术控制解除他们的作品，技术保护措施和技术合同就是控制解除的第一步，最后才是侵权责任的追责。[1] 在技术和法律之争的现实下，区块链和法律融合，用技术创新促进确权及交易手段是大势所趋。总的来说，区块链技术在数字版权领域的实现与保护主要集中在著作人身权及著作财产权保护之中。

1. 著作人身权保护

（1）发表权

当前用户都采取隐藏身份的 ID（Identitydocument）或署假名的方式使用各大用户软件，用户实名注册并不属于使用者使用软件、登录网站的必备条件。大多用户通过短信验证的方式就可进入软件内部，多数

---

[1] William Cornish, *Intellectual Property*: Patents, Copyright, Trade mark sand Allied Rights, London: Sweet and Maxwell, 1999, p. 179.

用户往往著作权权利意识低下，在发布信息时不知不觉地成为著作权权利人。同时，网络用户服务者提供了一个可匿名的网络环境鼓励用户进行创作，匿名创作者自主决定作品内容、创作形式及发布时间。值得注意的是，这种网络环境对著作权产生了一定的冲击，导致作者身份不明确，从而使"孤儿作品"数量迅速增加。为了从源头上阻止"孤儿作品"的流通，并实现在网络环境下作者信息和作品信息的新融合，可对网络发表的原创作品中嵌入 16 进制密码，并将其同时储存在区块链系统中并加盖时间戳，以解决该困境。时间戳保存在数据块中能为作品发表人提供独一无二的证明，里面包括作品形成时间、著作权归属等，例如作者通常是第一个访问该作品文件的人，这就可以证明其身份。[①] 故而作者的发表权窘境迎刃而解，同时还能实现隐藏作者真实身份与著作权人身保护目的的同时实现。

（2）修改权、保护作品完整权

数字作品面临着比传统作品修改权和保护作品完整权更易被修改的权利保护困境，区块链的技术优势在于将作者和作品完全捆绑，避免作品权利面临被剔除或侵犯的情况出现。时间戳技术的应用不仅能够为数字作品在流通中的每一份信息提供保证其完整、有效和不可篡改的时间戳，而且全程留痕，将作品从产生到交易、流通的整个过程完整记录下来，从而有效保证作品信息的不可篡改，实现著作权人在网络平台中的修改权和保护作品完整权权利享有的目的。此外，区块链技术采用高安全性的"分布式账本—嵌入式"的著作权确权方式为数字作品制作了一张原始、永久的电子身份证。新生成的数据信息（包括交易和修改等数据）需要在全网中与其他节点核对，只有得到超过多数的节点的认证才会被添加到区块链中，对单一节点的修改将会导致其他节点作品记录

[①] 黄步添、蔡亮编著：《区块链解密：构建基于信用的下一代互联》，清华大学出版社 2016 年版，第 45 页。

的不完善与不统一，实际无法操作。

2. 著作财产权保护

首先，区块链技术能够保证著作财产权的实现。智能合约技术作为区块链技术的创新性发展，将著作权传统交易及互联网交易拓宽至新的领域。智能合约无需第三方介入并且能够自动执行的技术特征可以最大限度保障著作财产权的实现，再也不必经过法院或仲裁机构等公权力部门对作品的使用、收益和处分行为进行督促。同时，计算机语言是区块链技术的操作语言，区块链技术的应用甚至能够突破地域、语言等方面的限制，以相当便捷的方式实现跨国著作财产权的取得。

其次，区块链技术能够保证财产权取得的合法化。税收作为国家收入的重要来源，在文化作品繁荣涌现的今天，数字版税自动结算制度也亟待构建。后台事务通过负载均衡轮询区块链节点智能合约创建结果，将创建成功的智能合约通过弹性计算服务器更新存储于后台分布式关系型数据库。[①] 也即，利用去中心化的特征，将每个交易作品的负载随机分配到区块链节点上，在满足智能合约条件生成交易的同时，进行版税结算，实现收款付款一体式操作。保证著作权流转和传播的可追溯性，增强权利人著作财产权取得的合法化。

最后，区块链技术能够保证财产权交易的高效率。区块链的技术属性能够保证著作财产权以更高效、便捷、安全的方式进行流转。基于区块链技术搭建的著作权交易平台可以客观反映作品状态的整个变化过程。著作权权利人、买受人、服务商可以参与作品的许可、转让等任何过程，并利用区块链技术约束多方行为，保障行为规范和记录。此外，区块链技术另一大优势在于其"实时性"，能够通过搭建时间戳实时记录后续交易，实现著作财产权维权的工具化、标准化、低成本化和快捷化。

[①] 刘德生、葛建平、董宜斌：《浅议区块链技术在图书著作权保护和交易中的应用》，《科技与出版》2017 年第 6 期。

（三）区块链技术数字版权保护的集中客体

区块链技术的产生和发展的预期是希望通过技术解决技术难题，这实际与信息时代数字版权的发展需要在逻辑上具有相通性。数字版权相较于传统版权而言，传播范围更广，交换流通效率更高，作品固定形式更加多样，出现了较多传统著作权理论无法完全囊括的情形。从区块链的去中心化、可信任性、可追溯性和不可篡改性角度考虑，区块链技术能够达到技术保护成本和收益之间的平衡。目前，基于区块链技术数字版权应用的研究集中在两个维度：一是区块链技术作为一种工具，在音乐版权、媒体版权和图书馆版权领域发挥的积极的能动作用，能够保证确权、用权和维权的实现；另一方面，是区块链技术在数字版权领域发挥作用时存在的反作用力，不能适应著作权法的相关规定导致误使数字版权领域发展的情形发生。

1. 音乐版权

数字音乐作品与数字文字作品不同，作者发表数字音乐作品往往以实名的方式将领域集中在各大头部应用软件上，权利溯及源头更易确定。"孤儿作品"的出现或许在一定程度上阻碍音乐版权在互联网时代的发展，但并不是最主要影响的部分，授权许可才是作者音乐版权保护面临的最大问题。在快消费的网络环境，音乐作品的著作权人采用一对一的授权许可模式效率较低，并不现实。现实生活中并未与唱片公司签约的著作权人的音乐作品在不知情情况下被授权许可标价的情形也屡见不鲜。此外，侵权诉讼过程中，如何确定网络环境下音乐版权的侵权损害结果范围，进而确定赔偿数额的难题仍未解决。授权许可的效率、每一次授权许可的具体信息、作品的归属、侵权行为人违法所得数额若都有区块链技术的存在，必将助力法官裁判。

然而，对待区块链技术在音乐作品上的应用始终应采取一种审慎的态度。区块链技术的短板在于，技术始终无法作出感官性的判断，对"实质性相似"问题无法解决，音乐作品修改权及保护作品完整权仍然需要法官依据当事人提交的证据和以往审判经验进行判断。并且，区块链技术智能合约的自动执行系统或是对著作权权利法定限制的一大挑战，属于"合理使用"范畴的空间被剥夺，阻碍文化的繁荣和发展。

2. 媒体版权

当前，学界已对区块链技术在数字版权上的应用展开研究并寄予厚望，但缺乏实证性材料分析支撑。实际上，区块链技术已经在国内外多家媒体上实践应用。将媒体版权纳入区块链在数字版权应用的积极意义在于可以将媒体版权作为区块链技术实际应用的第一步，在此研究上发现现有不足，加以反思，从而实现保护其他类别数字版权作品的作用①。现实生活中，互联网巨头依托先进技术和雄厚资本建立起了各具特色的"区块链+媒体版权"保护平台，人民网搭建了"人民版权"平台助力线上版权存证、取证与维权，进一步提升了平台的公信力和权威性；济南日报报业集团搭建舜网知识产权区块链管理平台助力线上版权存证、取证与维权，为作者提供原创新闻作品的版权登记、交易及监测。此外还有技术支持和资金雄厚的百度和腾讯公司分别搭建了百度图腾和腾讯原创馆。此外，还逐渐诞生了诸如与字节跳动携手的北京"中经天平"等与媒体合作的第三方区块链存证机构。

值得注意的是，需要警惕区块链技术在对媒体作品进行版权保护时带来的诸多风险。例如，登记人是否存在抄袭行为，登记作品是否属于时事新闻等进行筛选和区分对待，存在加剧侵权纠纷的风险。或者是由于区块链技术的应用，媒体作品传播范围存在由公开转为绝对的控制权的情形，这种情形是否会阻碍时事新闻等特殊作品的传播还需进一步讨论。

3. 图书馆版权

区块链技术对图书馆服务的影响在于可以保障图书馆知识共享中的

---

① 彭桂兵、吴基祥：《区块链技术在媒体版权保护中的应用与反思》，《出版发行研究》2020年第8期。

著作权人权益。图书馆的建设与运营始终围绕"共建共享"展开，为此应首要解决共享合法性的问题。通过利用区块链的智能合约，图书馆信息资源在共享时，可以在共识的认证机制保护下，确保信息资源在共享各主体间的共同认可，不可更改。① 随着技术的发展，数字图书馆已渐渐取代传统图书馆成为时代发展新趋势。图书馆数字资源的数字化加工、传播、存储等服务环节普遍涉及著作权问题。区块链在著作权人与出版社、印刷厂、发行人、读者之间构成共享的区块链生态圈，整个生态信息在出版生态的区块链中，所有一切透明公开、分布式记录，不可更改和可追溯，为证实数字信息提供了原始证明，可有效厘清数字著作权权属问题，降低著作权控制成本。② 目前尚未进入到成熟的区块链时代，区块链技术在跨链交互、区块搜索、访问控制等领域尚有难度，但随着区块链技术的发展和深入，其对图书馆著作权行业的影响将日益深刻。

二 区块链技术数字版权保护存在的问题

区块链技术在数字版权保护应用中确能起到一定积极作用，可以为数字版权权利确定提供初始证明，简化用权交易流程，并且为权利救济提供有效裁判依据，拓宽了确权、用权、维权新路径。但作为新技术，仍然避免不了是一把"双刃剑"的事实，暴露出诸多不足。

（一）区块链数字版权保护确权面临难题

1. 作品"独创性"及其创作者身份难以认定

区块链技术在数字版权保护中现有应用难题主要有二：一方面，技术难以判断数字作品是否属于受著作权法所保护的作品，无效数据上传

---

① 马治国、刘慧：《区块链技术视角下的数字版权治理体系构建》，《科技与法律》2018年第2期。
② 魏大威、董晓莉：《利用区块链技术驱动国家数字图书馆创新升级》，《图书馆理论与实践》2018年第5期。

造成区块链技术存储平台浪费的现象发生。在区块链技术中，每个经过验证的作品都有自我专属哈希值，比对哈希值是判断作品是否是受著作权法保护的作品方法之一。然而，实际是上传作品和哈希值并不是完全互相对应关系，倘若对作品做了极小幅度的修改也能生成新的哈希值，作品的独创性难以确定，反而增加无关数据上链，造成技术存储浪费现象发生。另一方面，区块链对于数字版权上链仅仅发挥证明作用，而无法解决版权抢注问题。原因在于区块链技术中时间戳形成时间相对较晚，难以推翻先成立的时间戳证明，反而变相保护侵权者。

2. 版权登记及证据采信法律效力难以确定

当前，区块链技术尚处于进入司法证据留存领域的初期阶段，交易市场对于区块链电子存证的介绍过于单薄，并未将区块链技术完全渗透于司法实践当中，其助力司法的技术原理还未探讨明晰。最高人民法院发布的《关于互联网法院审理案件若干问题的规定》中虽已肯定区块链技术存证效力，但国家版权服务中心明确指出，区块链技术目前尚存在信任壁垒，尚未获得我国版权登记机构的认可，在法律效力方面并不能与传统版权登记效力完全一致。在目前的司法实践当中，已有诸如"北京互联网法院审结的'抖音视频'维权案"的司法判例肯定区块链技术在证据存证上的积极作用，然而具体情况还应具体分析。此外区块链的形式有公有和私有之分，私有节点如何获取司法机关的信任和包容仍然是需要解决的问题。

3. 区块链平台版权许可模式固有缺陷

为了平衡公共利益对劳动智力创造成果的需要，激励公众创新，在时间上，立法者为各类知识产权设置了不同的时间限制；在权利享有上，立法者结合各类知识产权特点设置了不同的许可使用制度。合理使用是在我国对著作权许可使用制度合法限制的典型代表。这种给予文化发展繁荣的合法垄断制度在与区块链的碰撞上展现出了一定不匹配性。智能合约作为区块链的核心技术，以自动执行、提升交易效率为典型代表特征，若在版权许可使用模式上采用单一的"授权许可"使用方式，一旦免费使用便认定为侵权，实则是垄断行为在技术上的反映，著作权对专有权利的限制便形同虚设。此外，各公司区块链技术发展水平的不一致也不能保证在对每一项数字版权作品审核合理使用行为时采用的是同一套标准。

（二）区块链数字版权保护中维权面临难题

1. 区块链法律和制度规范建设相对迟滞

区块链作为新兴技术，目前并没有一部完整的规范性文件对其技术标准和法律责任承担做明确规定。在公有区块链链条上，使用者的法律主体地位难以认定，可以随意进入进出，监管政策难以落地；在私有区块链链条上，使用者的法律主体地位虽可以明确，监管主体也更加清晰，但面临的是区块链技术平台、区块链技术服务提供者和区块链技术使用者三方的责任划分；在区块链链条的实际操作上，公有链和私有链如何实现联动状态并没有公共政策或规范性文件提供指示，现实中仍然难以操作。

2. 区块链技术自身特点躲避法律追击

除了法律和制度规范性建设相对迟滞，区块链技术天然"去中心化"的特点间接排斥了法律监管制度的应用，潜在性地提升了市场交易风险。区块链技术采用分布式节点的"去中心化"应用只能保证链上版权数据的真实可靠，但无法解决区块链链后数据的真实完整及版权权利溯源路径。司法部门是否能够实现高效准确的节点审查和认证，相应的监管部门是否能对区块链技术形成明确的认识，监管标准和行业规范是否能有效制定，这些很大程度上都决定着区块链技术是否会呈现应用泛滥化现象。[①]

[①] 汪琼、陈伟：《区块链在图书馆著作权保护中的效用研究》，《数字图书馆论坛》2019年第3期。

三 区块链技术数字版权保护的弥补与改进

区块链技术在数字版权领域具有广阔的应用前景，但不可否认的是现今仍存在诸多法律适用难题。为了更好地保护数字版权，弥补和改进区块链技术在数字版权保护的不足，需要从技术和法律两个层面提出有效性解决措施，并最终将技术赋能数字版权保护当中。基于技术发展的专业性，仅从数字版权对区块链技术的需要角度考虑，需要技术着重解决作品上链前产生的信任危机、版权节点匿名化的线下追踪、链上版权内容的审查比对等主要问题。由于技术问题具有复杂性和专业性，因此主要将弥补和改进视角移转至法律政策层面，通过发挥法治思维、法治价值引领作用的方式解决区块链技术在数字版权保护中的不足。

（一）完善版权许可模式与提高版权认证效力

针对区块链技术版权许可模式的问题。版权许可制度始终是保障作品创作流通，实现文化繁荣的重要著作权制度之一。著作权许可制度上有法定许可和默示许可之分，法定许可和默示许可一样，虽然都是属于一种"非自愿许可"或者说法律允许的"未经授权的使用"，但是两者还是有所不同。法定许可的著作权人仅对其作品有报酬请求权，而默示许可制度是在保留作者的对作品的控制权基础上通过报酬请求权获得的更充足的保障，极具有商业属性。无论是法定许可或是默示许可，都应完整属于著作权的许可使用体系当中，只是有不同的构成要件和判断标准，因此区块链技术平台应当根据使用情形的差异设置不同类型的智能合约，保证区块链技术发展和著作权法发展步调一致。

针对区块链技术版权认证法律效力的问题。当前我国的区块链技术平台没有形成统一的行业标准，各平台技术水平、认定标准、认证标志不同，造成了各平台之间的认证产生隔阂，不能兼容操作[1]，故而数字

---

[1] 赵磊、石佳：《依法治链：区块链的技术应用与法律监管》，《法律适用》2020 年第 3 期。

版权登记的法律效力得不到认可，权威性不足。因此应当采取相应措施保证区块链数字版权登记行为具有法律效力。国家版权局可与各大权威区块链技术平台合作搭建统一的区块链数字版权保护平台，平台主要功能集中在数字版权交易与司法电子存证两大领域。可以由国家版权局、司法鉴定机关等公权力主体担任监督审查机构，并对符合条件的数字作品出具认证证书提高链内数据的信任度，促进上链数字作品的交易、流转及权利维护。

（二）推动智能合约和电子存证的应用与发展

针对智能合约技术给予法律冲击的问题。智能合约是区块链技术中重要的组成部分，智能合约与传统合同相比，具有交易便捷、迅速、安全等优势，但自身仍具有许多局限。智能合约的交易局限性体现在若因单纯技术性失误引发不必要损失，现有法律并未指明是由提供数字版权服务的区块链技术服务平台还是由参与交易的各方当事人承担责任，此外，对于责任类型、责任份额等问题也未存在合理规定。为此，有必要出台相应的法律法规规范智能合约的应用，着重解决风险产生后的责任承担问题。我国《电子商务示范法》和《电子签名示范法》在解决技术和合同不适配难题时作出突破性规定，认为因纯粹技术性原因导致合约不能适用现行合同制度部分规定的，可以探索意思自治优先于现行合同制度的相关规定。立法机构或可依此作为参考对智能合约技术在法律上灵活性规定，完善合同的产生、变更或消灭及后续的责任承担问题。

针对区块链电子存证的应用判断问题。证据的证明力是由真实性、关联性和合法性三个角度综合考虑。区块链技术的去中心化、不可篡改性、可追溯性以及公开透明性能够保证存储的数据具有真实性，这种证据保全的安全性和可靠性理应被法律所认可，具有合法性。审查区块链存储数据与被证事实是否存在关联性上，应当参照《最高人民法院关于适用〈中华人民共和国民事诉讼法〉的解释》第一百零五条关于证据证明力判断的认定,注重逻辑推理和日常生活经验法则的运用。① 换句话说,若取证数字版权和待证数字版权相比在哈希值上存在一致性,则应当认定时间戳、区块链存证与待证事实也具有同等关联性。此外,对于因法官经验主义差别及自由裁量权对区块链数字版权案件造成的"同案不同判"现象,法律法规应对证据认定标准进行统一化建设,从而保障数字版权纠纷中权利人的合法权益。

(三) 构建审查监管网络和强化责任体系建设

目前,针对区块链技术,欧美等国家和地区已经构建了较为完整的监管体系,但在区块链涉知识产权领域仍然缺少监管政策与手段。实现数字版权保护有效性和可信性,构建统一的区块链审查监管网络,强化责任体系势在必行。具体来说,主要包含以下两个层面:一是在监管理念上,保证"链币分离"。数字货币是区块链技术最初的发展领域,但至今我国对于数字货币的合法性仍尚未确认,采用"链币分离"的监管理念也即肯定区块链技术的积极作用,对不确定是否合法的技术领域持保留态度。简单来讲即对象不同,实施的监管策略也就不同,从而有效保证创新与安全两者间关系。二是在监管主体上,保证主体"多元化"。区块链技术往往缺乏行业自律与监管约束,学界当前都极力倡导构建一个多中心的合作监管方式,由政府作为领导力量出台相应管理措施推动技术的创新和发展,实现政府、企业、研发者的使用者的利益联动。多中心的合作监管方式应以公权力为主导展开,脱离谋求私利观念,对于智慧合约功能的使用,赋予司法或者政府机构"超用户"的权力,使其能够更改保存于区块链中的数据和智能合约的程序设定。

除此之外,实现区块链技术赋能数字版权还需加大对区块链技术的资金支撑和政策倾斜,培养"区块链+知识产权"的复合型人才,多方协同共同推进,实现全力发展新格局。

---

① 雷蕾:《从时间戳到区块链:网络著作权纠纷中电子存证的抗辩事由与司法审查》,《出版广角》2018年第15期。

第五章

基因技术知识产权保护

第一节 基因技术知识产权保护概述

一 基因技术概述

（一）基因

基因可以被描述为生物体内的遗传信息单元，它是一段 DNA 序列，包含了指导生物体如何制造蛋白质或 RNA 的指令。[①] 这些指令决定生物体的遗传性状和功能。基因是生物遗传传递的基本单位，通过基因的活动，我们能够理解为什么个体在遗传上有不同的特征。基因在控制生物体的发育、生长和代谢过程中发挥关键作用，通过编码蛋白质合成、传达和控制生物个体的遗传信息，进而影响个体性状。通常来看，生物体的细胞内都包含相同性状基因，但并不是所有基因的信息都会时刻表现出来，这涉及基因表达的调控。在细胞内，只有部分基因会被激活，转录成 RNA，然后翻译成蛋白质。这是因为不同细胞类型在不同生理状态下，需要不同的基因表达来完成不同的功能。这种选择性基因表达是通过调控因子、信号通路和细胞内的遗传开关等机制来实现的，以适应

[①] 高茜：《转基因植物知识产权的法律分析》，《天津大学学报》（社会科学版）2015 年第 4 期。

个体的特定需求，不同类型的细胞类型由基因表达决定。基因通常具有两个显著的特征，其中之一是基因能够通过复制自我来传递遗传信息，这就是基因的自我复制。基因拥有自我复制的能力，这意味着它们可以在细胞分裂和繁殖中准确地复制自身，这种复制过程确保了基因信息传递的一致性，因为每一代都会包含相同的遗传指令，以维持生物特征的连续性；二是基因突变，基因可以发生变异，大多数基因突变可能会导致不利的影响，如疾病，但有时也会出现有益的突变。这些有益的突变为生物提供了新的性状或适应环境的能力。在自然选择中，适应环境的基因有更大的机会被传递给下一代，因为它们有助于生物适应环境变化，而不适应环境的基因可能会被淘汰，这反映了生物界中"物竞天择，适者生存"的进化原则。

（二）基因技术

基因技术，指为科学研究、环境保护以及工业、农业和医药开发目的，运用分子生物学和其他学科方法，通过对遗传物质进行分离、鉴定和重组并将该遗传物质植入新的活细胞等手段，选择并改善生物体遗传性状的技术。这是一种重要的生物领域技术，它利用分子生物学、遗传学和其他相关学科的方法，通过操作遗传物质，改变生物体的遗传性状，以满足不同的科学、工业、农业和医药领域的需求。在生物学界，基因技术主要指基因工程，又被称为遗传工程、基因操作、基因修饰或重组核酸技术，是一种生物技术，用于直接干预有机体的基因组，以改变细胞的遗传物质。这一工程技术可以通过分子克隆技术来分离和复制所需的遗传物质，从而产生新的核酸序列。此外，还可以使用生物工程学方法来设计和合成核酸序列。接着，将这些"外源DNA[①]或RNA"插入到宿主基因组中，从而实现同一物种或不同物种之间的基因转移，以产生改良的或全新的生物体。基因工程技术的应用非常广泛，包括：

---

① 外源DNA，是通过基因工程技术或病毒感染等途径引入靶细胞中的DNA序列。

第五章 基因技术知识产权保护

农业中通过基因工程，可以改良农作物，使其具有更好的抗虫、抗病、耐旱、耐盐等特性，从而提高农作物产量和质量。医学中基因工程用于生产药物，如胰岛素和生长激素，以及疫苗制造。此外，它还有助于基因治疗，用于治疗遗传性疾病。生物研究中基因工程使科学家能够研究基因的功能和相互作用，以深入了解生物学、生物化学和生物医学领域的各种问题。工业中这一技术应用于生产生物燃料、酶、生物塑料等。然而，基因工程也引发了一系列伦理和安全问题，因此需要遵循伦理规范和法规来确保其安全性和可持续性。基因工程并不包括传统的动物和植物育种、体外受精、多倍体育种、人工诱变和细胞融合技术，因为在该过程中不使用经过重组核酸或遗传修饰的生物体。欧盟则将"遗传工程"广泛定义为包括选择育种和其他人工选择手段；严格说来，遗传工程（genetic engineering）的范围较基因工程（gene engineering）广泛。克隆和干细胞技术，虽然不被认为是基因工程，但也是与基因工程密切相关的，可以在其中使用基因工程。

对各种基因的发掘已在基因工程的发展中成为必不可少的工作。孟德尔于1865年在豌豆杂交实验中首次发现了遗传因子的遗传规律，他提供了基因分离和自由组合的首个证据。在1889年，胡戈·德弗里斯用"(pan) gene"来命名假设的负责遗传性状的粒子（源自希腊语"整体"和"成因"，gene 的中译即基因）；而术语"遗传学（genetics）"于1905年被威廉·贝特森创造了出来。在1928年弗雷德里克·格里菲斯的实验证实了遗传中"转化作用"的存在，而之后 Avery、MacLeod 和 McCarty（1944年）确定这是 DNA 引起的结果。爱德华·劳里·塔特姆和乔治·韦尔斯·比德尔于1941年提出中心法则，即"基因编码蛋白质"。詹姆斯·沃森和弗朗西斯·克里克在1953年确定了 DNA 的双螺旋结构。

在发现 DNA 是如何工作的同时，操纵 DNA 的工具也得到了发展。1970年，汉密尔顿·史密斯的实验室发现了限制酶，允许 DNA 在特定的地方被切割以便用凝胶电泳分离出来。这使科学家能够从一个生物体的基因组中分离出基因。加上已经于1967年被发现的DNA连接酶，就有可能"剪切和粘贴"DNA序列结合建立重组DNA。发现于1952年的质粒成为为细胞之间传递遗传信息和复制DNA序列的重要工具。弗雷德里克·桑格在1977年开发出DNA测序的方法，大大增加提供给研究人员的信息。凯利·穆利斯在1983年开发的聚合酶链反应（PCR）允许DNA的小部分被拷贝放大，以及计算机辅助鉴定的遗传物质和隔离。

操纵DNA技术被开发的同时，DNA插入（称为转化）基因组的技术也被引入。格里菲思实验已经表明，一些细菌在自然条件下就有摄取并表达外源DNA的激活能力。1970年Morton Mandel和Akiko Higa完成了大肠杆菌（E. coli）的人工激活：大肠杆菌可以在氯化钙溶液（$CaCl_2$）条件下并入λ噬菌体的基因组。两年后，斯坦利·科恩表明，给予$CaCl_2$也是有效的质粒DNA的人工转化条件。在20世纪80年代后期发展的电穿孔技术提高了转化效率和宿主细菌的选择范围。1907年农杆菌被发现，研究人员能够用农杆菌感染植物，让细菌将它们所选择的DNA加入植物的基因组中。

基因工程一般包括以下四个步骤：取得符合要求的DNA片段；构建基因的表达载体；将目的基因导入受体细胞；目的基因的检测与鉴定。如果将一种生物的DNA中的某个遗传密码片段连接到另外一种生物的DNA链上去，将DNA重新组织一下，就可以按照人类的愿望，设计出新的遗传物质并创造出新的生物类型。基因重组和基因编辑，这是生物技术领域中的重要技术。通过将一个生物的DNA中的特定遗传信息片段（基因）连接到另一个生物的DNA链上，可以创造新的遗传物质，甚至设计出新的生物类型。这个过程可以包括以下步骤：（1）选择目标基因。这可以是控制特定性状的基因，也可以是其他具有特定功能的基因。（2）DNA分离和克隆。从源生物体中分离目标基因，然后通过分子克隆技术将其复制。（3）基因编辑。利用工具如CRISPR-

Cas9，有针对性地编辑或插入这些基因到新的 DNA 链上。(4) 新生物的生成。将经过编辑和重组的 DNA 插入到宿主生物体中，或者在体外培养的细胞中进行组装，以创造出新的生物类型。这个过程被称为基因工程或生物工程，它允许科学家在一定程度上设计和创建具有特定性状或功能的生物体。这种技术在医学研究、农业、生物制药和其他领域有着广泛的应用。但需要注意，基因工程也引发了伦理、法律和环境等多方面的问题，因此在进行相关研究和应用时需要受到监管和规范。如果将来自另一物种的遗传物质添加到某生物体中，则所得生物称为遗传修饰生物。如果使用来自相同物种的遗传物质或可以与宿主自然繁殖的物种，则称为同源基因改造。遗传工程也可以用于从目标生物体去除遗传物质，创建一个基因敲除生物体。在欧洲，遗传修饰是遗传工程的同义词，而在美国，"基因修饰"一词也可以指常规的育种方法。加拿大的监管制度是基于产品是否具有新颖的特征，而不管来源的方法。换句话说，如果产品携带一些先前在物种中未发现的性状，则其被调节为遗传修饰，无论其是使用传统育种方法（例如选择育种，细胞融合，突变育种）还是遗传工程产生的。[①] 在科学界，"基因工程"这个术语并不常用。取而代之的是更为具体的术语，例如"遗传修饰"或"转基因"。

二 基因技术著作权和商标权保护

（一）基因技术的商标权保护

商标权是民事主体享有的在特定的商品或服务上以区分来源为目的排他性使用特定标志的权利。目前，学术界并没有对于基因技术能否得到商标权保护的讨论，实务界也并没有将基因技术应用在商标上的先例，因而本书在此不做阐述。

---

① 李秀丽：《美国植物品种法律保护制度的变迁及对我国的启示》，《当代生态农业》2009 年第 Z1 期。

（二）基因技术的著作权保护

目前，各个国家对基因技术的著作权保护仍处于空白状态，理论研究并未投入法律实践中。我国的《著作权法》明确定义了作品。作品是指在文学、艺术和科学领域内的智力成果，具有独创性并能以特定形式表现出来。这些作品包括但不限于：文字作品，口述作品，音乐、戏剧、曲艺、舞蹈、杂技艺术作品，美术和建筑作品，摄影作品，视听作品，工程设计图、产品设计图、地图、示意图等图形和模型作品，计算机软件。符合作品特征的其他智力成果这些规定明确了各种作品类型，以便更好地保护著作权。《著作权法》以半封闭式列举方式明确列举八种作品形式，并设置一款兜底条款。但是我国法律并未明确规定基因技术属于著作权法律之中作品，因此判断基因技术是否属于"作品"要回归概念，著作权法所保护的法律客体是"作品"，基因技术是否属于著作权法的关键是基因技术是否为著作权法所保护的"作品"。部分专家学者认为，因为基因技术具有医药价值，各大公司纷纷投入巨额资金研究基因序列获取专利，以实现"跑马圈地"，占领医药领域新高地，此举虽是为追求利润，但客观上推动基因技术进步，基因技术应当获得专利法保护。与基因技术获得专利权保护过程相似的是计算机技术获得专利保护的困境，但是计算机技术成功获得版权保护。计算机程序成功获得保护的经验使得知识产权学家另辟蹊径，是否基因技术可以以版权保护代替专利保护？他们认为，基因序列可因独创性和固定性成为著作权客体。[①]

三 基因技术专利权保护

（一）基因技术专利权保护的可行性

首先，判断基因技术专利权的可行性，要判断基因技术是否属于专

---

① 张红梅、王鑫：《新型创作物的著作权保护问题研究》，《河北开放大学学报》2023年第4期。

利权规范的客体。第一，基因是否是专利权的客体？根据目前各国的专利法规定，科学发现并不是专利权的客体，而发明是专利权的客体，这意味着厘清基因技术究竟是科学发现还是发明十分重要。专利法对科学发现和发明加以区分的目的是保证该专利能通过产业化应用的方式制造出来。基因本身只是存贮在生物 DNA 中的固有片段，不属于技术，也不属于产品，更不能投入到生产之中，因而并不具有实用性、新颖性和创造性，因此基因本身是科学发现而非发明，因而基因本身不是专利权的客体，不具有可专利性；第二，基因技术所采取的方法是否具有可专利性？虽然基因本身只是科学发现的客体，但是改变基因并将之投入生产的技术方法是专利权的客体。专利权的客体包括产品和方法两种类型，而基因技术所采取的方法便是后者。另外，此种技术方法可以具有实用性、新颖性和创造性，因此是专利权的客体，具有可专利性；第三，基因技术所产生的生成物是否具有可专利性？专利权的客体包括产品和方法两种类型，而转基因动物、转基因植物可以归于产品的范畴，如果这些基因技术生成物具有实用性、新颖性和创造性，那么便也具有可专利性。

其次，专利权的设定初衷，是通过给予专利权人一定的使用权来换取未来将之向公众公开的效果，而将之公布于众的原因是其具有较高的社会价值，可以促进人类社会的发展，因此要探讨基因技术专利权保护的可行性，就要探讨基因技术作为专利是否会具有社会价值。根据孟德尔遗传定律，基因的性状会逐代遗传下去，下一代因基因突变而出现不同性状的概率小之又小，因此动植物的一些不利性状很难改变，即使使用杂交和栽培手段对其性状进行改善，但因其生产周期较长，所以很难适应商业需求。基因技术的出现改变了这一困境，通过使用基因技术能够快速、准确、安全地按照人类的意愿改造生物，具有广阔的商业前景，因此具有社会价值，符合赋予基因技术专利权保护的产业政策理由。

最后，是否会破坏社会伦理道德，便是判断基因技术是否具有可专利性的另一个考察维度。目前，社会学界关于基因技术对社会伦理道德冲击的担忧主要集中在人类基因专利权的人伦风险和转基因动植物的安全风向两个方面。第一，对于人类基因是否可以受到专利权的保护，许多社会学家认为，一旦授予人类基因以专利，那么人类身体上的每一个细胞便有可能侵犯专利权人的合法专利权，从而沦为专利权人的合法奴隶。另外，如果对人类基因授予专利权的保护，那么克隆人的行为也会极大地冲击人类伦理。第二，目前基因技术的应用范围主要集中在农业和养殖业，在这两个领域基因技术的生成物——转基因农作物和转基因动物除了用作科学研究以外，便用于人类的日常生活之中。如果该项技术不甚成熟，转基因动植物对人类安全的证据不甚明确，那么社会公众的生命健康安全就无法受到保障，这便会冲击现有的社会伦理。上述两个方面确实会带来社会伦理道德的潜在风险，但是基因技术具有广阔的应用前景和显著卓越的技术优点，能够极大地提高社会生产的效率和质量，在其他领域并无伦理风险的前提下，因为这两个原因拒绝对其进行专利权保护便是因小失大，可以通过限制对人类基因赋予专利，以及提高转基因动植物专利审查标准来规避上述两个伦理问题，因此只要做好严格的规定，赋予基因技术专利权并不会破坏社会伦理道德。

（二）基因技术专利权的客体

1. 基因技术方法

在生物学领域，基因技术方法有两种：依托于生物本身繁殖规律的生物学方法和依托于人为干预的非主要生物学方法。前者因为缺少人工的参与，所以不具有人类创新性的特点，不能成为专利权的客体，而后者在培养过程中体现出了人类的智慧，因此可以成为专利权的客体。因此，基因技术方法作为专利权客体通常指的是通过使用特定的技术手段，包括基因提取、改变、保存、携带、繁殖等方法，来创造新的生物体、改造动植物、微生物，甚至生物的部分组织的方法发明。这些方法可以包括基因工程、基因编辑、细胞培养、遗传材料保存等。

在一些国家，可以为这些创新性的基因技术方法申请专利权，以保护发明者的知识产权。这意味着发明者可以在一定时间内独家使用、制造和销售这些技术，从中获得经济利益。然而，专利权通常受到法律和伦理规定的限制，以确保这些技术的使用不会引发不当的伦理和安全问题。专利权在生物技术领域具有重要作用，鼓励创新和科学研究，但也需要平衡保护知识产权和确保公众的利益、伦理和安全。因此，专利权的颁发通常需要符合一系列法规和伦理准则。

2. 转基因生物

第一，转基因微生物。人类对微生物的使用历史可以追溯到旧石器时期对酒和醋的酿制，随着社会的进步，科技水平飞速发展，人类对微生物取得了更为深入的了解，对微生物的适用范围也有了更加广阔的空间。我国《专利法》把经过人类技术处理的微生物归为了专利权客体，以此鼓励微生物产业的繁荣发展。

第二，转基因植物。目前，除了采纳多元保护模式的美国将植物本身纳入专利权的客体之外，大部分国家都不承认植物是专利权的客体。但是，世界各国纷纷在专利权之外单独立法规定了植物新品种权，将其单独列出，新设权利加以保护。①

第三，转基因动物。虽然学术界有学者论证了将转基因动物和转基因动物新品种纳入专利法规制的可行性，但是目前大部分国家都不承认转基因动物是专利权的客体。对于转基因动物新品种，大部分国家也加以了排除。

3. 生物类制品

生物制品是指利用微生物、微生物的代谢产物、动物、人或者动物血液、组织等加工制成，作为预防、诊断和治疗疾病的免疫制剂，例如

---

① 钟辉、郝佳：《育种产业中植物新品种权和专利权的衔接》，《中国种业》2023年第5期。

抗毒血清、疫苗等产品。目前我国专利法律的专利客体包括"药品和化学方法获得的物质"。

第二节 基因技术专利权保护现状

一 基因技术专利权审查标准日新月异

（一）基因技术专利权的审查标准

1. 新颖性

新颖性是判断基因技术是否为专利的标准之一。生物技术领域的"天然存在产品"学说关注的是生物技术中的专利问题。根据这一学说，如果一项生物技术方法仅仅是在实验室中复制自然界已经存在的生物产品、物质或过程，而没有引入任何新的元素或人为改变，那么这个方法可能不被视为具有新颖性，因为它只是在模仿自然现象。相反，如果生物技术方法包括了人为的干预、改进或创造新的生物特性、物质或过程，那么它可能会被认为是新颖的和具有创新意义。这个观点在专利领域非常重要，因为专利通常授予那些能够证明其发明或创新在技术上是新颖的，并且不是显而易见的人。因此，如果一项生物技术方法涉及对自然界已存在的产品或过程的创新改进，那么它可能会被视为具有创新性，有资格获得专利权。这种方法可能包括改进生物体的特性、分离和纯化已存在的化合物或DNA序列，以及其他人为干预的技术。需要注意的是，专利法在不同国家和地区可能有不同的规定，因此是否授予专利权以及如何确定创新性可能因地区而异。专利权的申请和审查通常需要经过严格的审查，以确定其是否符合法律规定的标准。

2. 创造性

美国法院早期主要以考察技术方法而不是基因序列自身作为判断创造性的标准。而在后续的判例中，美国法院将判定标准放在基因结构序列本身。以DNA分子化学结构本身判断是否具有创造性，着眼于审查该技术是否使普通技术人员清楚预测 DNA 序列，而不是根据获得 DNA 分子序列一般方法本身的专利性来判断 DNA 物质的专利性。与美国不同的是，日本通过"明显可试法"判断基因技术是否具有创造性，即根据所属领域的技术人员是否能够轻易获得该发明作为判断该技术是否具有创造性"明显可试法"（Obvious to Try）是一种专利法上的标准，通常用于评估专利申请中的非显而易见性。这一标准主要用于判断在特定领域是否存在技术创新。根据这一标准，一个发明可能被认为不具有创造性，如果它对于熟悉该领域的技术人员来说是"明显可试"的，即他们可以在合理的努力下轻松地尝试和开发这一发明。这一标准的目的是确保专利权授予的是真正具有技术突破的发明，而不是已经为领域内的专业人员所熟知或可以合理推断的技术。如果一个发明被认为是"明显可试"的，那么它通常不会被授予专利权，因为它没有突破性或创新性。根据我国 2001 年修订的《审查指南》，对于基因序列的创造性评判采用了非显而易见标准，这与美国的标准相一致。它强调了基因序列的创造性是依据 DNA 分子结构或蛋白质氨基酸排列来确定，而不是根据用于识别基因序列的具体方法。

3. 实用性

申请人申请基因技术的目的是保护发现的基因序列，但是很难判断发现的基因序列是否具有实用价值，而判定基因技术的实用性价值有很多观点。美国《实用性审查指南》判定实用性的标准是：Specific（特定性）、Substantial（实质性）、Well Established Utility（公众接受）。而我国适用的《审查指南》对基因专利实用性审查标准更为严格。美国审查标准可以依托于任何种类证据，我国判定实用性标准必须依靠于切实的、申请人自行发现而不是引用他人的实验数据。另一方面，美国推定申请人主张事实为真实的，我国并没有明确规定实用性的举证责任、推定申请人主张为真实，因此专利申请人员具有较大自由裁量权，申请专利内容是否具备真实性要素依靠于专利授权机构判断。

（二）典型案例

1. 案情概述

2019年12月13日，中国最高人民法院知识产权法庭宣判受理的首例生物基因技术药物专利申请复议行政案件[①]，这一判例在生物技术和知识产权领域具有重大意义。法院的判决维持了一审的认定，并要求国家知识产权局重新进行审查判定。这个案例之所以备受关注，是因为它涉及生物基因技术领域中的前沿技术和创新性。在这个案件中，法院需要考虑如何评估生物技术领域的专利申请是否具有创新性。判决的结果和所确定的创新性判断标准将对未来的基因技术专利认定产生深远的影响。判例可能会影响生物技术公司和研究机构在中国申请专利的方式和标准。它强调了对基因技术的创新性和独创性的要求，对于哪些发现或发明可以获得专利权提出了更为明确的标准。这也可能在未来的法律和专利审查中对类似的案件产生指导作用。

本案所申请专利名称为"结合分子"单克隆抗体是一种治疗性生物大分子药物，对于自身免疫性疾病和抗肿瘤治疗方面具有显著的疗效。通常是特定于目标蛋白或抗原的抗体。它们可以通过基因技术方法生产，具有高度的特异性，可以用于针对特定疾病或病原体的治疗。这种技术已经在医疗领域取得了显著的成就，为患者提供了更加个体化的治疗选择。单克隆抗体的结合分子技术用于改进或定制单克隆抗体的结合性能，从而提高其治疗效果。这类专利在生物医学研究和药物开发中非常重要，因为它们有助于创造更有效的治疗方法，尤其是在癌症治疗和自身免疫性疾病方面。这一领域的创新对于提高医疗治疗的效果和提供更好的患者护理具有重要意义。近年来市场销售份额迅速增长，2019年上半年统计，全剧销售额前十的药物中有六个单克隆抗体药物，仅2019年上半年销售额高达280亿美元，其榜首的阿达木药物，自面向

---

① （2019）最高法知行终127号。

第五章　基因技术知识产权保护

市场发行后累计销售额合计超千亿美元，单抗药物的经济价值不可估量。近年来，单克隆抗体药物已成为各大药企效益增长的支撑，成为各大药企的必争之地，与此同时国内外获批的单抗药物种类也快速增长。知识产权法庭作为知识产权认定的救济机构、司法层面审查专利的专业审判机构，已是审理创新领域技术专利的第一线，但是如何认定该专利是否侵权，判断标准仍模糊。与此同时，知识产权法庭作为全国性统一审理专利的技术性较强的审判机构，处于适用上述标准判断基因产品是否为专利的第一线。然而，尽管单克隆抗体药物的市场前景光明，但在知识产权领域存在一些挑战。特别是在如何认定这些专利是否侵权以及判断标准的问题上，尚存在一定的模糊性。知识产权法庭作为专门处理知识产权案件的机构，扮演着审理创新领域技术专利案件的关键角色。然而，对于如何评定专利是否侵权，目前仍需要更明确的标准和指导。这一案例凸显了知识产权法庭在面对快速发展的生物技术领域时所面临的挑战，以及如何在技术专利领域中制定明确的判断标准。这对于保护知识产权和鼓励创新发挥着至关重要的作用，因为它能够为创新者提供合法的专利权保护，同时确保市场竞争的公平性和可持续性。

2. 争议焦点

这个案例涉及一个专利申请是否具有创新性的争议。申请人提交了一项专利申请，该申请涉及一种生物技术方法，其中包括使用人类天然存在的 V 基因片段来制备小型化抗体。国家知识产权局首次审查后认为，这个发现缺乏创新性，因此拒绝了该发明的专利授权。申请人不满意这一决定，因此向国家知识产权局提出了行政复议。然而，国家知识产权局在行政复议后仍然坚持认为这个发现不符合专利条件，因此拒绝了专利授权。国家知识产权局拒绝授予专利的原因主要有以下两点：（1）已有技术中存在类似的实验方法，即使用非人类哺乳动物的基因片段进行异源实验，以产生抗体。此外，已有研究表明在本领域内存在关于抗体小型化和地免疫原性的研究方向，因此一般技术人员可以想到使用人类基因片段代替非人类哺乳动物的 V 基因片段来制备抗体。
(2) 专利申请的说明书中未提供实验证据，即使用人类天然存在的 V 基因片段制备小型化抗体的效果未经科学验证。此举不符合专利技术的要求，在提交知识产权申请时，应该确保申请文件基于已经验证的技术效果。这意味着你的技术或发明必须经过充分的验证和实际测试，以确保其可行性和实际效果。这有助于确保你的知识产权申请的合法性和成功性。因此，国家知识产权局认为这一专利申请不具备创新性。然而，申请人对国家知识产权局的拒绝决定不满，因此向北京市知识产权法院提起诉讼。北京市知识产权法院撤销了国家知识产权局的不予授权决定，并要求国家知识产权局重新审查。国家知识产权局不同意法院的裁定，因此向最高人民法院提出上诉，最高人民法院将决定是否支持国家知识产权局的拒绝决定或支持北京市知识产权法院的撤销决定。这一案件将对该领域的专利标准和专利申请的创新性要求产生重要影响。

  国家知识产权局提出上诉的理由主要与其原始决定有关，即拒绝授权该专利的原因。国家知识产权局的决定是基于以下两个标准来评估专利申请是否具有创新性：技术问题：首先，国家知识产权局关注的是该专利申请所要解决的技术问题。这意味着他们要考虑该申请是否针对一个实际存在的技术挑战或问题，以及该申请的技术内容是否足够具体和创新，以解决这个问题。技术启示：其次，国家知识产权局检查是否专利申请提供了足够的技术启示，即是否给出了如何使用人的天然 V 基因片段来制备仅有重链抗体的指导方法。这意味着他们要确定申请是否提供了足够的信息和实验数据，以确保该技术可以实现，而不仅仅是理论上的构想。国家知识产权局认为，这一专利申请在上述两个标准上并不满足创新性的要求。他们认为，该申请并没有提供足够的技术启示，以支持使用人的天然 V 基因片段来制备仅有重链抗体的方法，同时也没有充分解决现有技术领域中的实际问题。

  因此，国家知识产权局上诉的主要理由是，他们坚持认为该专利申请不具备创新性，因为它未能满足技术问题和技术启示的标准。这一案件将在最高人民法院的审判中决定专利申请的命运，因为它将对专利领域中创新性要求和专利标准产生重要影响。

3. 裁判亮点

评估专利申请创造性时一般采用"发现问题—解决问题"的思路，该思路是评估专利申请创造性的一种常见方法，也被称为"非显而易见性"或"非显然性"的标准。这一方法在专利领域中非常重要，因为它有助于确定专利申请是否满足创新性的要求。以下是该方法的关键要点：（1）发现问题。首先，确定专利申请所要解决的技术问题或挑战。这意味着要明确问题的本质，以及为什么这个问题在技术领域中是重要的。（2）区别和效果。其次，考虑专利申请中提出的技术方案与现有技术之间的区别，以及这些区别可能产生的效果。这些区别和效果应该是关键的，因为它们将用来评估创新性。（3）一般技术人员的思考。再次，考虑是否一般技术人员在解决这个问题时能够轻松想到使用专利申请中的技术方案。如果一般技术人员能够轻松想到，那么专利申请可能不具备创新性。（4）创新性判断。最后，基于以上的评估，判断专利申请是否满足创新性的要求。如果专利申请的技术方案是非显而易见的，不容易被一般技术人员所想到，那么它可能会被认为具有创新性，符合专利申请条件。这种方法有助于确保专利授予那些真正具有创新性的发明，而不是仅仅重复已有技术或常识。专利权的目的之一是鼓励创新，因此创新性评估是专利审查的关键环节。此外，这一标准也有助于确保专利权不会过度限制技术领域的发展，鼓励更多的创新者参与技术创新。最高人民法院知识产权法庭的判例强调了专利审查中两个重要的方面：解决的问题和避免"事后诸葛亮"心态。这些方面在判断专利申请的创新性时非常重要，特别是在生物领域的专利申请中。以下是一些关键要点：（1）问题的明确定义。专利审查过程中，确切定义专利申请所要解决的技术问题至关重要。如果问题的定义不明确，可能会导致模糊的创新性判断。此外,明确定义的问题有助于确保专利审查员和法院可以正确评估技术发展的进步。避免"事后诸葛亮"心态:专利审查员和法院应该避免"事后诸葛亮"心态,即在看到发明之后认为它非常容易。这一心态可能会导致不公平的创新性判断。创新通常在其出现之前被认为是不显而易见的,因此创新性的评估应该基于专利申请提交时的情况,而不是后来的知识和信息。(2)避免将说明书充分公开与创新性判断混淆,专利审查员和法院应该区分专利申请书的充分公开与创新性判断。尽管充分公开的说明书是重要的,但创新性的评估应该基于问题的明确定义和技术方案的非显而易见性。这些原则有助于确保专利审查过程更为客观和公平,同时也有助于保护创新者的权益。创新性的评估对于专利制度的有效运作至关重要,因为它鼓励创新和科技进步,同时确保专利权不会被授予那些不真正具有创新性的发明。这一判例对生物领域的专利申请保护和创新具有深远的影响,因此对于专业人士和创新者来说,了解这些原则是至关重要的。

二 基因技术专利权客体种类不断增加

(一)基因技术专利权的客体

目前,我国对基因技术的知识产权保护主要集中在动植物新品种权和生物技术方法专利。[①] 对于转基因植物的法律保护,有两种主要方法可供选择。一种是通过申请植物品种权来直接保护所申请的植物品种,另一种是通过申请与生产植物品种方法相关的发明专利权,从而间接保护通过该方法培育出的植物品种。这两种方法为保护转基因植物的权益提供了不同的法律途径。我国《专利法》明确排除了"动物和植物品种"和"疾病的诊断与治疗方法",也没有明确基因序列是否在专利权

---

① 李菊丹:《论植物新品种权的保护与救济》,《农民科技培训》2017年第1期。

第五章 基因技术知识产权保护

客体范围之内[①]。

对于转基因植物,我国认可其品种权,不认可其专利权。1997年,中国出台了《中华人民共和国植物新品种保护条例》,这是中国首次明确规定了植物新品种权的法律文件。该法规为植物新品种提供了法律保护,确保育种者对其培育的新植物品种享有合法权益。这一法规的制定标志着中国对植物新品种权的法律保护体系的建立和发展。1999年,中国加入了国际植物新品种保护联盟(UPOV),这标志着中国与国际社区在植物新品种权保护方面取得了重要的合作和进展。UPOV是一个国际组织,致力于推动植物新品种权的国际标准和合作,以支持各国对植物新品种的保护和创新。中国的加入为其植物新品种权的国际认可和合规性提供了重要的框架和基础。这对于促进中国的农业和植物培育领域的发展具有积极的影响;2015年,中国颁布了《种子法》,并在其中增设了植物新品种保护专章。这一法律举措进一步强化了对植物新品种权的保护和管理。植物新品种保护专章为植物新品种的培育者提供了更多的法律依据和规定,以确保他们的知识产权得到充分尊重和保护。这一法规的颁布有助于促进农业和植物培育领域的发展,鼓励创新和新品种的培育。截至2021年,中国已经发布了19批次的农林业植物新品种保护名录,这表明中国对于植物新品种权的保护和认可在不断扩大。此外,累计已经有5.8万件植物新品种权的申请,其中已授权的数量达到2.2万件,这反映了中国农业和植物培育领域的创新活动和知识产权保护工作。这些数据表明中国对植物新品种权的保护机制和管理体系在不

[①] 《专利法》第二十五条:对下列各项,不授予专利权:
(一)科学发现;
(二)智力活动的规则和方法;
(三)疾病的诊断和治疗方法;
(四)动物和植物品种;
(五)原子核变换方法以及用原子核变换方法获得的物质;
(六)对平面印刷品的图案、色彩或者二者的结合作出的主要起标识作用的设计。
对前款第(四)项所列产品的生产方法,可以依照本法规定授予专利权。

断完善，并为培育者提供更多的机会来保护他们的植物新品种。虽然我国并不承认转基因植物本身的专利权，但是根据《专利法》第二十五条，我国承认其生产方法的专利权。

在美国，除自然规律、物理现象和抽象概念不能被授予专利权以外，凡是由人创造出来的东西都是专利权的客体。目前，美国对基因技术的知识产权保护包括转基因动物专利权、转基因植物专利权、植物品种权、生物技术方法专利。美国是最早给予转基因动物品种专利权的国家，在转基因微生物专利的保护上也是较为成熟。美国对转基因植物的法规和知识产权保护体系确实非常复杂和多元化。以下是一些相关法规和知识产权保护模式的简要解释：《重组 DNA 分子研究准则》（1976年）是美国最早的有关基因工程的法规，它规范了实验室中的基因工程研究。它并不直接涉及市场销售的转基因农产品，而是关注基因工程实验的伦理和安全性。（1）监管模式。美国的监管模式相对宽松，采取了实质等同原则。如果一种转基因农产品的成分与其传统对照品基本相同，可以被视为具有相同的安全性，只要转基因农产品符合安全标准，就可以获准销售。这一模式强调产品的特性和安全性，而非特定的制度批准。（2）知识产权保护。美国采用多元的知识产权保护模式，包括：植物专利权：适用于经过基因工程改良的植物品种，允许对这些植物的特定特性进行专利保护。（3）植物新品种权。适用于新品种的植物，不仅包括传统育种，而且还包括基因工程改良。（4）实用专利权。用于保护与转基因植物相关的实际应用和发明，如生产方法、营养配方等。这些保护模式与《国际植物新品种保护公约》等国际法律相呼应，确保了多元的知识产权保护方式，有助于鼓励创新和投资于农业领域。这一多元保护模式使得转基因农产品的创新者能够在不同方面获得知识产权保护，从而有动力投入更多资源用于研究和开发。不过，这一模式也引发了一些争议，特别是在食品安全和环境方面，因为一些人认为监管过于松散。因此，美国的转基因农产品法规和知识产权保护体系一直

第五章 基因技术知识产权保护

是公众和政策制定者关注的焦点。具体来说：1930年美国颁布的《植物专利法》（Plant Patent Act）是世界上第一部专门针对植物品种的知识产权保护法律规范之一。这部法律规定了对新颖、独特且有用的无性繁殖植物品种的专利权保护，包括例如葡萄树、玉米、玫瑰等植物。《植物专利法》的制定标志着对植物品种的知识产权保护变得更为重要，因为它允许植物育种者保护其育种成果，并鼓励创新。这部法律奠定了针对植物品种的专利保护框架，成为后来许多国家模仿的范本。此后，其他国家也制定了植物品种专利法或规定，以在国际上保护植物品种的知识产权。这些法律的实施鼓励了植物遗传资源的研究和开发，以改进农作物、花卉和其他植物的特性。[①] 由于当时转基因生物技术还未问世，因此该法律并没有植物新品种。随着基因技术的发展，1970年通过的《植物品种保护法》对植物新品种进行了特别法保护。但是相比于植物专利权，植物品种权的保护范围更加狭窄，权利人的独占权不能排除"农民权"的优先性，农民可以使用、生产和出售合法渠道取得的植物新品种。1983年，美国加入了国际植物品种保护联盟（UPOV），这标志着美国成为该国际组织的成员国之一。UPOV旨在促进和保护植物品种的知识产权，以鼓励植物育种和创新。加入UPOV使美国与其他国家一道承认了植物品种的知识产权保护的重要性。全球第一例转基因烟草的诞生也发生在1983年。这一事件标志着美国开创了植物品种知识产权保护的新历程。转基因烟草是通过基因工程技术改变其遗传构成的烟草品种，这一创新引领了后来转基因植物领域的研究和发展。根据专利商标局专利申诉与冲突委员会的裁定：植物品种，无论是无性繁殖的还是有性繁殖的，都是美国实用发明专利的法定主体。自此，美国的植物新品种获得了《实用专利法》的保护，而植物的种子、培育方法、组织细胞培养物，种子长出的植物、花粉，该植物与其他植

[①] 李一丁：《论生物遗传资源获取和惠益分享机制与知识产权制度》，《河北法学》2016年第1期。

物杂交所产生的植物均包含在《实用专利法》的保护范围之内。之后，美国于1999年加入UPOV公约，对植物新品种采取植物专利、植物新品种权和实用专利的多元保护模式。

在保护基因技术的知识产权问题上，美国强调客体范围的扩大，而欧盟与之相反，呈现出谨慎态度，美国对权利要求的限制较为严格，与之相对应，而欧盟对权利要求较为宽松。根据欧盟《关于生物技术发明的法律保护指令》，专利权可以涵盖多种生物技术领域的客体，包括基因序列单位、基因技术方法、转基因生物和生物类制品。虽然大多数转基因动植物在此指令下不被视为专利法所保护的植物品种，但如果涉及的植物和动物发明技术不限于特定品种，而具有广泛的技术可行性，那么它们仍然可以被视为具有专利性。这意味着，如果一项生物技术发明，例如一种特定的基因编辑方法或者一种广泛适用于不同植物和动物品种的技术，具有广泛的技术适用性和创新性，它可以被授予专利权。专利权将保护该发明的创造者免受他人在相同领域内未经许可使用该技术的侵权行为。根据欧盟的法律，生物技术领域的专利权保护适用于广泛的生物技术发明，只要它们具有足够的创新性和技术可行性，而不仅限于特定的植物和动物品种。这鼓励了生物技术创新，为创新者提供了合法的知识产权保护。

欧盟对于转基因植物的知识产权保护问题反映了其在生物技术和农业领域的复杂立场。这一立场既强调了对安全性和环境的担忧，又体现了对知识产权保护的需求。（1）安全性担忧：欧盟对内部食品和环境的安全性采取了高度谨慎的立场。这是因为欧盟成员国普遍关注食品安全和环境保护，对转基因食品和生物技术的潜在风险保持警惕。欧盟采纳了预防原则，即只要存在潜在的不利风险，就应采取预防措施。这导致了对转基因产品的严格监管和标签要求，以确保消费者能够知道他们购买的产品是否包含转基因成分。（2）知识产权保护：同时，欧盟也重视知识产权保护，特别是商业育种者的权益。这是因为欧盟拥有强大

第五章　基因技术知识产权保护

的农业和生物技术产业，需要保护创新者的知识产权以鼓励技术创新和竞争。因此，欧盟也在一定程度上强调对商业育种者知识产权的保护。这两种立场之间存在紧张关系，在欧盟内部，如何平衡食品安全和知识产权保护之间的需求一直是一个复杂的议题。欧盟的法规和政策试图在保障公众健康和环境安全的同时，支持科技创新和知识产权保护。这体现了在复杂的生物技术领域，不同利益相关者之间的平衡和妥协的必要性。

除《专利法》之外，欧盟以 UPOV 公约为样本制定了《植物新品种专门法》，对转基因植物的权利和转基因植物培育者的权利做出全面保护。《欧洲专利公约》第 53 条规定了一项原则，即动植物品种和制造植物的生物学方法不能申请获得专利权。这意味着在欧洲专利体系下，不能获得专利权来保护纯粹的动植物品种，以及用于制造植物的生物学方法。这一规定反映了欧洲专利法对植物和生物领域的一些特殊限制和例外情况，以维护公共利益和生物多样性。[①] 目前，只要符合授予专利的条件，欧洲专利局便会授予植物新品种专利。另外，欧盟还强化了商业育种者的利益。《生物技术发明法律保护的指令》是欧洲联盟（EU）通过的一项法规，于 1998 年 7 月生效。该法规确实对生物技术领域的发明的专利保护范围进行了调整和扩展。它规定了包括转基因生物技术在内的各种生物材料、植物、动物以及微生物学和其他相关技术的可专利性。从整体上看，欧盟通过平衡两方面的问题，来尽可能地实现各方利益的平衡和最大化。

作为农业发达的另一大发展中国家，印度对转基因植物的知识产权保护规制也值得关注。印度的保护模式是在 UPOV 公约之外制定专门的法律，如《专利法》和《植物品种和农民权益保护法》。

印度《专利法》与 TRIPS 协定有着许多冲突，为了适应国际化的知识产权保护标准，印度多次修改《专利法》。例如，在该法 1970 年版

---

① 胡潇潇：《我国专利实验例外制度的不足与完善》，《贵州社会科学》2010 年第 5 期。

本中，禁止对动物或者植物的使其免受病害或提高其本身或产品经济价值的类似处置授予专利。在该法 2003 年版本中，任何处置植物的方法都可以被授予专利。另外，该法中诸多条款与 TRIPS 协定具有高度重合，例如禁止动植物专利。TRIPS 协定中许多可以由各国灵活适用的条款，印度也并未加以补充规定。自 2005 年以来，印度专利办公室允许对 DNA 序列、基因、基因改造生物以及培养转基因植物的方法授予专利。在印度《植物品种和农民权益保护法》中，印度着力保障转基因植物培育者和生产者的切身利益。

（二）典型案例

1. 案情概述

最高人民法院知识产权法庭审结一起侵害食用菌菌种发明专利权纠纷案：上海丰科生物科技股份有限公司诉天津绿圣蓬源农业科技开发有限公司和天津鸿滨禾盛农业技术开发有限公司[①]。上海丰科生物科技股份有限公司是一家拥有"纯白色真姬菇菌株"的发明专利的专利权。这一专利的权利要求明确规定了一种纯白色真姬菇菌株，具体标识为 Finc-W-247，其保藏编号是 CCTCC NO：M2012378。这一案例的关键在于涉案专利的权利要求中对微生物保藏编号的明确定义。权利要求中的保藏编号是 CCTCC NO：M2012378，这一编号是对涉案微生物的明确定义和标识，它充当了专利权的一部分。因此，任何未经授权使用这一保藏编号对应的微生物的行为都可能构成侵权。最高人民法院知识产权法庭审结了这起侵害食用菌菌种发明专利权纠纷案，并为对于仅使用微生物保藏编号进行限定的权利要求的侵权判定规则明确了方向。这有助于维护专利权人的权益，尤其是在与微生物相关的专利案件中，确保他们能够有效地保护其创新和知识产权。这也为其他类似案件提供了一个有力的先例。

---

① （2020）最高法知民终 1602 号。

第五章 基因技术知识产权保护

上海丰科生物科技股份有限公司提出了侵权诉讼，声称天津绿圣蓬源农业科技开发有限公司和天津鸿滨禾盛农业技术开发有限公司在北京新发地农产品批发市场销售的菌类产品侵犯了其涉案专利权。这意味着丰科公司认为绿圣蓬源公司和鸿滨禾盛公司销售的菌类产品使用了与其涉案专利权相关的技术，而未经授权的使用侵犯了其专利权。北京知识产权法院将审理这起侵权诉讼案件，以确定是否存在侵权行为以及是否应对侵权行为采取法律措施。这包括对涉案专利的有效性和适用范围进行评估，以及对绿圣蓬源公司和鸿滨禾盛公司销售的产品是否符合专利权要求进行检查。这个案件将根据法院的最终裁决来决定是否存在侵权，以及是否需要采取赔偿或其他法律措施来保护丰科公司的专利权。

原审法院在审理中认为，由于涉案专利要求的保护对象是一种微生物，因此要判断被诉侵权产品是否属于涉案专利权的保护范围，需要综合考虑形态学特征判断和分子生物学特征判断两个方面。形态学特征判断是通过观察微生物的外部形态来进行判断，而分子生物学特征判断则需要依赖相关的实验室方法、试剂和仪器来完成。

根据鉴定机构的意见，通过对纯白色真姬菇的性状、ITS 基因序列以及特异的 975bp DNA 片段进行比对分析，可以得出结论，鸿滨牌白玉菇与涉案专利所要求保护的纯白色真姬菇属于同一种菌株。这意味着鉴定机构通过科学方法和分子生物学特征判断，确认了被告所销售的鸿滨牌白玉菇与原告的专利要求所涵盖的纯白色真姬菇具有相同的特性和遗传信息。因为它支持了原告主张，即被告销售的产品侵犯了涉案专利的权利要求。这个科学鉴定结果有助于法院做出决定，并可能影响最终的法律判决。

原审法院据此认定被诉侵权产品落入了涉案专利权的保护范围，判决绿圣蓬源公司、鸿滨禾盛公司停止侵权并各自赔偿丰科公司经济损失 100 万元。

绿圣蓬源公司、鸿宾禾盛公司不服一审判决，提出上诉，其主要上诉理由为，本案鉴定中对于分子生物学特征的检测，应当采用全基因序列检测方法而非采用涉案专利说明书中记载的基因特异性片段检测方法，采用后者将会扩大涉案专利权的保护范围。

2. 争议焦点

本案的争议焦点主要有以下三个：一是被诉侵权产品是否落入涉案专利权的保护范围，二是绿圣蓬源公司、鸿滨禾盛公司是否实施了共同侵权行为，三是原审判决确定的赔偿数额是否适当。

（1）关于被诉侵权产品是否落入涉案专利权的保护范围

第一，关于被诉侵权产品与专利权利要求1的菌株是否为同一种真姬菇。SCAR分子标记技术是在RAPD基础上发展起来的，其结果不受外界环境因素和生长发育阶段的影响，直接反映被鉴定菌株的遗传本质。SCAR分子标记可以通过获得某个菌株的"株特异性"标记来实现菌株的鉴定。本案中，涉案专利说明书明确记载了与市场上主要栽培品种并且是亲本之一的白玉菇H-W，市场购买的真姬菇G-W以及日本葛城新育成的白玉菇GC-W菌株相比，所述保藏菌株具有特有的SCAR分子标记975bp片段。因此，利用该菌株特异性975bp片段为检测指标，并结合形态学以及ITS序列分析对被诉侵权菌株进行鉴定，鉴定结果不局限于分类学意义上的"同种"菌株。因此，可以判断鉴定结论的"同种"不是分类学意义的"种"，而是同一种类的含义。

根据《中华人民共和国专利法》的规定，对权利要求中记载的技术术语，可以结合说明书及附图对其作出解释，明确其内涵及外延。本案中，虽然涉案专利权利要求书中没有对所涉菌株作出明确限定，但是微生物领域只需要有保藏号，通过保藏号保持菌株都能获得DNA指令即可。由于另有分支标记专利对鉴定方法进行保护，涉案专利说明书记载的鉴定方法没有必要写入权利要求书中。因此，用涉案专利说明书记载的鉴定方法对被诉侵权产品是否落入涉案专利权的保护范围进行鉴定,并未超出对涉案专利权利要求保护的微生物品种的解释范围。

第二,关于通过检测975bp片段判断被诉侵权产品是否落入权利要求范围的鉴定方法是否合理涉案专利说明书记载了保藏菌株Finc-W-247(CCTCCNO:M2012378)是通过亲本TNN-11和H-W杂交,再经系统选育获得。说明书详细记载了该菌株的形态特征、生物学特性和遗传学特性,还记载了该菌株的ITS序列结构,通过ITS序列结构构建菌株的系统发育树,所述保藏菌株为玉蕈属真姬菇。结合RAPD技术和SCAR分子标记技术,确认采用特异性引物可以从保藏菌株中扩增获得975bp片段,而在其他三株白色真姬菇H-W、G-W和GC-W中无法扩增获得该片段,故确认所述975bp片段为专利菌株的SCAR分子标记。鉴定组认为,涉案专利要求保护的纯白色真姬菇和被诉侵权产品二者属于同种菌株,但据此认定真姬菇的全基因组的测序具有标准化方法以及所述方法获得CMA、CNAS的认可,仍是不确定的,在此情况下,鉴定机构寻求和选择本领域广泛认可的菌株鉴定方法是适宜和有必要的。利用该菌株特异性975bp片段,并结合形态学以及ITS序列分析对被诉侵权菌株进行鉴定的方法是合理且可信的。

关于绿圣蓬源公司、鸿滨禾盛公司提到的仅采用975bp片段对菌株进行鉴定,扩大了涉案专利权保护范围的问题。根据前述,由于已经证明SCAR分子标记975bp片段是涉案专利保藏菌株的特异性标记,其他同种不同株的菌株并不含有该特异性片段,因此,以该SCAR分子标记作为检测指标,并结合形态学以及ITS序列分析可以反映待测菌株与专利保藏菌株是否相同,该判断方法并没有扩大涉案专利权的保护范围。关于绿圣蓬源公司、鸿滨禾盛公司主张涉案专利没有充分论证975bp片段是该菌株的特异性片段,原审中提交的证据表明全国各地多家企业的白玉菇以及韩国某白色真姬菇均含有 975bp 片段的问题。由于涉案专利说明书中已经针对保藏菌株与其他同种不同株的真姬菇进行了 RAPD 和 SCAR 分子标记分析，并提供实验数据证明 975bp 片段是保藏菌株所特有的，绿圣蓬源公司、鸿滨禾盛公司并没有提供证据证明涉案专利说明书的实验结果有误，或提供证据证明在涉案专利申请日前，其他不同于保藏菌株的真姬菇也包含所述 975bp 片段，或者经过检索发现了其他真姬菇的基因序列中含有所述 975bp 片段，根据现有证据无法证明涉案专利说明书的数据不真实有效。而对于全国存在多家企业以及韩国某白玉菇包含所述 975bp 片段的情况，由于不能证明这些白玉菇是涉案专利申请日前就在市场存在的，因此，也不能证明涉案专利说明书不是真实有效的。

（2）绿圣蓬源公司、鸿滨禾盛公司是否实施了共同侵权行为

根据查明的事实，被诉侵权产品的外包装箱标有鸿宾禾盛公司的"鸿宾"注册商标，并贴有绿圣蓬源公司的封条，产品内袋包装亦标有"鸿宾"商标和绿圣蓬源公司的名称。鸿滨禾盛公司虽主张其未参与被诉侵权产品的制造和销售，仅是将其"鸿宾"注册商标借给绿圣蓬源公司销售蘑菇类产品使用，但由于商标具有识别商品来源的基本功能，鸿宾禾盛公司营业执照亦载明了其经营范围包括食用菌技术开发、种植及销售，一般消费者在看到被诉侵权产品上所标注的上述信息时，有理由相信该产品来源于绿圣蓬源公司和鸿宾禾盛公司。而商标作为一种知识产权，其权益的实现必然体现在使用商标的商品或服务中，根据权利义务相一致的原则，在鸿宾禾盛公司作为"鸿宾"注册商标的商标权人且与绿圣蓬源公司存在关联关系的情况下，其应当承担因被诉侵权产品侵害他人知识产权所产生的民事责任。

（3）关于原审判决确定的赔偿数额是否适当

绿圣蓬源公司、鸿宾禾盛公司共同实施了制造、销售侵害涉案专利

权产品的行为。虽然丰科公司并未提交其因绿圣蓬源公司、鸿宾禾盛公司的侵权行为所遭受的实际损失或者绿圣蓬源公司、鸿宾禾盛公司因侵权实际获利的证据，根据丰科公司提交的证据第4258号公证书，相关新闻报道文章显示鸿滨禾盛公司的食用菌日产量为20吨，年产值达6000万元，并且该公司生产的蟹味菇、白玉菇等高端食用菌占据全国市场30%的份额。另一篇新闻报道来自北辰政务网，记载了绿圣蓬源公司的日产量由10吨增长到30吨。这些新闻报道提供了关于被告公司的生产和销售数据，表明它们在食用菌市场上的产量和市场份额相当可观。这些信息可能与涉案专利权的侵权案件相关，因为它们反映了被告公司在销售与原告专利相关的产品方面的活动和规模。法院可能会考虑这些数据来评估侵权行为的影响和损害赔偿的计算。这些新闻报道可能成为案件中的重要证据。上述文章报道内容一定程度上反映了绿圣蓬源公司、鸿宾禾盛公司的生产规模。绿圣蓬源公司、鸿宾禾盛公司虽然否认其通过制造、销售侵权产品获利，但其在本案一审、二审程序中均未提出其财务账簿等足以对抗丰科公司的上述有关侵权赔偿证据的反证，以证明其实际获利少于原审法院所确定的赔偿数额。结合丰科公司上述证据，被诉侵权行为给丰科公司造成的损失已经明显超过了法定赔偿100万元的最高限额。

3. 裁判亮点

本案系首例涉及微生物发明专利侵权纠纷案，最高人民法院经审理认为，用涉案专利说明书记载的鉴定方法对被诉侵权产品是否落入涉案专利权的保护范围进行鉴定，并未超出对涉案专利权利要求保护的微生物品种的保护范围。最高人民法院在本案中充分发挥知识产权审判职能作用，厘清了用微生物保藏编号进行限定的权利要求保护范围的认定及侵权判定规则，彰显了依法严格保护知识产权、妥善维护权利人合法权益的司法导向，为该类案件的审理提供了有益探索和重要参考。最高人民法院认为，用涉案专利的说明书记载的鉴定方法来确定侵权产品是否涵盖在专利权的保护范围内，未超出对涉案专利权利要求保护的微生物品种的范围。这一判决可能是在明确侵权产品是否涵盖在专利权的保护范围方面提供了指导，以及在微生物发明专利案件中的侵权判定规则。专利权的保护范围是专利侵权案件中的关键问题之一。专利权利要求的确切内容以及专利权是否包括在内是需要进行详细审查的问题。这一判决有助于澄清在微生物发明专利案件中如何确定专利权的保护范围，从而帮助维护知识产权并保护合法权益。这类案例的审理对于法院和专利权利人都具有重要的法律意义。

三 基因技术专利权国际保护趋势明显

（一）基因技术专利权的国际保护

目前，国际组织关于转基因植物的规定主要集中在三个公约：《与贸易有关的知识产权协议》（TRIPS 协定）。TRIPS 协定是世界贸易组织（WTO）的一部分，它涉及知识产权领域，包括专利保护。根据 TRIPS 协定，成员国需要为新的植物品种提供专利保护，包括转基因植物。这为转基因植物的知识产权保护提供了国际法律基础。《国际植物新品种保护公约》（UPOV 公约）。UPOV 公约是旨在保护植物新品种的国际协定。它规定了如何保护植物新品种的知识产权，包括传统和转基因植物。各国可以选择是否加入该公约以获得相关保护。《生物多样性公约》（CBD 公约）。CBD 公约是关于生物多样性和可持续利用的国际协定。它强调了生物多样性的重要性，包括植物遗传资源。协定要求成员国采取措施以保护和公平分享植物遗传资源，这也涵盖了转基因植物的使用。这些条约都是从缔约国的实际国情出发，基于不同法律保障机制，对转基因植物法律保护做出的规定措施。[1]

---

[1] 李永明、潘灿君：《论基因技术的专利保护》，《浙江大学学报》（人文社会科学版）2003 年第 1 期。

第五章 基因技术知识产权保护

1.《专利合作条约》(Patent Cooperation Treaty，PCT)

专利合作条约确实在国际专利申请领域取得了重要的进展和标志性进展。该条约提供了简化国际专利申请程序的机制，使申请人能够在多个国家或地区提交一份国际专利申请，而无需分别在每个国家或地区提交单独的申请。这大大减少了专利申请的复杂性和成本，使发明者更容易在全球范围内保护其创新。专利合作条约的核心特点包括：（1）统一申请程序：PCT国际申请的格式和程序在各个缔约国之间是统一的，这使得跨国申请变得更加简便。（2）国际搜索和初步审查：PCT国际申请包括一个国际搜索报告，涵盖了相关领域内的已有技术，以及初步审查意见。这有助于申请人评估其专利的可行性。（3）延长国家阶段：PCT国际申请允许申请人选择在若干个缔约国进一步保护其专利，通常在国际申请日起30个月内。（4）节省成本：通过PCT，申请人可以推迟在每个选择的国家或地区提交专利申请的费用，从而节省了时间和资金。中国加入PCT使中国发明者能够更轻松地在国际范围内获得专利保护，也为国际发明者提供了在中国保护其创新的便捷途径。这在促进全球创新和知识产权保护方面具有重要意义。

PCT公约为基因专利申请者提供了极大的便利，缔约国的公民只要在本国提交一份PCT申请，那么后续就同一专利在其他成员国申请专利时，便具有优先权。虽然基因技术的研发者不想他人抢注其成果，但基因技术的研发是一个较为漫长的过程，能否研发成功是一个未知数，通过适用PCT条款便可以降低这一风险。

2.《生物多样性公约》(Convention on Biological Diversity，CBD)

《生物多样性公约》是一项国际性的公约，旨在保护地球上的生物多样性，促进可持续发展。这一公约于1992年6月5日在巴西里约热内卢的联合国环境与发展大会上签署。它是由联合国环境规划署（UNEP）发起的政府间谈判委员会第七次会议通过的，旨在应对全球生物多样性面临的挑战和问题。《生物多样性公约》是一项旨在保护地球生物多样性、可持续使用生物资源，并公平分享与遗传资源相关的利益。CBD 的制定和实施是为了解决生物多样性面临的挑战，包括生物物种的消失、栖息地的破坏、生态系统的退化以及遗传资源的掠夺性使用。该公约强调了国际合作的重要性，以共同应对这些全球性问题，并确保人类的行为不会对地球生物多样性和生态系统造成不可逆转的损害。通过 CBD，国际社会承诺采取措施来保护和维护地球上的生物多样性，鼓励可持续的自然资源管理和遗传资源的公平分享。这一公约成为生物多样性保护和可持续发展的重要法律工具，为全球合作提供了框架。CBD 公约的核心原则和目标包括：（1）保护生物多样性：CBD 旨在保护地球上的生物多样性，包括物种多样性、生态系统多样性和遗传多样性。这有助于维护生态平衡和地球生态系统的稳定性。（2）可持续利用生物资源：公约强调了对生物资源的可持续使用，以确保当前和未来世代都能够受益。（3）公平分享利益：CBD 要求成员国共享与利用遗传资源相关的好处，并确保这一过程公平和合理。这有助于保护生物资源和知识产权的权益。（4）遗传资源获取和技术转让：公约规定了合适的遗传资源获取程序，以及有关技术的适当转让，同时尊重一切相关权利。（5）适当的资金支持：CBD 强调提供适当的资金来支持生物多样性保护和可持续利用的项目和举措。CBD 公约确实强调了成员国对自然资源，包括基因资源和遗传资源的主权。该公约强调国家有权控制和管理其境内的生物资源，同时也强调了环境保护、可持续使用和公平分享与遗传资源相关的好处。这一方法强调了环境保护、可持续发展和公平分享的原则，以确保遗传资源的合理和可持续利用，并避免遗传资源的滥用和不公平获取。这符合生物多样性保护的综合性目标，旨在平衡生物多样性保护、可持续发展和公平分享利益之间的关系。

3. 《与贸易有关的知识产权协议》（TRIPS 协议）

《与贸易有关的知识产权协议》是世界贸易组织（WTO）的一项重要国际协议，确实对知识产权领域产生了深远影响。TRIPS 协议旨在确

第五章 基因技术知识产权保护

保成员国采取一系列措施，以保护各种知识产权，包括专利权，以及在不同领域的创新。在基因技术方面，TRIPS 协议确立了知识产权的相关规定，主要体现在第 27 条①。根据这一规定，满足一定条件的基因可以被授予专利权。这为发达国家提供了法律框架来保护其基因技术的创新，同时也为发展中国家留出了空间，以便根据自身需求和国情开展相关技术的发展。

4.《粮食和农业植物遗传资源国际条约》（International Treaty on Plant Genetic Resources for Food and Agriculture）

《粮食和农业植物遗传资源国际条约》（通常简称为国际种质条约）是确保全球粮食和农业植物遗传资源的可持续使用和分享相关利益的重要国际协议。这一条约旨在保护和促进全球农业和粮食生产的可持续性，并确保各国能够公平分享和访问重要的植物遗传资源。该条约于 2004 年生效，旨在促进农业可持续发展、确保粮食安全、促进粮食和农业植物遗传资源的可持续利用。国际种质条约强调了各国对其领土上粮食和农业植物遗传资源的主权，同时也承认了农民作为遗传资源的保护和利用者的权利。这一协议的重要目标之一是确保农民对自己的贡献和知识的合法保护。此外，该条约还规定了对基因技术的知识产权进行

---

① 《TRIPS 协定》第 27 条：可授予专利的客体

1. 在遵守第 2 款和第 3 款规定的前提下，专利可授予所有技术领域的任何发明，无论是产品还是方法，只要它们具有新颖性、包含发明性步骤，并可供工业应用。在遵守第 65 条第 4 款、第 70 条第 8 款和本条第 3 款规定的前提下，对于专利的获得和专利权的享受不因发明地点、技术领域、产品是进口的还是当地生产的而受到歧视。

2. 各成员可拒绝对某些发明授予专利权，如在其领土内阻止对这些发明的商业利用是维护公共秩序或道德，包括保护人类、动物或植物的生命或健康，或避免对环境造成严重损害所必需的，只要此种拒绝授予并非仅因为此种利用为其法律所禁止。

3. 各成员可拒绝对下列内容授予专利权：
（a）人类或动物的诊断、治疗和外科手术方法；
（b）除微生物外的植物和动物，以及除非生物和微生物外的生产植物和动物的主要生物方法。但是，各成员应规定通过专利或一种有效的特殊制度或通过这两者的组合来保护植物品种。本项的规定应在《WTO 协定》生效之日起 4 年后进行审议。

（商务部：https://sms.mofcom.gov.cn/cms_files/oldfile//sms/202004/20200423110726984.doc。）

了保护，这有助于鼓励创新和发展。国际种质条约的实施对于保护和推动全球粮食和农业植物遗传资源的可持续利用以及确保农民和创新者的权益具有重要意义。它为粮食安全和农业可持续性提供了法律框架和机制。

2001年，中国国务院发布了一系列文件，包括《农业转基因生物安全评价管理方法》《农业转基因生物标识管理办法》和《农业转基因生物进口方法》。这些文件旨在规范和管理转基因生物在中国的应用和进口，特别是关注生物安全和标识等问题。此外，2002年，《中华人民共和国植物新品种保护条例》也进行了修订，并首次向社会公开征求修订意见。这次修订主要涉及以下七个方面：一是制定EDV制度实施步骤和实施办法；二是发布EDV实施范围；三是延长保护期限；四是完善植物知识产权侵权假冒案件处理措施；五是明确权利恢复情形；六是增加惩戒不诚信行为，法规的这一修改旨在增强申请人的诚信意识；七是建立植物新品种权保护专业队伍。

中国自1978年采用UPOV文本[①]建立植物新品种保护制度，但该制度在原始创新、模仿育种、修饰改良和品种同质性保护等方面存在一定差距，尤其是在原始创新方面需要进一步加强。专家们期望中国可以借鉴发达国家采用的UPOV公约1991年文本，以提高植物新品种保护的水平。本次《条例》的修订旨在通过制度性改变来提高植物新品种保护的水平，特别是在创造、应用、保护和全链条中。这一修改的目标是跟随国际植物新品种保护水平的前沿，为中国的种业振兴提供坚实的法律保障。这一举措有望帮助中国更好地保护植物新品种的知识产权，促进原始创新和农业领域的发展。

---

① UPOV文本，即UPOV公约，全称为《国际植物新品种保护公约》，是保护育种者权益的重要国际协定，旨在通过协调各成员国之间在植物新品种保护方面的政策、法律和技术，确保各成员国以一整套清晰、明确的原则为基础，对符合新颖性、特异性、一致性和稳定性要求的植物新品种的育种者授予知识产权，保护其合法权益。

(二) 典型案例：草莓"圣诞红"植物新品种权侵权纠纷案①

1. 案情概述

EUROSEMILLAS 种业技术（北京）有限责任公司（以下简称 EUROSEMILLAS 公司）因台州绿沃川农业有限公司（以下简称绿沃川公司）侵害"圣诞红"草莓品种权，向浙江省宁波市中级人民法院（以下简称一审法院）提起诉讼。涉案品种为草莓新品种"圣诞红"，品种权申请日为 2011 年 7 月 25 日，授权日为 2015 年 9 月 1 日，品种权人为韩国庆尚北道农业技术院，品种权号为 CNA20110546.4。

2017 年 8 月 15 日，林雄进和案外人李忠彬共同与绿沃川公司签订了《草莓种苗购销合同书》，向绿沃川公司购买涉案"圣诞红"草莓幼苗 3.6 万株，单价 1.5 元每株，总价 5.4 万元。合同乙方签章处，盖有绿沃川公司公章和该公司员工"张哲"签名。绿沃川公司将该批种苗的 14200 株发给案外人李忠彬种植，其余 22000 株发给林雄进种植。一审法院依据上述《草莓种苗购销合同书》以及林雄进于 2018 年 1 月 8 日出具的《关于购买"圣诞红"苗木事宜的情况说明》认定绿沃川公司销售草莓种苗的事实存在。同时，依据销售合同中使用的"圣诞红"种苗名称，以及宁波科集技术服务有限公司出具的甬集鉴字〔2019〕14 号《宁波科集技术服务有限公司鉴定书》，该鉴定书做出林雄进种植的苗木样品与 EUROSEMILLAS 公司的"圣诞红"样品遗传背景相似度为 96.84%的鉴定结论等，认定绿沃川公司销售草莓种苗行为侵害了 EUROSEMILLAS 公司的植物新品种权，判决绿沃川公司立即停止侵犯"圣诞红"植物新品种权的行为，赔偿 EUROSEMILLAS 公司经济损失 50 万元。

绿沃川公司不服一审判决，向最高人民法院知识产权法庭（以下简称二审法院）提起上诉。二审法院审查中，各方当事人对绿沃川公司与

---

① （2019）最高法知民终 774 号。

林雄进存在草莓种苗购销合同关系并曾交付涉案"圣诞红"草莓幼苗的事实均无异议，绿沃川公司称涉案"圣诞红"草莓幼苗由其自行生产、繁殖，且未提出合法使用的抗辩理由。二审法院经审理认为，EUROSEMILLAS公司经品种权人独家许可，可以自己的名义直接向第三方主张权利，且《授权委托书》（包含中文译本）经大韩民国公证机关公证，并由中国驻大韩民国大使馆领事部认证，符合我国关于域外证据公证认证等相关法律规定，具有本案诉讼主体资格；一审法院依法委托司法鉴定机构作出的鉴定结论，经依法质证，程序合法，可以采信；一审法院综合考虑侵权的性质、持续时间、后果，植物新品种实施许可费的数额，植物新品种实施许可的种类、时间、范围及被侵权人调查、制止侵权所支付的合理费用等因素，确定本案赔偿数额为50万元，并无不当。二审判决驳回上诉，维持原判。

2. 争议焦点

本案的争议焦点是：一、EUROSEMILLAS公司是否具有本案诉讼主体资格；二、鉴定结论是否应予采信；三、绿沃川公司的被诉行为是否构成侵害植物新品种权及应承担何种民事责任。

（1）EUROSEMILLAS公司是否具有本案诉讼主体资格

本案中，案外人庆尚北道农业技术院与EUROSEMILLAS公司签订的《授权委托书》经大韩民国相关公证机关予以证明，并由我国驻大韩民国大使馆领事部予以认证，亦包含中文译本，程序上符合我国法律关于域外证据公证认证等相关规定，绿沃川公司并未提交充分有效的证据否定其证明效力，原审法院予以采信并无不当。《授权委托书》载明，庆尚北道农业技术院独家许可EUROSEMILLAS公司在我国范围内依法生产、繁殖和销售其授权品种繁殖材料经营活动，如发现第三方侵犯植物新品种权时，EUROSEMILLAS公司有权以自己的名义直接向第三方主张权利。根据《最高人民法院关于审理侵犯植物新品种权纠纷案件具体应用法律问题的若干规定》的相关规定，EUROSEMILLAS公司系本案植物新品种权在我国的独占被许可人，有权就本案单独提起诉讼，依法具有本案诉讼主体资格。

（2）鉴定结论是否应予采信

根据查明的事实，宁波科集技术服务有限公司出具的甬集鉴字〔2019〕14号《宁波科集技术服务有限公司鉴定书》系EUROSEMILLAS公司向原审法院提出鉴定申请，原审法院依法委托司法鉴定机构作出的鉴定结论，该鉴定结论经依法质证，程序合法。根据鉴定书的记载，现场查勘取样由法院工作人员见证，对此本院向原审法院进行了核实。故而，在绿沃川公司未提交足以反驳的相反证据和理由的情况下，原审法院采信该鉴定结论，有事实和法律依据。

（3）被诉行为是否构成侵害植物新品种权及应承担何种民事责任

本案中，《宁波科集技术服务有限公司鉴定书》载明，专家组根据现场勘察、检测结果和调查询问，经综合分析得出的两个样品遗传背景相似度表现为96.8421%，两样品一致性高度相似。在绿沃川公司未提供相反证据的情况下，足以认定被控侵权繁殖材料与授权品种在特异性上存在高度一致性，已落入涉案品种权的保护范围。各方当事人对绿沃川公司与林雄进存在草莓种苗购销合同关系并曾交付涉案"圣诞红"草莓幼苗的事实均无异议，绿沃川公司亦陈述涉案"圣诞红"草莓幼苗是由其自行生产、繁殖，且绿沃川公司未抗辩存在合法的使用理由。由此可见，绿沃川公司未经品种权人许可，为商业目的生产、销售该授权品种的繁殖材料，其行为已构成侵害植物新品种权。根据《最高人民法院关于审理侵犯植物新品种权纠纷案件具体应用法律问题的若干规定》第六条第一款关于"人民法院审理侵犯植物新品种权纠纷案件，应当依照《民法通则》第一百三十四条的规定，结合案件具体情况，判决侵权人承担停止侵害、赔偿损失等民事责任"的规定，绿沃川公司应依法承担停止侵权、赔偿损失的民事责任。

3. 裁判亮点

本案是关于涉外品种权享有同等保护和国民待遇的典型案例。我国是 UPOV 联盟成员国，执行 1978 年文本公约的第三条国民待遇和互惠原则规定，UPOV 联盟成员国的国民，只要遵守和履行与其他成员国国民相同的规定和手续，就能享有与该国国民同样的待遇，特别是对于品种权人，提供与其本国国民相同的待遇。这意味着外国品种权人在中国享有与中国国民相同的品种权保护，只要他们遵守中国法律和程序。这一原则有助于促进国际间的合作和保护知识产权。案例中提到的独占被许可人有权直接主张品种权并提起诉讼，这也符合知识产权保护的原则，即权利人有权维护其合法权益。然而，确实需要遵守我国法律关于证据和程序的规定，包括有关域外证据的认证和公证等法律规定，以便在法院中证明其权利。

第三节　基因技术知识产权保护的理念

一　促进基因技术的发展

基因技术的发展经历了一个漫长的过程。基因工程直到 1973 年才由赫伯特·博耶和斯坦利·科恩首次完成，而对基因进行定向修饰的历史可追溯至公元前 12000 年人类驯化作物开始。人类第一次操纵基因是在通过人工选择来驯化植物和动物的过程中发生的。狗是被驯化的第一种动物，小麦是被驯化的第一种植物。对驯养植物的选择性培育曾经是早期农民改造生物以满足他们的需求的主要途径。例如无性繁殖的香蕉，其后代通常是多汁且硕大，尽管他们缺乏种子，但可以通过克隆繁殖培育这些突变品种。杂交是另一种迅速改变植物的方式，它往往增加植物的活力，并把理想性状结合在一起。X 射线于 1927 年开始被用来刻意变异植物。1927 年至 2007 年，超过 2540 个遗传突变植物品种是使用 X 射线来进行生产的。1972 年，保罗·伯格利用限制性内切酶和 DNA 连接酶，结合猴病毒 SV40 和 λ 噬菌体的 DNA，创建了第一个重组 DNA 分子。赫伯特·博耶和斯坦利·科恩把伯格的工作推进了一步，

第五章　基因技术知识产权保护

将重组 DNA 导入细菌细胞。科恩是研究质粒，而博耶的工作包括限制性内切酶。他们认识到他们工作的互补性，并于 1972 年联手。他们一起发现的一种限制酶切割质粒 pSC101 的单个位点，并能插入赋予其抗卡那霉素抗生素性质的基因入切割处的间隙并连接。科恩此前曾设计了一种方法，使细菌可以被诱导摄入质粒。使用此法，他们能够创造一种细菌，在卡那霉素存在的条件下活了下来。这就是首个接受遗传修饰的生物体。他们反复实验表明质粒上的其他基因也可以在细菌中表达，其中包括从非洲爪蟾上提取的，这也是首个跨界的转化。1973 年鲁道夫·詹尼士创建第一个转基因动物。他通过引入外源 DNA 进入胚胎，使得它创造了一个转基因小鼠，然而小鼠被转入的基因并没有传递给自己的后代。1981 年 Frank Ruddle、Frank Constantini 和 Elizabeth Lacy 的实验室将纯化的 DNA 导入单细胞小鼠胚胎，使转入的基因传递到小鼠的后代。1983 年克尔·贝文、理查德·弗拉维尔和玛丽-戴尔奇尔顿创建了第一个转基因植物：通过创建一个嵌合基因，结合抗生素抗性基因和农杆菌的 Ti 质粒。烟草被用该质粒转化的农杆菌感染，嵌合基因随之被插入到植物的基因组。通过组织培养技术，被抗生素选择、含有该基因的单一烟草细胞生长为新植株。

　　基因工程在医学、研究、工业和农业中都有所应用，并且可以广泛应用于植物、动物和微生物。基因技术涉及最为前沿的生物学知识，能为人类带来全新的生活体验，极大地促进社会的整体进步，对基因技术进行知识产权保护有利于促进产业发展，鼓励科技创新。对基因技术进行知识产权保护的原因是它具有技术上和产业上的创新，而基因技术本身又促进人类社会的进步，因此更要促进基因技术的发展，只有基因技术蓬勃发展，基因技术知识产权保护制度的完善才有了现实意义。要发挥主权国家的主体地位，建立基因专利利益共享机制，完善遗传资源获取与惠益分享机制。政府要出台政策积极鼓励基因资源的开发利用。同时，要增强国内各基因技术公司的创新意识和知识产权保护意识，促进基因技术的蓬勃发展。另外，不仅要促进基因技术的研发，还要规范并引导基因技术的使用和产出，充分发挥基因技术的特点，推动农业、医药业等多行业的迭代升级。

（一）医学

在医学中，基因工程已经用于制造药物，创建模型动物，进行实验室研究和基因治疗。

在生产方面，遗传工程用于大规模生产胰岛素、生长激素、人白蛋白、单克隆抗体、凝血因子、疫苗和许多其他药物。小鼠杂交瘤，融合在一起以产生单克隆抗体的细胞已经通过基因工程人源化以产生人单克隆抗体。正在开发遗传工程改造的病毒，其仍然可以赋予免疫性，但缺乏感染序列。

在研究方面，基因工程用于创建人类疾病的动物模型。遗传修饰小鼠是最常见的基因工程动物模型。它们已用于癌症、肥胖、心脏病、糖尿病、关节炎、药物成瘾、焦虑、衰老、帕金森病的研究和模拟，可以针对这些小鼠模型测试潜在的疗法。在增加器官移植成功率方面，培育了遗传修饰猪。

在治疗方面，基因治疗是人类的遗传工程，通常通过用有效基因替代有缺陷的基因。这可以发生在体细胞组织或种系组织中。体细胞基因治疗已针对多种疾病进行了临床研究，包括 X 连锁严重复合型免疫缺乏症，慢性淋巴细胞性白血病（CLL），和帕金森病；关于种系基因治疗，科学界敦促世界范围内禁止临床使用基因编辑技术以可遗传的方式编辑人类基因组。如果技术不仅用于治疗，而且用于增强、修改或改变人的外表、适应性、智力、性格或行为，也存在伦理问题。

（二）科研

基因工程是科学研究的重要工具，科学界通常采用细菌来研究基因工程。使用细菌的原因是其廉价易得，生长、克隆繁殖迅速，相对容易转化，而且可以长期保存，在 $-80°C$ 几乎可以无限期储存。分离后的基

第五章 基因技术知识产权保护

因可以储存在细菌中,可无限增殖供给研究。可以将生物体遗传工程化以发现某些基因的功能。这些实验通常涉及功能丧失,功能获得,跟踪和表达。

第一类实验是功能缺失实验。例如在基因敲除实验中,遗传修饰生物会缺少一个或多个基因的活性。实验者借此分析由该突变引起的缺陷,从而确定特定基因的作用。这项操作在发育生物学中使用频繁。在黑腹果蝇等生物体中另一种可行的方法是在大群体中诱导突变,然后筛选后代以获得所需的突变。类似的方法可以用于植物和原核生物中。

第二类实验是基因导入实验。这类实验与敲除实验的思路相对,有时与敲除实验一起进行以更精细地了解所需基因的功能。该过程与敲除实验中的操作大体相同,除了将构建体设计成可增加基因的功能,通常通过提供额外的基因拷贝或更频繁地诱导蛋白质的合成。

第三类实验是基因靶向实验。这种实验的目的是寻求获得特定蛋白质的位置和相互作用的信息。一种实现方法是用"融合"基因替换野生型基因,该融合基因是野生型基因与标记基因如绿色荧光蛋白的并置,这使得产物的遗传修饰可见。虽然这是一个有用的技术,但是其操作可能破坏基因的功能,产生二次效应。

第四类实验是表达实验。表达实验旨在发现特定蛋白质在何处和何时产生。在这些实验中,将编码蛋白质的DNA之前的DNA序列重新引入生物体中,其中蛋白质编码区由报告基因(例如GFP)或催化染料产生的酶所取代。因此,可以观察到产生特定蛋白质的时间和地点。表达研究可以进一步通过改变启动子来发现哪些片段对于基因的正确表达至关重要,且实际上由转录因子蛋白结合;这个过程称为启动子敲击(英语:Promoter bashing)。

(三)工业

使用基因工程技术,可以用编码有用蛋白质的基因转化来制造微生物(例如细菌或酵母),或转化来自多细胞生物体(例如昆虫或哺乳动物的细胞），经过转化的生物体将表达所需的蛋白。通过使用发酵工程技术在生物反应器设备中生长转化的生物体，然后纯化蛋白质，可以制备大量的蛋白质。一些基因在细菌中不能良好地作用，因此也可以使用酵母菌、昆虫或哺乳动物等真核生物细胞。

这些技术用于生产药物、补充剂（如色氨酸），帮助生产食物（乳酪制造中的凝乳酶）和燃料，清理溢油、碳和其他有毒废物，以及检测饮用水中的砷。某些遗传修饰的微生物也可以用于生物矿化和生物修复，因为它们能够从其环境中提取重金属并将其掺入更易于回收的化合物中。在材料科学中，基因修饰的病毒已经在学术实验室中用作组装更环保的锂离子电池的支架。通过在某些环境条件下表达荧光蛋白，细菌已被设计为传感器之用。

（四）农业

基因工程最有名，也是最有争议的应用之一是创造和使用遗传修饰作物或遗传修饰生物，也即转基因农作物和转基因生物。

相比于普通植物，转基因植物有许多优势。例如，抗虫转基因植物可以减少化学杀虫剂的危害，抗除草剂转基因植物可以减少除草剂的危害，氨基酸转基因植物可以改善农产品的营养价值，等等。

相比于普通动物，转基因动物也有许多优势。例如，转基因动物可以作为生物医学模型促进人类医学水平的进步，转基因动物的乳腺可以生产出难以通过自然手段取得的药用蛋白，转基因动物可以减少人类器官移植的排斥反应。

（五）环境保护

基因工程在环境保护和自然区域管理中具有潜在的应用。例如，通过病毒载体的基因转移作为控制入侵物种以及接种来自疾病的受威胁动物群、使用遗传修饰树作为赋予野生种群群体免疫。随着气候变化和其他扰动导致生物体适应不良的风险增加，通过基因调整促进适应可能是减少灭绝风险的一个解决方案。遗传工程在保护中的应用迄今为止大部分是理论上的，还没有付诸实践，将需要进一步的实验来衡量这种做法的好处和成本。

二 完善基因技术专利权的法律规制

在商标权方面，基因技术与其他技术的商标并没有太大区别，因此没有讨论的必要；在著作权方面，虽然有学者指出对基因序列进行版权保护，但更多学者表示反对，实务界也并不认同基因序列的著作权保护；在专利权方面，基因技术的专利权保护具有可行性，也具有必要性，应当受到法律保护，现有立法也承认了基因技术的可专利性，但是我国的规定仍处于一个模糊的状态。

目前，我国对基因技术的专利权保护主要集中在对基因技术方法的专利权保护上，对于首次从自然界中分离或者提取出来的基因，现有文献不曾记载且具有产业价值的，则该基因本身可以得到专利权的保护。对基因技术的产物——转基因动物和转基因植物，我国专利制度并未对其进行保护，《专利法》只保护转基因动植物的生产方法而不保护转基因动植物本身，而方法专利的保护效力远不及产品权利要求，这会导致不法分子通过其他方式获得转基因动植物。[①] 另外，我国对转基因植物主要以品种权进行保护，而根据《植物新品种保护条例》，植物新品种权的保护范围仅限于国家植物品种保护名录中列举的植物的属或者种，那么名录之外的其他植物便既无法受到专利权的保护，又无法受到植物新品种权的保护，因此要完善基因技术知识产权的立法，补充设定转基因动植物品种专利权。另外，要根据实际国情来把握基因技术专利的授权条件。专利权的授予要求专利具有实用性、新颖性和创造性。对于基因技术专利，我国审查标准较为严格，如果能够适当放宽基因技术专利的标准，那么便可以促进基因技术的发展。

基因技术是一项涉及前沿科技的复杂技术，它整体的研发周期较

---

① 刘鑫：《基因技术专利化的问题、争议与应对》，《电子知识产权》2021 年第 8 期。

长，分为许多研究阶段。通常，前一阶段是后一阶段的基础，且两个阶段之间的联系十分紧密，在向后续阶段探索的过程中，不可避免地要使用他人的基因专利作为研究的条件或对象，如果权利人坐地起价，或者蓄意拒绝，则会对科学进步造成极大的阻碍。根据我国《专利法》第七十五条的规定，专门为科学研究和实验而使用有关专利的不视为侵犯专利权①。对于"使用有关专利"的范围，实务中存在着一些争议，如果过分地扩张其范围则会冲击权利人的合法权利，如果过分地限缩其范围则会不利于科技的进步。基于这两方面的考量，应把该条文理解为上述目的按照公布的专利文件，制造专利产权产品或者使用专利方法，对专利技术进行分析和考察，而不是利用专利技术作为手段进行其他的科学研究和实验目的。另外，由于许多基因技术专利是科学研究的条件与资料，为了促进科技的进步，要引入强制许可手段，通过国家强制力来对基因技术现有技术进行合理的分配，来打破这种无限循环。

转基因植物是目前我国研究和使用范围最为广泛的领域，研发转基因植物的主体是科研工作者，而量产转基因植物的主体是农民，如何保障农民的合法权益便成了新的问题，如果农民需要为他播种下的每一粒种子支付专利费用，那么这个制度便牢牢掐住了农民的生存命脉。《植物新品种保护条例》规定了农民权，而《专利法》并未涉及农民权益。基因技术的蓬勃发展是大势所趋，基因技术成果的产业化也势不可当，

---

① 《专利法》第七十五条：有下列情形之一的，不视为侵犯专利权：

（一）专利产品或者依照专利方法直接获得的产品，由专利权人或者经其许可的单位、个人售出后，使用、许诺销售、销售、进口该产品的；

（二）在专利申请日前已经制造相同产品、使用相同方法或者已经作好制造、使用的必要准备，并且仅在原有范围内继续制造、使用的；

（三）临时通过中国领陆、领水、领空的外国运输工具，依照其所属国同中国签订的协议或者共同参加的国际条约，或者依照互惠原则，为运输工具自身需要而在其装置和设备中使用有关专利的；

（四）专为科学研究和实验而使用有关专利的；

（五）为提供行政审批所需要的信息，制造、使用、进口专利药品或者专利医疗器械的，以及专门为其制造、进口专利药品或者专利医疗器械的。

因此要在科技进步的同时，尽快构建对基因成果产业化生产者——农民的权利保障体系。①

三　建立基因技术专利池

随着转基因技术的发展，转基因技术发明者的研究成果终于得到了承认。2013年6月19日，转基因技术发明团队的带头人被授予世界粮食奖，三支相互竞争的队伍在1983年1月首次提出他们的结果。25万美元的奖金，是颁发给改善世界食品的"质量，数量或可获取性"的人。同时，基因工程技术的发展在科学界引起了对潜在风险的担忧。对基因工程的监管始于1975年美国加利福尼亚州的阿西罗马会议提出的一套关于谨慎使用重组技术和从该技术所产生的产品的指导方针。该方针是自愿遵守的，但随后美国先后成立了重组DNA咨询委员会等机构，有效地使在美国所有的重组DNA研究受到严格的监管。随着技术的改进，以及接受基因改造的生物包含潜在的商业产品，美国在科学技术办公室（OSTP）下成立了一个委员会，建立机制规范发展中的转基因技术。1986年OSTP给USDA、FDA和EPA分配了美国境内基因改造植物的批准权。在20世纪80年代末90年代初，包括联合国粮农组织和世卫组织在内，许多组织提出了评估基因改造食物安全性的方针。

遗传修饰技术也被用来进行小鼠基因敲除。它们被用来研究各个基因的功能，是研究人类疾病的有用模型。在20世纪80年代，新技术被开发出来，可以通过将外源基因整合到叶绿体来实现植物转基因。利用细菌合成的人胰岛素在1979年被首创，并在1982年第一次被用来治疗。利用植物生产的人类抗体在1988年被首创。第一种被用来在它们的乳汁中合成蛋白质的转基因动物是老鼠，以生产人类组织型纤溶酶原激活剂。该技术现在已经应用到羊、猪、牛和其他家畜身上。

---

① 薛燕飞：《中国转基因植物专利权的保护现状及实施分析》，《分子植物育种》2023年第13期。

1976年，第一个基因工程公司由赫伯特·博耶和罗伯特·斯旺森成立，一年后该公司开始在大肠杆菌中生产人类蛋白质（生长抑素）。1978年，该公司宣布生产人胰岛素。在1980年，美国最高法院在戴蒙德诉查克拉巴蒂一案中裁定，基因改造的生物可以申请专利。1982年，美国食品和药物管理局批准了基于基因技术而生产的胰岛素。1983年，一家生物技术公司"高级遗传科学"（AGS）申请在美国政府授权下进行田间试验，以保护农作物免于霜冻，但碍于环保团体和示威者的挑战推迟了四年之久。1987年，该试验的两片试验田在试验前夕遭到示威者破坏。BBC描述此事为"史上第一片试验田遇到史上第一批破坏者"。

转基因植物的首次田间试验于1986年在法国和美国进行，试验对象是耐除草剂烟草。中国是首个商业化的转基因植物的国家，于1992年引入抗病毒烟草。1994年，欧盟批准了耐除草剂溴苯腈的烟草，使得它成为第一个在欧洲商业化的基因工程作物。1995年，转基因马铃薯在被美国FDA批准之后，被美国安全环境保护局批准，成为在美国首个自产农药的作物。到2010年，按照ISAAA年度简报，不但商业化种植转基因作物的国家数量大大增加，而且被商业化种植的转基因作物品种数量也大大增加。[1]

基因技术专利池目前主要集中在转基因动物和转基因植物两个方面。这表明在基因技术领域，特别是涉及转基因生物体的方面，专利拥

---

[1] 张燕、施圣杰、陈胜：《美日欧转基因作物知识产权保护比较研究》，《世界农业》2012年第10期。ISAAA年度简报：虽然只有29个国家（或地区，下同）在2010年商业化种植转基因作物，但加上另外的31个国家，自从1996年以来，共计60个国家已授予监管机构批准转基因作物作为进口食品和饲料使用和释放到环境的权力，共有1045项批文，授权针对25种植物的196个案例（注：一个"案例"是对一个特定物种的特定基因改造）。因此，在60个国家中，转基因作物已被接受进口作为食品和饲料使用和释放到环境中：包括主要的粮食进口国，如（不种植转基因作物的）日本。已批准转基因作物的60个国家中，美国的批文位列榜首，其次是日本、加拿大、墨西哥、韩国、澳大利亚、菲律宾、新西兰、欧盟、中国台湾。玉米（65）获得的批准最多，其次是棉（39），油菜（15），马铃薯（14）和大豆（14）。在大多数国家，获批最多的案例是耐除草剂大豆（GTS-40-3-2），共25项批文（欧盟的27项计为1项），其次是抗虫玉米MON810（23项批文），耐除草剂玉米NK603（22项批文）和抗虫棉MON1445（14项批文）。

第五章 基因技术知识产权保护

有者和相关利益相关者已经积极寻求专利保护。这种专利池的建立有助于确保创新者能够保护他们的发明，并在一定程度上为知识产权的合理使用提供了框架。转基因动物（transgenic animal）指用人工方法将外源基因导入或整合到其基因组内，并能将此外源基因稳定地遗传给下一代的一类动物。由于转基因动物体系打破了自然繁殖中的种间隔离，使基因能在种系关系很远的机体间流动，它将对整个生命科学产生全局性影响。转基因动物技术是一项重要的生物技术，它通过将外源基因引入动物的基因组，并使这些基因能够稳定传递给后代，从而创造出具有特定遗传特征的动物。这项技术颠覆了自然繁殖中的种间隔离，使得基因能够跨越种类传递，对生命科学领域产生广泛影响。转基因动物技术的重要性在于：遗传研究：转基因动物是生物医学和遗传研究中的有力工具。科学家可以将外源基因引入转基因动物，以研究基因在生命过程中的功能和调控。这有助于深入了解遗传疾病、癌症、生长发育等多个领域。生物医学研究：转基因动物被广泛应用于药物开发和疾病治疗研究。它们可用于模拟人类疾病，评估潜在药物的疗效和安全性。农业：转基因动物技术也在农业领域有所应用，例如生产抗疾病、高产量或高质量的畜禽。环境保护：转基因动物可用于监测环境中的污染物，提供环境生态系统研究的工具。基因治疗：转基因动物有望用于基因治疗研究，改善人类遗传疾病的治疗方法。转基因植物主要是指转基因农作物。转基因农作物（Genetically Modified crops，缩写为 GM crops）指依靠转基因技术产生的农作物。这种转基因作物通常在营养价值、品质、产量、对自然恶劣环境的抵抗能力上，较原有作物有所增强。比如，将抗虫基因转入棉花、水稻或玉米，培育成对棉铃虫、卷叶螟及玉米螟等昆虫具有抗性的转基因棉花、水稻或玉米等。

基因技术国际化的趋势势不可当，且许多基因技术专利是科技发展的基础条件，为了达到促进科技进步和保护专利权人合法权利两者之间的平衡，可以建立基因技术专利池。所谓基因技术专利池，就是指一种由专利权人组成的专利许可平台，平台上的专利权人之间互相授权许可，或以统一的条件向第三方进行许可。①

一项基因技术的研发往往需要众多现有的其他基因技术作为基础条件，而环环相扣的技术进步逻辑使得研发者必须取得其他专利权人的授权，即使专利权人同意授权，授权地点、许可期间等多种因素都会使得研发者的科技研发工作更为烦琐，而专利池的建立可以很大程度上消除专利实施的授权阻碍。专利池（Patent Pool）是一种合作机制，有助于简化和促进涉及多个专利权的技术研发和使用。专利池的建立可以降低授权的复杂性，提高技术研发的效率，并有助于解决技术研发中的专利冲突问题。专利池通常由不同的专利权人共同创建，他们同意将自己的专利汇总到一个共同的池中，以便其他研发者可以更容易地获取和使用这些专利。这种合作模式有助于降低成本，减少法律纠纷，加速技术的研发和应用。专利池的建立可以针对特定领域或技术，例如医疗设备、药物、通信技术等。专利池的优势包括：简化许可过程：通过将多个专利整合到一个池中，许可过程更加简化，研发者不必单独与每个专利权人进行谈判。减少成本：共享专利可以减少许可费用和专利诉讼的成本。加速技术创新：通过提供更广泛的访问，有助于促进技术创新和发展。降低法律风险：专利池可以减少专利侵权的风险，因为参与池的研发者可以在专利权人的授权下使用相关技术。专利池的建立可以在特定领域或技术中带来许多益处，特别是在需要访问多个专利的复杂技术项目中。然而，专利池的创建和管理也需要有效的组织和合作，以确保专利权人和使用方的权益都得到充分尊重。另外，由于专利池的成员对专利池内的每一项基因技术专利都享有平等的使用权，这样便大大增加了成员申请基因专利技术的可能性，即使申请人最终没有取得专利授权，

---

① 吕炳斌：《试论基因技术发展对法律的挑战》，《华东理工大学学报》（社会科学版）2002年第1期。

专利池的使用过程也有助于提升我国的研究水平，打破国外的基因技术专利壁垒。目前，学界认为较为急迫的两个专利池是基因诊断产品专利池和基因药物专利池。需要注意的是，基因技术专利池的建立会带来垄断风险，诸如集体制定统一的价格和交易条件，集体抵制与特定主体交易等行为会使得基因技术专利池不能起到预设的设立目标。因此，建立基因技术专利池的同时要注意对权力滥用行为的规制。专利池的建立可以带来许多益处，但也需要监管和规制，以防止滥用权力和垄断行为。以下是一些可能的措施和考虑：反垄断法规制：政府和监管机构可以采取反垄断法规制，以确保专利池的参与者不滥用其市场支配地位。这包括监督价格设定和合同条款，以防止恶意垄断行为。透明度和监督：专利池的运营应该具有透明性，允许监管机构和利益相关者监督其活动。这有助于确保专利池的运营符合法规和公平竞争原则。公平使用条款：专利池可以设立公平使用条款，确保不会对某些利益相关者进行不合理的歧视，从而保护小型创新者和竞争对手的权益。独立仲裁和争议解决：专利池可以设立独立的仲裁和争议解决机制，以处理可能涉及的争议和纠纷。监督合规机构：设立一个独立的机构来监督专利池的运营，确保其符合法律和道德要求。专利池的建立和管理需要谨慎考虑，以确保它既能推动创新和合作，又能防止滥用权力和垄断。合适的监管和规制可以帮助平衡这些因素，确保专利池的目标得以实现。

第六章

云计算知识产权保护

第一节 云计算知识产权保护概述

一 云计算的定义

在云计算的定义方面,产学研界各抒己见。其中最重要的一点就是,云计算不是简单地把资源虚拟化或集中到一起,而是利用先进技术将其整合为一个整体来进行服务。Google 首次正式提出了"云"这一概念及理论,CEO 施密特(EricSchmidt)曾指出,云计算的扩展能力非常强,使分布于计算机中的海量计算与数据,用户通过连接互联网就能轻松获得;IBM 将云计算视为计算风格,就是基础设施共享;网格计算之父 IanFoster 曾经指出,云计算是分布式计算,它有经济效益,规模的云计算资源池为云计算提供了一种新的计算模式,将不同的平台、服务、存储等云计算资源集中起来,并通过一定的收费模式为用户提供服务。中国云计算领域的领军人物刘鹏表示,云计算能够将计算能力集中到一个统一的平台上,通过对各种不同的应用程序进行部署,从而实现对所需要的云计算服务。包括存储空间,平台和服务等。

二 云计算的特点

云计算就是以互联网为计算方式,根据需要向终端计算机设备提供共享软硬件资源及信息,从狭义上讲,云计算就是提供 IT 基础设施并加以利用,从广义上讲,云计算就是提供服务,提供利用。云计算与传统的计算环境不同,它主要由硬件、软件以及相关的技术支撑构成。二者的不同之处在于,前者意味着用户在网络上获得了像水电那样利用 IT 基础设施的机会,后者是指以网络为载体的 IT 及软件的获取、互联网或者其他随意的服务,二者均按需使用、易扩展地获得资源和服务。在云计算环境中,服务可以根据需求进行组合和重组,从而实现资源共享、快速部署以及灵活配置。通常云计算中的业务有如下特点:

1. 按需自助服务。用户可按其需要要求提供一种或多种云计算服务,采取"即付即用的"付款方式,把交互式的手动流程变成自动化的自助部署资源,以提高收益。

2. 开放式的网络访问。在云计算环境中,这些标准能够帮助用户更快速地找到所需的资源。通过开放式网络访问以及云计算标准化机制,可获取处于不同地区不同云供应商所提供的资源和服务。

3. 资源池。当系统中存在多个可用的云服务时,可以将每个可选资源都分配给相应的服务提供者,而不必考虑资源本身是否具有可用性和可靠性。

4. 弹性服务。它与可用性和可靠性相对应,通常用来表示一个服务是否能够提供给用户所需的功能。弹性又是可扩展性,它意味着资源能够根据需要扩展(或缩小)。在很多应用中,用户需要不断地扩展自己的业务功能,但这些业务功能往往会随着使用次数的增加而变得越来越复杂,甚至无法实现。此处指业务大小可以迅速伸缩,为了满足使用者随时同时请求业务的负载能力。

5. 可测量的服务。云计算通过利用互联网某种可以计量的方式来优化服务资源使用,并根据测量所得的结果收取资源使用费。

6. 多层黏性。这是云安全联盟指出的云计算的第六个特性。多层黏性意味着需要对相关的云计算政策进行执行、细分、隔离；针对用户的不同类别，进行行政、服务分级，并建立起对应的机制和模型。

7. 可审计和认证。它是一种记录与追踪服务，使其能够对政策和规章执行情况和遵循情况进行实时评价。

三　云计算的分类

云计算之云形象地隐喻了互联网，用云的形状比喻互联网网状结构。云计算技术将使企业、个人和家庭都可以享受到前所未有的信息共享与应用服务。

按服务类型及其水平，把云计算分为：SaaS（软件即服务）、PaaS（平台即服务）、IaaS（基础设施即服务）。

1. 软件即服务（SaaS, SoftwareasaService）：软件即服务在国外已经相当成熟并有许多成功实例，但国内目前还处于探索阶段，尤其对一些大型企业来说还是一件非常棘手的事情。指软件是以某种服务的形式来进行运作，用户在互联网上通过出租的形式使用该软件。例如在网上下载软件文件时只需要打开浏览器即可查看所需内容，方便快捷。

2. 平台及服务（PaaS, PlatformasaService）：它是通过为用户提供应用服务引擎（例如，运行平台和互联网应用编程接口等）来提供服务，用户基于该平台进行应用软件开发。它包括为用户提供数据存储、分析处理和可视化等方面功能的系统或程序，这些软件可以被用于诊断各种疾病。

3. 基础设施即服务（IaaS, InfrastructureasaService）：指虚拟硬件资源采用服务方式，用户不需要购买服务器、计算或存储设备，只要付出一些租用费用，便可建造属于自己的应用系统了。在云计算环境中，基础设施是为整个数据中心和其他业务系统提供数据和服务支撑平台的重要组成部分，也是云计算得以实现的基本保证。

第六章 云计算知识产权保护

第二节 云计算知识产权保护的应对措施

一 云计算知识产权保护的挑战

在互联网应用不断推广和发展的今天，网络信息和服务无所不在、无时不在，云计算技术自身实际上也是服务模式。云计算为大数据破解难题，它推动着社会群体之间信息的沟通和利用，同时，云空间具备数据储存功能，能有效应对消费者对数据的使用需求，让消费者随时都能、无论在哪里都可以得到云服务，这一途径大大地推动了信息沟通和行业发展。但云计算这一新兴技术，并非对所有的企业都适用，且云计算正处于成长期，不具备大范围专利性条件，因此，云计算这一全新的模式，其知识产权保护问题主要有以下几个方面：

（一）个人数据安全和隐私堪忧

云计算技术所使用的分散型数据存储方式，并且依据其资源与服务来运作，具有多层次、共享性等特征，把世界各地计算机用户在网络上进行信息和数据交互，用户提交个人信息还会分散保存于各国区域云存储器。云计算的发展使得人们可以更加方便地利用云端的存储空间来为自己提供服务，同时由于其开放性和资源共享等特征，也带来了新的安全隐患。在此云环境背景下易出现隐私保护等一些问题，主要有以下几个方面：第一，某一个云系统有可能是位于同一台服务器中其他系统主体攻击的目标，由此使云中个人数据及有关资料接收被侵害；第二，云系统的数据信息也有受到官方法律实施行为威胁的风险，官方机关的法律行为，通常是在没有获得有关信息主体或数据所有人许可的情况下，检查并处理云中个人数据；第三，当某个云被恶意篡改或删除后，该个体的敏感信息将无法得到有效保障，进而影响到其他使用者的利益。这是因为云计算具有多层性，到达每个层次的云，将有不同的云服务提供商参与其中。这些因素使得云用户的信息安全风险也随之增大，甚至有可能导致整个云系统瘫痪。参与收集云用户数据及资料、存储与处理主体数量越大，它所涉及的个人数据与资料，可能会面临着越多威胁。第四，云计算的发展也使云用户拥有了一定程度的隐私权。换言之，随着云用户越来越多，其扩展性、多层次性等特征毫无疑问将使其个人信息与数据越来越多地暴露于网络之中，失去了对它主人的控制。第五，在云环境中，用户的个人数据资料一般被他人直接或间接地访问过，这对于用户来说也是一个极大的安全隐患。考虑到云计算用户的个人数据信息以一种分散型的方式存储，且存储地点有较大不确定性，因此，云用户自身也失去了对其数据信息的管辖与保护，通常都交给云服务提供商来管理和掌控。① 在这种情况下，如果云服务提供商有违反法律规范的行为，那么，这些行为将直接损害到云用户的合法权益，甚至造成严重的后果。不难理解，这会给云用户个人信息数据造成一定程度的威胁，云服务提供商将在其与用户订立服务合同时引入相关技术保障条款。首先，这些条款赋予了云服务提供商在特定情况下公开和处置用户的个人资料的权利，但是对于未规定云服务提供商执行这类披露及处理用户信息所应承担的义务而言，这种霸王条款对于保护个人数据信息及其隐私极其有害。同时也会影响到云服务商与云用户之间的信任关系和合作意愿。其次，云服务提供商也可能处于授权机制中、审查的控制机制、过多地依赖于数据中心的系统，以及操作失误或不当进行数据识别与恢复，威胁用户个人数据信息与隐私保护。

（二）缺乏对云计算技术的创造和应用能力

由于云计算技术衍生于大型软件技术，同时国内目前的大型软件技术原创性开放能力不足等，那就是，国内先进的云计算技术一定程度上仍然有赖于进口，对于先进的云计算技术研发能力薄弱，因此，我国的云计算技术缺乏创造能力；同时由于国内软件产业发展相对滞后，导致

---

① 姚鹤徽、张根银：《论 IaaS 云服务商的著作权侵权责任》，《福建江夏学院学报》2021年第 6 期。

国内软件厂商的自主创新能力较低。此外，因为我们国家的知识产权的创造、使用、保护起步较晚，发展缓慢，尽管我国知识产权水平在纵向对比上有较大的发展，但是，企业运用知识产权的能力还远远落后于外国同业，而已有的知识产权则集中于特定的专业领域，没有大规模综合应用的层次，因此，国内云计算技术的应用能力还远远不够。

（三）缺乏行之有效的知识产权战略布局和风险对策

云计算属于复杂软件技术范畴，其特点是过程漫长，参与人数众多、面广等，在任何传播节点上，各参与方均产生了某种侵权方式或者侵权行为，而伴随着云计算大范围商业化的运用，内嵌商业方法多采用多重嵌套方式展现，会使知识产权争议更复杂，还造成对云计算技术进行防护比较困难的局面。

同时，我国云计算相关企业知识产权运用能力先天不足等问题，使国内企业申请云计算专利目的比较肤浅，纯粹是为了保护自己的技术，也是为了占领市场，通过战略交换或将其提升到行业标准的思考较少，在云计算战略布局上不具备长远眼光。我国知识产权管理机构的视野不开阔，对于知识产权保护，尤其是在云计算领域，缺少前瞻性研究，很难与时俱进，由此促进云计算技术转型升级。此外，许多企业还没有建立起知识产权内部管理体系，在知识产权创造方面缺少有效的激励，在知识产权使用方面没有有效的计划，知识产权保护对策匮乏等。综合来看，政府、企业缺乏对知识产权机制的足够重视，使我国的云计算企业缺乏有效的知识产权战略规划和风险应对措施。

二 云计算知识产权宏观保护策略

（一）在知识产权法律中加入云计算的行业标准

标准的形成通常有"法律标准"与"事实标准"之分。"法律标准"即由法律、法规等强制性规定所确定的标准，包括国家制定的标准以及其他具有法律效力的文件中有关技术标准方面的内容。所谓"法定标准"，就是通过标准化组织的法定程序而形成或者确立起来的准则，例如，由政府或其授权机构所制定的准则；"事实标准"则是根据法律规定制定出来的，具有法律效力的标准，如法律法规中所确认的技术标准。"事实标准"是在市场行为中自发地产生的，没有得到政府授权和认可的准则。云计算技术作为一种新型的信息技术应用模式，其标准化问题已成为业界关注焦点之一。就目前云计算的发展情况而言，尽管谷歌、微软和其他主要跨国公司正在开始制定统一的标准，但是目前还没有形成云计算的统一标准。云计算环境下出现了"法定"与"事实"两个概念，这将为云计算技术提供新的理论支撑。我们的政府与企业都应把握住这个契机，结合"法定标准"与"事实标准"两种形态，加速推进云计算相关规范的制定，并将其纳入我国知识产权法律保障体系之中，夯实标准。

云计算时代的服务内容均储存于云端服务器中，云计算技术保护还是一种均衡的服务提供者，是第三方平台和终端用户参与主体间的利益关键一环。目前我国云计算环境下服务知识产权保护存在着法律体系不完善、技术保护措施单一等问题。对此，应当在知识产权保护中强化技术保护。目前对于云计算下知识产权保护面临的新问题，并提出相应对策建议。一是增强服务器安全防护，保证了云端服务器运行安全；同时还需要完善相关法律法规，为云端服务器提供必要的法律保障，从而实现对云计算环境下知识产权的有效管理和利用。二是强化节点管控，保证了控制节点和云端服务器的有效分离，防止黑客或者恶意内容经由节点侵入服务器；进而增强了控制节点和用户之间的有效分离，使用户购买后才得到想要的东西，维护云产业链中参与各方利益。三是将标示符添加到服务内容上，使一旦侵权，可利用定位识别符调查侵权者。

（二）健全云时代下知识产权法律体系和执法环境

科技的进步，使知识产权制度持续地推动着经济发展，并提出了新技术环境下知识产权法律制度的完整优势保障和良好执法环境之根本。

当前我国在知识产权保护方面存在诸多不足，尤其是在新技术环境下云计算知识产权保护问题更为突出。随着知识产权步入"云"时代，一方面，要更加完善其法律保障体系，使其能够更好地发挥在促进行业发展中的引导作用，云计算时代，激发了更多人们对知识产权的创造与利用；同时也需要加强对知识产权保护力度，为云计算技术健康稳定发展提供保障。另一方面政府要建立强有力的知识产权执法和管理机制，优化云计算的知识产权，从而确保新技术语境中的知识产权法律具有可执行性。

（三）加大云计算知识产权保护与宣传力度

国家要把云计算及其相关行业列入国家战略，在全国范围内加强有关的研究工作，厘清了云计算不同发展时期和相关战略措施，指明了云计算技术和产业发展的方向。同时，要借鉴欧美发达国家知识产权发展经验，掌握社会发展对技术的要求，构建云计算背景下知识产权保护开发的有利政策环境。应加大云计算知识产权法的保护与宣传力度，鼓励云计算企业设置知识产权保护部门，积极推进云计算知识产权保护工作，透过政府对知识产权保护团体的云计指导，开展知识产权保护培训工作，对政府云计算知识产权保护提出专业的意见。构建云计算与知识产权保护的互动机制，组织有关企业开展经常性的交流与合作，组建知识产权保护网络。最后，运用法律手段处罚侵犯云计算知识产权的案件，保障权益人合法权益等。

第三节 云计算服务模式知识产权保护

一 SaaS 模式知识产权保护

（一）SaaS 服务模式概述

服务软件即服务（Software-as-a-service，SaaS），是指通过互联网

所提供的软件。SaaS 模式是一种先进技术，它引领着管理软件未来发展潮流。

SaaS 能够有效地提高软件开发效率，缩短软件开发周期。它突出的优点是节约了成本。与常规软件授权模式相比较，SaaS 不但免去了购买软件、授权软件的传统成本，并且在系统的部署、维护与升级等方面同样由 SaaS 服务商来负责，用户只要为软件租用付费，便可获得相关服务，剩下的 IT 资源设施的成本完全不需要考虑。

众所周知，一种新的技术离不开服务模式，网络服务提供商常常借助技术更新不断更迭服务模式。随着互联网时代的到来，"数据信息"成为人们生活中必不可少的一部分。"数据信息"在云计算中处于核心端，知识产权法律制度是用以保护知识与信息的法律手段之一。在云计算技术下，知识的产生和传播途径发生重大变化，知识产权制度也随之而变化。作为一种变革性信息技术，云计算已经在知识产权保护与知识产权制度中发挥着举足轻重的作用。

（二）SaaS 模式涉及的知识产权内容

1. 智力成果归属权

SaaS 模式下，云计算运营者正在获得软件开发商授权上，对于部署于其服务器的应用软件中含有的资料，拥有全部版权，以这种方式为使用者提供软件服务，用户按需使用云计算运营商的应用软件，并且付出了一定的使用标准。云计算环境下的著作权保护问题主要体现为如何确认著作权人与使用者之间的权利义务关系，以及确定云计算服务商在云计算应用软件开发、运行及维护过程中的具体行为是否构成侵权。在这一过程中版权所涉及的主体主要为云计算运营商与云计算应用程序的用户，所涉对象即是云计算应用软件和其中包含的信息，云计算运算结果，等等。云计算服务提供商在获取了这些数据之后，可以通过网络将该数据转发给云计算的终端用户，从而实现对该

第六章 云计算知识产权保护

用户所创造的智力成果进行合理分享或利用的目的。从而在用户享用云计算软件所产生的智力成果时，在实践中，根据服务协议约定的方式，确定智力成果权。在我国现有法律体系下，云计算服务提供商可以为用户提供相应的软件技术支撑或服务支持。当云计算运营商提供服务时，会通过服务合同条款来要求用户除了缴纳一定的费用之外，还必须让用户独占、与运营商共享或者是由运营商独占用户对该软件创造出来的智慧成果。这实际上就是云计算服务商对用户的一种间接侵权形式，即所谓的"搭便车"行为。① 然而我们深知，云计算具有"资源池"这一效应，意味着用户正在享受云计算运营商软件信息服务，用应用软件进行再造、还将信息及运算结果放入"资源池"，供第三方或多方利用。因此，版权保护对象是云计算环境下产生的智力成果及其相关利益分配问题。从而拓宽版权保护的主体：云计算运营者、原有的云计算使用者与第三方或多方云计算使用者之间的关系。在这些利益相关者之间，存在着一个权利冲突和利益冲突的问题，即谁拥有了云计算服务提供商所提供的软件产品的使用权以及谁又享有了其开发、利用软件产品产生的智力成果的著作权。原有云计算用户基于云计算运营商软件服务所产生的智力成果权，由当事人协议，但第三方或多方基于原有云计算用户新计算结果进行利用，应获原版权所有人授权许可，并且明确了它们各自的版权地位与权益，以协商一致方式通用；在不协商一致时，可以选择放弃著作权或者将其转化为其他权利，但需要征得原版权所有人同意或签署书面协议，否则，原版权所有人不得行使这些权利。在当事人无法达成共识的情况下，版权保护问题与争议随之产生，版权保护是由云计算运营商提供云计算应用软件计算流程，还是由用户创造性地构想这种云计算使用？

---

① 苏晗：《略论云计算环境下我国著作权保护的困境与措施》，《法制与社会》2017年第9期。

有关用户上传的内容归属等，多反映于云存储服务提供商和用户服务协议条款，即"谁放入的内容归谁所有"[①]。例如，微软对该协定作出了权利免责声明，也就是微软不有权将用户或云服务提供商上传到平台上，内容归属问题仍属上传者，同上，上传者应承担内容侵权责任，微软没有任何权利和责任；百度在搜索结果页面上出现"百度云计算平台提供的服务侵犯他人著作权"字样时，百度将其视为侵权并承担连带责任。谷歌云存储服务协议新增内容知识产权归属补充条款"你保留此内容所拥有之任何知识产权所有权"。作为网络服务提供商对于服务器上存储的终端用户内容，若依据相关资料的管理，出现"持有，储存，拷贝，修改"之类的行为，则属合理。那么服务器就可以通过使用自动监控技术来保护终端用户所拥有的内容。[②]

例如，微软采用自动化方法来发现并预防恶意软件及垃圾邮件，以便对服务进行更新和改进。同时，网络服务提供商还可能通过提供各种技术来保护其用户所拥有的作品的著作权。而对于侵犯知识产权行为，网络服务提供商对其设定了免责条款，如华为网盘的服务条款中规定"在华为网盘中存储的任何作品的知识产权归使用者（使用者自己的作品）或第三方（第三方的作品），保证所有您在此储存的作品或第三方作品不侵犯任何第三方知识产权"，如若侵权，由此而招致的一切费用，都是上传者本人承担，"并保证华为网盘不会因此而遭受任何损失"。同时，云服务商还可以通过约定或者其他方式将上述权利转移给他人。由此看来，云服务提供商们也基本上是以协议的方式，排除其侵权责任等。

2. 信息网络传播权

所谓信息网络传播权，就是通过有线或者无线等传播方式，向大众

[①] 王金金：《云计算服务模式下的知识产权保护研究》，博士学位论文，中国科学技术大学，2014年。

[②] 张焕：《云计算环境下的著作权合理使用制度的完善》，《法制博览》2016年第22期。

或者非特定群体提供作品的权利，方便大众或非特定人随时随地取得或使用工作。信息网络传播权归属于知识产权。信息网络传播行为，其目的是确定所提供的产品是否方便大众或者非特定人获取或者使用该作品，具体内容有即将流传的作品、录像等，音频和其他产品经由网络服务器上传至可提供给大众开放或者非特定人使用的网络服务器。由于网络具有开放性和虚拟性的特征，使得著作权人无法直接控制作品的生产与销售。通过技术服务，对作品、录像、音频和其他工作上传网络，法律界通常并不将其认定为信息网络传播行为。由于技术服务提供者与使用者之间存在着利益关系，所以在不同的情形下可以适用不同的法律制度进行规制。SaaS 模式中的非复制技术服务并不能形成传播，而且用户仅仅是利用网络，并支付了一定的软件使用费，而非得到软件（或复制件），因而，与《计算机软件保护条例》中关于软件信息网络传播权的条款不相吻合，它的法规必须符合"它个人所选择的时间与场所"中公众获取软件的要求。此外，在该模式下，软件著作权人可以要求被服务者提供合理使用或者法定许可使用权以限制用户的权利行使，这与我国目前法律对于软件使用者权利救济途径的相关规定存在冲突。一些学者认为，SaaS 模式中软件使用行为的本质与出租行为内涵一致，提出拓展出租权解释，以规范 SaaS 模式中用户行为。①

由此可知，在新模式 SaaS 中，用户在网上以交纳一定费用的方式来获得软件使用权，享有软件服务，无需下载该软件、复制与安装行为，所以也难以有复制，盗版软件的传统 C/S 模式；另外，用户在互联网上进行各种活动时，由于缺乏相应的技术措施，也无法避免非法复制和盗版行为。而云计算应用模式则是借助网络来利用相关操作系统与应用程序，同样也给云计算时代的盗版软件带来了一定难度。由此可见，在云计算技术背景下，基于互联网技术的软件保护具有非常重要的现实

---

① 任婷：《浅议云计算环境下著作权侵权管辖权》，《法制博览》2018 年第 1 期。

意义。但就 SaaS 模式而言，用户通过网络对软件信息进行交叉利用、复现数据是否为超许可范围利用，现行著作权法是怎样适用的，对网络服务提供商的责任规制等，都成了云计算时代迫切需要研究的课题、厘清并破解的困境。

（三）SaaS 模式引发的知识产权问题

1. SaaS 模式软件许可协议

软件许可协议指软件开发商和终端用户同意用户对软件使用范围和许可条件内容的一种合同，用户以约定或者履行合同约定的内容，获取软件下载信息、装用权。软件许可协议的目的在于保护开发者的合法权益。软件许可协议属于软件销售的传统模式之一。随着互联网技术的发展，网络环境为软件的销售提供了全新的方式——基于网络的软件许可模式。在 SaaS 模式下，传统的软件许可协议（EULA）并不完全适用。因为这种方式使得用户只能从软件提供商处获得软件复制权或者是著作权使用费。因为新经济模式 SaaS 中，该软件被划分为数据形式，保存在不同服务器中，用户（合同的被许可人）不能拥有传统著作权法意义下的软件复制件，而仅由著作权人授权取得软件使用权。同时由于在这种模式下，用户不能控制自己的权利，所以也就没有了真正意义上的著作权保护。所以，在 SaaS 模式中使用了 SaaS 服务协议，授权用户在网上使用软件服务。

2. 软件出租权法律

在 SaaS 模式中，如何对用户（合同的被许可方）利用软件作品进行界定？目前我国立法和司法实践中存在两种观点。复制权，就是把软件做成一个或者几个，在 SaaS 模式中，用户并没有真正得到软件本身、它在使用时形成的复制件亦属临时性复制，故不适用于它；著作权人享有网络上传播的权利，但并不具有可转让性，因而不能成为著作权法意义上的作品。信息网络传播权，即通过有线或无线等非特定方式向公众或非特定人群提供各种软件或服务，使公众或者非特定群体可以随时随地享受软件或者服务。网络环境下用户使用计算机软件的行为具有不同于传统条件下的特殊性，因而应当采用新的模式来保护其利益。在 SaaS 模式中，使用者虽可在个人所选择之时间及地点接受软件服务，但只是为了得到使用该软件，而非软件自身。这种模式并不能使网络使用者真正享有使用计算机软件的自由，而且也无法保障其合法权益。因此，以信息网络传播权对 SaaS 模式中用户的软件使用行为进行定性，同样是不合适的。

我国著作权法对出租权作出了规定，出租权可有偿授权不特定的第三人利用或者传播影片，录音制品等、同类工作，如图片和计算机软件的权利；出租权可作为计算机软件著作权侵权认定的标准之一。《计算机软件保护条例》第八条第六项将出租权定义为有偿许可不特定第三人在一定期间内暂时或者在一定时间内使用或者散布计算机软件，并非计算机软件为主出租标的例外。因此，SaaS 模式中的软件利用行为可通过出租权进行定性，著作权人还可援引出租权，以拒绝未经许可使用该作品。

（四）SaaS 模式网络服务提供商侵权责任种类

"软件就是服务"模式，即为软件提供服务，包括两类：其一，云服务提供商使用软件进行服务，此时，云服务提供商通常都负有直接侵权责任；另外一种用户利用软件实现作品复制和发行，这类行为往往被认定为间接侵权行为。另一类是用户使用软件所提供服务来创造和传播，如，使用者使用网盘服务储存功能上传文件、共享文件等操作。在此前提下，网络服务提供商应当对网络用户实施的侵权内容承担责任并承担连带责任。此时网络服务商虽不直接提供内容，但却给网络使用者带来了技术的支持，这时，网络服务商需承担相应责任，但根据具体情况，其侵权责任也有所不同：其一，帮助行为间接侵权行为，根据《最高人民法院关于涉及计算机网络著作权纠纷案件适用法律若干问题的解释》第四条的规定①，网络服务商的介入或唆使、赞助他人从事侵犯著作权活动，均可归于间接侵权；在此情况下，网络服务商应当对网络用户负有注意义务并承担责任，否则，就构成了间接侵权。二是与侵权内容提供商共同承担侵权责任，即明知自己所从事的网络服务中存在着侵害他人著作权的情况，在著作权人的提醒、告诫下，仍然未删除有关侵权内容，也未采取任何弥补措施，以防侵权行为扩大范围，即判定网络技术服务商和网络内容服务商二者共同侵权。

在实际工作中，以上两种情况多数并不分离，但组合后产生，比如视频分享网站。因此，网络服务商在对网络用户进行管理时要考虑到二者间存在着联系。是服务于用户上传到内容，并将影视作品呈现给用户的一种组合，这使网络服务商同时具备了内容提供者和技术提供者两种地位。在其作为技术提供商进行网络传输过程中，其行为性质属于网络服务提供行为。当他们自己提供的工作有了内容提供者的地位，其是作品的提供行为，这一情况符合法律确定的使用者上传其作品这一行为本质；当其作为网络服务商的时候，则属于网络服务提供行为，其行为特点是以网络传输或发布作品为主，因此，网络技术提供行为与一般网络服务提供商的行为有所不同。而网络技术在提供行为的同时，视频分享网站也为用户上传视频内容提供了技术服务，即提供视频内容网络存储与储存空间，这时该行为的特点，即为互联网服务供给行为。② 网络环境下，由于技术的复杂性以及服务经营模式多样化导致了网络服务者提供的网络服务行为与传统著作权法保护范围存在着一定的差异，这使得对网络信息传播行为进行分析时需要考虑到这些因素。当然因为网络信息复杂化，服务经营方式多元化，在司法认定实践中，应具体以网络服

---

① 《最高人民法院关于审理涉及计算机网络著作权纠纷案件适用法律若干问题的解释》第四条：网络服务提供者通过网络参与他人侵权著作权行为，或者通过网络教唆、帮助他人实施侵犯著作权行为的，人民法院应当根据《民法通则》第一百三十条的规定，追究其与其他行为人或者直接实施侵权行为人的共同侵权责任。

② 温立自：《云计算环境下著作权保护问题研究》，硕士学位论文，华南理工大学，2017年。

务者所提供服务的内容与行为为标准，判断其网络信息传播是否构成侵权。

所以 SaaS 模式中网络服务提供商的侵权责任划分为三个方面：直接侵权责任、共同侵权与间接侵权（参与、教唆、帮助侵权）。其中，直接侵权是指网络服务提供者实施了故意或者重大过失的侵权行为造成他人损害时，承担连带责任。

（五）SaaS 模式知识产权保护措施

新技术的改革和发展，必将促进知识产权制度转型，针对 SaaS 服务模式特点和存在的问题，提出如下法律建议：

1. 厘清云计算 SaaS 模式下的版权主体和内容

SaaS 模式下云计算运营者获得软件开发商授权后，对于部署于其服务器的应用软件中含有的资料，拥有全部版权，以这种方式为使用者提供软件服务，用户按需使用云计算运营商的应用软件，并且付出了一定的使用标准。云平台运营商通过对用户上传内容进行合理控制以保证合法下载，从而保障了用户的利益。有关用户上传的内容归属等，多反映于云存储服务提供商和用户服务协议条款，即"谁放入的内容归谁所有"。临时复制权作为一种特殊类型的著作权保护对象，其法律地位一直是理论界争论的焦点之一，目前还没有一个统一明确的认识。国际多数实践都认可临时复制权属于版权人复制权，再以此为基础，确立临时复制权的种种免除与限制。

2. 对软件许可协议适用范围进行界定

新经济模式 SaaS 中，该软件被划分为数据形式，保存在不同服务器中，用户（即合同的被许可方）不能拥有传统著作权法意义下的软件复制件，而仅由著作权人授权取得软件使用权。因此，可以认为软件著作权中存在着一个特殊的权利——临时复制权。SaaS 模式使用了 SaaS 服务协议，授权用户在网上使用软件服务。在此情况下，由于著作权人未拥有对其所享有的软件的所有权，因而不存在对其进行侵权行为时的救济方式。国际多数实践都认可临时复制权属于版权人复制权,因此,SaaS模式中利用软件进行行为的性质,建议采用扩展出租权解释规范。在我国,软件著作权集体管理组织可以作为网络环境中的特殊主体参与到软件复制权中,但由于缺乏有效的制度保障,使得该组织的作用有限。在SaaS模式中,SaaS服务协议通常以可扩展范围,增加权利类型等为特点,但我国是列举式立法,立法落后于技术的发展,对超许可范围许可协议,通常会有违约之诉,以及违反法定义务侵权之诉等,然后取决于SaaS服务协议是否有效,软件许可协议对权利客体与权利类型是否为法律与司法实践所承认。

3. 关于SaaS模式网络服务提供商侵权责任问题,以直接侵权为主、共有侵权和间接侵权(教唆、帮助侵权)为辅,共有三种情形。在云计算争议中,技术措施通常不是版权保护之本,对版权保护客体的确定,对各方当事人利益的维护,是版权纠纷解决和保护工作的重点。

二 PaaS模式知识产权保护

(一) PaaS服务模式概述

平台即服务(Platform-as-a-Service,PaaS),指为服务器基础平台服务的模式。云计算的核心就是利用虚拟化技术和分布式文件系统来实现资源的共享与重用。

PaaS平台是云架构的中间层,指应用基础设施服务在云环境下,又可称为中间件就是服务,它的高层为SaaS,底层为IaaS。它主要用于为不同的应用服务系统和业务需求提供相应的服务功能。PaaS是指以软件研发作为平台来提供业务,既可通过SOA/Web Service提供直接服务,也可通过基础平台,以软件即服务方式为用户服务。它具有松耦合、易部署和可扩展性等优点。所以,PaaS模式可看作是基于SaaS模式下的一种扩展和运用。

PaaS处于云架构中间层,往上通过API向SaaS使用者公开平台资源，向下通过 IaaS 提供的 API（Application Programming Interface，应用程序编程接口）调用硬件资源。鉴于云计算是一种基于互联网技术的新型业务服务模式，因此可以说它具有了"松耦合""虚拟化"和"可伸缩"等特性。也就是说，PaaS 模式是对上行和下行多种业务能力资源的配置和集成，它具有两大特征：

PaaS 模式是以平台的形式提供的服务，它以服务内容为基础平台，通过"平台就是服务"模式为应用系统运营商服务，以及平台服务提供商，负责该平台的建设、运行与管理。

PaaS 服务是一个功能强大、稳定性强的基础运营平台，也是一个专业技术可以运用的保证，真正实现了"平台级"服务。这类"平台级"的业务在各类应用系统中都由来已久、运行平稳有保证，给 SaaS 或者其他软件服务提供商提供了及时、高效的服务。它不仅要能够满足用户对不同类型应用软件功能与性能方面的要求，还要能快速响应用户提出的多样化的新功能、新需求，并实现其可配置性，从而达到高效可靠地完成各类业务处理的目的。PaaS 的本质就是给软件或者其他应用程序开发者带来宝贵的服务资源，搭建研发平台，他们把互联网资源服务转化为可编程接口，软件开发者从接入接口中获取了海量可编程资源，开发软件为用户服务，该模型极大地节省了费用。除此之外，基于 PaaS 平台开发该软件，还能满足用户"定制化"要求，造福终端用户。

Google 的 PaaS 服务模式就是一个典型的例子。研究分析了互联网技术与传统企业商业模式融合发展过程中出现的新问题及解决方法。谷歌云计算平台兼容性强，支持多层应用系统快速布放，确保每个用户接入运营成本最低。它能够将互联网上大量分散的资源聚集起来进行整合利用，从而形成一个庞大的信息资源库。Google 利用云计算技术，为用户提供免费的互联网服务体验，以达到吸聚人气的目的，再利用广告营销获取利润的一种服务模式。这种服务模式使互联网企业获得了巨大利润，但也导致了严重的资源浪费，并对环境产生污染。Google 利用云计算平台组成全球最大超级计算机，不仅有良好的表现，而且具备难以复制、造价低廉等优点，并逐步演变为 PaaS 服务典型模式，如 2008 年 4 月发表的 PaaS 服务 Google App Engine 就是 PaaS 平台应用。

（二）PaaS 模式专利权制度面临的挑战

社交网络平台服务在 PaaS 模式下具有典型性，由于互网络平台上使用者随意发布内容的强开放性，造成了对其他人知识产权的潜在侵害，而网络平台中用户身份存在不确定性，也加大了侵权行为认定的困难程度。

1. PaaS 模式专利侵权主客体

在 PaaS 模式中，专利侵权主体依据服务模式中参与主体的不同而有所不同。"云服务商"指通过第三方服务平台提供技术或产品信息为用户提供网络服务，"平台就是服务"是指云平台供应商所提供的基础平台，云服务供应商出租基础平台，构建面向终端用户的软件应用环境，并为其提供云计算服务。云服务商在云计算环境中使用了专利许可的方式向终端用户销售其技术或产品。此时所涉专利侵权主体可能为三方：云平台供应商，云服务提供商与用户之间。云服务提供商与用户之间不存在直接的合同关系，而只通过云平台提供服务时产生的数据信息间接地联系起来，因此，可以将云服务提供商作为侵权主体进行分析研究。专利侵权主体的界定有助于合理划分专利侵权责任范围，但是如此一来，却又带来了定义上的困难，例如，在云端进行某专利侵权，是云平台供应商还是云服务提供商单方面侵权，或者两者合力侵权，如果这两者合力侵权，即两者共担责任，还是按侵权行为规模共担责任？又如，用户是否属于侵权主体呢？这些都是侵权责任的划分与确定之后，需要对具体问题进行具体分析的内容。

在 PaaS 模式中，专利侵权客体亦是专利侵权，以专利技术为主，服务方法专利为辅。云计算虚拟专利技术是一种新技术，其特点在于将软件、硬件等非实物资产转化为有形财产，具有虚拟性和虚拟化特征。

由于 PaaS 模式涉及多个主体，所以对于云计算虚拟专利技术或产品的应用，通常还会涉及多种主体，那云平台供应商与云服务提供商以技术服务为手段，利用虚拟专利技术与产品，属于非专利利用模式，是否需要规制？笔者认为，对于云计算技术中的服务方法专利应当加以规制。如果没有规制就有悖于专利申请宗旨。在传统的专利权中，专利权的权利人只限于国家或集体，而在云计算时代，云计算服务商和云服务提供商可以同时拥有自己的著作权和商标权等其他知识产权。而服务方法专利正是云计算时代所独有，云计算系统是按照用户个性化自定义需求，对系统计算程式及运行方法进行部署，最后通过计算机程序形式为用户提供需要的业务，该服务方法同样是专利对象，应给予专利以保护。

2. 专利实施侵权认定

在传统模式中，专利侵权的判定通常基于专利行为全面覆盖原则，即要对专利行为进行侵权认定[1]，一定要看被告的专利行为特征和原专利行为特征之间是否完全一致，能否实现全面覆盖。它的突出特点是对遍布网络的许多计算机设备实行了专利，各部分均属主体，并且每个部分都只执行某项专利技术中的某个或者某些特性。这种情况下，如果能够证明该设备主体所实施的专利是被其他用户使用过并造成实际损失的一种技术成果的话，则可以认为这就是被侵权人实施的专利权，而非专利侵权。所以如果按照专利法中现行的"全面覆盖"侵权原则，各个设备主体所执行的专利特征并不能满足侵害某一专利所有特征的要求，据此判定其不成立侵权，显然有其合理性。为了解决这一问题，应当将"云计算"与"虚拟实施"进行区分。从而引出了云计算中"虚拟实施"这一概念，也就是每台计算设备所完成的部分专利技术方案，通过云计算系统统一进行控制，若将涵盖国内外服务器设备的一些专利行为结合起来，组成一个整体专利技术方案，与所有专利技术特征相一致，

---

[1] 刘友华、陈骞：《我国专利侵权判定原则及其适用研究》，《湖南科技大学学报（社会科学版）》2014 年第 1 期。

则可适用于"全面覆盖的原则",确定侵权行为的成立。

但是,在现行专利制度的框架下,对"虚拟实施"行为又该如何调整与规范,目前我国专利法中的实施是否包含了"虚拟实施"这一概念?专利权人与被许可人之间是否存在利益平衡关系?专利侵权的责任应由谁来承担?在我国现有法律体系下,如何构建一个能够全面保护权利人利益、兼顾社会公众利益、符合我国国情的专利实施机制。这些问题迫切需要正视并加以解决。

PaaS 模式下还出现了软件虚拟复制问题,由于云计算所提供的平台服务,是一种能够同时配置多台计算机设备与信息资源,其实就是复制到了若干,被指派给多个装置。云服务商在对软件进行管理和使用过程中,通常将这些复制的软件作品存放到不同的物理环境中。

(三) PaaS 模式商标权制度面临的挑战

社交网络在运行过程中会出现知识产权侵权风险,用户任意撰写、组合信息,可能会对包括商标权在内的权利造成侵害和其他知识产权侵犯的内容。

1. PaaS 模式商标侵权行为

侵权行为按其行为是否直接侵犯权利人的权益,可分为直接侵权与间接侵权。直接侵权又可称为故意侵权或过失侵权。同理商标侵权行为又有商标直接侵权行为与商标间接侵权行为之分。在商标侵权案件中,两种侵权行为有其不同的特点和表现形式。前者指未征得商标专有权人同意的任何人,所进行的侵犯商标专有权的行为;后者是指任何未经商标权人允许而擅自实施侵犯注册商标专用权的行为。后者则是侵权行为人有意诱使他人行使侵犯商标专有权,或侵害行为人对即使进行了商标侵权行为予以协助,均构成商标间接侵权。在 PaaS 模式中,基于网络服务提供商所提供服务的性质是可知道的,在 PaaS 模式中,商标权侵权并不是直接进行商标权交易与运作,只服务于别人的网络平台,因此，并不构成直接侵犯商标权，仅就商标间接侵权问题进行探讨。而网络服务提供商则负担着商标间接侵权的责任主观要件需要网络服务提供商知道或有意为之，而主观则需要一定存在过错。主要采用红旗标准：在司法实践中，网络服务提供商的主观过失关系到其所应负的责任类型。其应当承担的责任形式主要为侵权责任、违约责任和补充赔偿责任。所承担义务的种类大致可分为两类：事前审查义务与合理注意义务。其中，事前审查义务又分为事前审查和事后审查两种形式，而合理的注意义务则包括主观注意和客观注意两个方面。承担事前审查义务，即在网上存在直接侵权时，这时可推断出，网络平台服务商并未尽到事前审查的义务，推定主观有过失，因为若尽到事前审查义务，网络直接侵权行为是可以避免的；承担事后审查义务指的是当网络上出现间接侵权行为时，则不能认定网络上的间接侵权行为是否构成间接侵权，而是需要在事前进行全面审查，只有这样才能防止间接侵权行为造成更大损失。

社交网络平台服务商主观过错的判定标准是否适用著作权间接理论的"红旗标准"仍有待解释。"红旗标准"[①] 规则适用于网络平台服务商的行为时应当注意区分不同情况进行判断。著作权间接侵权理论产生了"红旗标准"的规则，即将侵权事实做到如红旗飘扬般显而易见，方能推定网络平台服务商应知悉侵权事实是否存在，侵权是否发生。这一规则的核心在于"红旗"的判定标准。"红旗标准"是否适用于云计算时代网络服务提供商，应具体情况具体分析。云计算时代的网络服务商主观过错应当由主观故意构成。这是由于首先网络平台服务商只需在自己网络平台上向用户公布信息，数据、字号和标识，货物和服务的合理评判，但是不能逐一区分它的真伪，这种做法不切实际；同时，也不能因为平台服务商对上述内容做出了明确认定而否认其承担连带责任。

---

① 崔国斌：《网络服务商共同侵权制度之重塑》，《法学研究》2013年第4期。

其次网络用户可能会通过社交网络平台发表有关商品或者服务的相关信息和评论，使得网络平台服务者可以对其中是否存在不合理内容进行甄别。因此，网络服务提供商在云时代判定其侵权责任就显得非常困难了。因此，对于云时代"红旗标准"下网络服务提供商侵权责任的认定需具体问题具体分析，不可一概而论。

2. 商标使用侵权认定

PaaS 模式就是在具备硬件基础上，提供完整的支持软件，构成平台性质系统，能够达到用户对特定开发平台使用要求。这种平台具有开放性和共享性特征，能够让开发者根据自己的需要进行二次开发，从而为企业带来更多的利益。社交网络平台是 PaaS 服务模式下的一个典型应用。它通过互联网技术为人们创造一个虚拟的生活环境和交流平台。在云时代，社交网络平台与云生态操作系统关系最为密切，不同企业网络所运营的桌面产品会在云端并存，由于在云时代，公共网络协议联合建立了决定性的标准，不能被某个家庭、某个人在云计算时代确定了自己的准则，云计算时代以"一切都是云里雾里"为特征。[1] 社交网络平台与传统的操作系统有着本质上的区别，它不是一个独立于操作系统之外的软件程序，而是通过互联网来进行交流和沟通。因此，与其说云计算时代社交网络是操作系统，不如说它是云上应用软件。

借助社交网络开展品牌宣传，可以迅速得到广泛关注，已成为云计算时代品牌传播主要方式。随着互联网技术的不断发展，社交网络已成为人们生活中不可或缺的一部分，而商标作为一种特殊的商品和服务，也逐渐被纳入到社交网络之中。但由于平台用户认可度的不确定性和平台发布内容的开放性，社交网络的日常运行给商标保护带来了较大风险；同时，由于互联网具有即时性，社交网络平台的使用者通过社交媒

---

[1] 王金金：《云计算服务模式下的知识产权保护研究》，博士学位论文，中国科学技术大学，2014 年。

体上传个人照片和视频，这类图片、视频中含有大量的商标元素。用户可通过社交网站任意编发或转发个性化信息，它很可能是由编辑商标用户名或公布商标内容的商品或资料组成，因此会有大部分人通过公共网络散布传播并且利用网络信息侵犯他人商标权或拥有商标权的商品、服务。

在互联网时代，每一个在网络上注册的域名，都会成为现实，互联网上不得同时出现两个或多个相同的域名，而"首先提出申请，首先登记"原则同样适用于域名注册服务。所以通过域名所体现出来的商标是非常有价值的。域名作为一种特殊的财产权，其权利主体、权利内容、权利限制等方面与普通财产有着较大区别。目前，多数国家颁布的法律都只是针对顶级域名注册进行了规定。互联网传播方式以及云计算等服务模式，让其他人可以用一种与传统不同的方式使用商标，让信息通过网络进行传播，从而使商标权对象得以拓展，同时扩大商标权的保护范围。在这种情况下，商标权与域名权相分离成为一种新的趋势。对于云计算时代商标权规制，仍应以现行商标法之原则及侵权判定标准对待，尽管在社交平台上的用户有可能借用他人商标来组成用户名，当然这也是网络信息丰富化表现形式之一，但是，前提是不能侵犯别人的商标，不会给他人以商标名提供的商品及服务造成影响，不要抢别人的商标为己所用，这种传播行为均可认定为一种正常的网络信息传播行为，在此基础上，只需满足商标法中商标权侵权的法定要件即可，则仍应根据现行商标法，对网络上商标侵权行为进行认定。

（四）PaaS 模式典型案例

2010 年 6 月 24 日客户管理软件供应商 salesforce.com 诉微软 .Net 和 SharePoint 平台在 2004 年到 2007 年间侵犯它的五项专利，而且这也是微软一直以来都知道的，Salesforce.com 专利技术被微软擅自应用于服务和产品。法院判决原告被告双方败诉方向原告支付巨额赔偿金。Salesforce 要求三重赔偿，以补偿微软利用它的技术，还包括律师费、诉讼费等。

Salesforce 案被视为针对微软专利侵权的反诉。微软曾经以 salesforce.com 违反微软按需随选 CRM 软件的 9 项专利的罪名，于 2010 年 5 月提起诉讼，主张专利权被侵犯。微软在当时的诉讼中表示，Salesforce.com 的客户关系管理软件侵犯了微软的许多专利，请求法庭判令 Salesforce.com 停止使用微软专利权开发，微软作为世界第一大软件制造商，其职能已经实现，并且 salesforce.com 还是目前世界上最大的网络客户管理软件提供商。

该案争论的焦点在于确定专利有无侵权问题等。该案认为，判定专利权是否侵权，应当从专利法规定和云计算领域特点两个方面进行分析。云计算领域的专利多数存在侵权证据难以证明的问题，而云计算领域专利侵权也难以定义等特征。

1. 对于举证难度大的问题

按照我国专利法的规定，在特定侵权案例下，权利人只有拥有能证明其技术方案和权利人方案是一致的全部资料，从而表明他人对权利人专利权的侵害。这意味着在一个完整的专利申请文件中包含着两个以上的专利方案，而其中任何一种方案都不能被认定为是真正的专利技术。但大多数专利方案基本上都涉及计算机程序实现问题、显示数据交互和其他内部功能，一般不涉及对产品外部功能的描述。在这种情况下，如果权利人不能证明其所诉对象为外部感知，那么他所提出的诉讼就会被排除在外。能够被外界感知到的，也许仅仅是程序执行的结果，它的内部形式只是一列软件代码。这使得在判断侵权时往往需要通过对软件代码进行比对来认定。所以在我国现行的司法体系中，在侵权方案中获取软件代码和有关文件极为困难，履行举证责任，对权利人而言难度颇大。

解决建议主要有以下两点：一、明晰原、被告人双方举证责任，合理分摊。在专利侵权诉讼中，被告往往会根据自己的主观认识对案件事实进行认定,而当被告提供的证据不够充分,不足以推翻原告的结论时,法院就应当考虑适用举证责任倒置原则①。我国《专利法》所规定的举证责任倒置规则,被告签发与原告专利方法不同的凭证;在诉讼中,原告应根据自己提供的证据进行举证。二是可适当借鉴美国司法中举证程序的运用,无论是原告还是被告,要想打赢官司,就必须尽可能地表明自己现有的证据,该程序有助于发现客观事实真相。

2. 对于侵权界定困难的问题

虚拟化技术专利通常只对实际应用时专利方法的行为进行保护,对那些利用程序编制或程序供给获取收益的相关方则很难规制。在云计算技术领域,虚拟技术与实体技术相结合产生的新事物——云计算是一个新兴的产业,也可以说是一种新型的商业模式,其核心问题在于如何将技术成果转化为商品或者服务。云计算的提供者是平台、应用开发商,系统集成商和服务提供商构成了产业链,这些用户中,有很多是云服务用户,若仅针对知识产权之对象,如云计算之技术方法专利,使用此方法之产品等,予以禁止规制,则导致无法对云计算产业链上的其他行为进行有效监管,例如,程序编写与程序供给,这显然违背了专利申请人申请专利的初衷。

解决建议主要有以下两点:一是对于涉及计算机程序的专利方法,有必要将其保护范围扩大到更为宽泛的领域,由此规范了这一方式的编制与服务等活动。例如,可以将程序限定作为一种权利要求纳入到现有技术领域内,同时也要考虑到程序限制的合理性以及适用条件。此外,还可从美国实践经验中吸取一些教训,在专利法上赋予程序受限存储介质对产品专利权,从而达到更加有效地对云计算产业链中其他相关方进行监管。同时,还应当将程序限制规定在专利审查指南中,并通过立法方式确立程序限制性规则。二是间接侵权原则的运用,能够明确哪些网

---

① 《专利法》第六十六条:专利侵权纠纷涉及新产品制造方法的发明专利的,制造同样产品的单位或个人应当提供其产品制造方法不同于专利方法的证明。

络服务提供商或其他援助、诱使侵权专利方法犯罪人以承担责任等，以期对侵权人及其潜在侵权行为的规制提供必要的法律基础。

3. 案件结果和影响

双方很快于 2010 年 8 月份达成了和解，签订专利交叉许可协议。诉状所称专利均涉及微软云服务，最终成果为企业携手谋求云时代战略布局提供了参考，普及云计算应用，在抢夺市场资源和机遇上具有深远的意义。

（五）PaaS 模式知识产权保护措施

首先，在 PaaS 模式中，专利权客体亦是专利侵权之客体，以专利技术为主，服务方法专利为辅。服务方法专利，云计算时代独有，云计算系统是按照用户个性化自定义需求，对系统计算程式及运行方法进行部署，最后通过计算机程序形式为用户提供需要的业务，该服务方法专利得到了世界范围内专利法认可和保护。

其次，在 PaaS 模式中，专利侵权行为的模式具有虚拟性，但若虚拟行为满足所有技术方案所具有的特性，属于侵权。在云计算环境中，多个云计算主体之间存在着利益关系和竞争关系。针对若干云计算主体联合执行专利方案，尝试用"虚拟实施"这一理念，来完成权利要求整体上的所有技术特点，列入专利法的保护范围。

最后，在对云计算服务商进行分类时，应注意区分不同类型的云计算服务商，不能混淆。对于云平台提供商来说，云服务提供商专利侵权通常采取间接侵权归责原则，行为认定方面以主观方面具有诱导或者教唆他人侵害其专利权的意图为由，客观方面存在着有意诱导，鼓动、唆使他人侵犯其专利是必要要件。

三 IaaS 模式知识产权保护

（一）IaaS 服务模式概述

基础设施是服务（IaaS）的一种形式，商家为顾客"云端"基础设施。它主要包括网络基础设施和数据中心两部分。

IaaS 的公共基础设施云是利用公共服务器池提供 AmazonEC2 等公共开放服务，私有基础设施云就是提供给企业可内部利用的资源池，而且对大部分的企业而言，利用混合公共云与私有云的混合云，可将二者的点结合起来，更加高效地研发应用系统，为用户提供服务。

但 IaaS 模式存在着一定的隐患：如果服务商提供共享基础设施，在黑客侵入其中一项业务成功的时候，还意味着所有服务器被攻击者曝光和使用，顾客的操作系统及资料便取得了基础平台无节制的存取权，存在数据丢失，恶意使用等风险。此外，如果攻击者通过在服务器之间进行拷贝来获取客户系统中重要资源或程序的控制权，那么攻击者可以将其应用到其他客户端上，从而实现更高的利润，因此 IaaS 供应商一定要制定强有力的分区防御战略，能够监测基础设施环境是否安全，并有效防止黑客篡改活动。

随着网络通信技术的不断发展，数据处理方式也呈现多元化，云计算服务被誉为互联网下的一次革命，是推动国家竞争力提升的关键。作为一种全新的商业模式，云计算技术具有良好的发展前景和巨大的市场潜力。但是，云计算服务在开发与利用过程中，会衍生诸多的竞争问题，尽管许多竞争性问题只是出现在了云计算服务模式发展较为完善的阶段，但随着信息全球一体化的进程，网络经济效益愈显，以及对知识产权保护与反垄断诉求的冲突，使某些竞争问题初露端倪。

（二）IaaS 模式涉及的知识产权内容

1. 个人数据的确定与保护

云计算匿名个人数据、加密以及数据分区存储等信息处理，给传统个人数据认定机制带来了困难。针对该问题，提出一种基于云计算的数据匿名性验证方法。以云计算技术为背景，数据匿名化是指云用户通过匿名化程序，把自己向云系统提交的有关信息匿名化。数据加密是指云服务提供商使用加密方法，将数据集合整体加密，为了保证数据的安全性等，延长密码长度，增加密码的强度和解码管理；数据分区存储则是指用户根据自己需要，选择一个特定的区域或者文件存放在该区域内。将数据进行分区存储，是云服务提供商在软件中具有的自动化处理程序功能，该程序会自动划分用户提交数据信息，存入对应存储设备，云用户通常不拥有自动分区时的主导权。

2. 匿名化的数据确定与保护

在欧盟数据保护现行立法框架下，在匿名化用户数据信息时，需要删除如姓名类等直接标识，并保存与其有关的其他间接资料。由于身份识别是一项涉及多方利益的复杂工作，因此需要一个统一、有效且可操作的解决方案。在云计算应用越来越广泛的情况下，各资料间的连接增强，个人身份得到确定的机会增加。针对上述问题，可以采用基于机器学习的技术对个人信息进行分类识别。例如使用云计算功能强大的数据自动化采集系统，并结合来自其他来源的不同资料，通过对这些非直接身份识别信息进行分析，完成对信息主体的身份识别。这就意味着，云计算环境下用户数据信息匿名化会使其成为一种新的身份识别方法。从而当判断与云计算有关的信息为"个人数据"，除参考数据集合容量外，要充分考量相关的影响因素，如相关人员可能用于身份识别的合理方法，及信息持有方"反身份识别等"相关举措本身的力度与效果。

当然，并非所有匿名化信息都会作为"个人数据"被保护，对使用不一一对应的数字代码别名化的数据信息，应该认为是完全匿名化的，考虑到这些信息数量集合后，这些完全匿名的资料，可免受资料保护法律及相应的规则限制。

3. 加密数据的确定与保护

云用户和云服务提供商通过单向或双向加密，匿名化或别名化他们的个人数据，然后再向云系统提交有关信息以供保存或其他处理。这类加密信息可以是针对用户自身的个人信息、隐私信息等，也可能涉及用户与他人之间的关系等。这种加密信息是"个人数据"类别。本文通过分析此类信息与传统"个人数据"之间的区别和联系，提出了一种基于身份认证技术的云服务用户隐私保护机制。针对有关资料进行加密，且本身拥有解密钥匙之云服务提供商，此类信息归属于"个人数据"的范畴，但对于持有并存储此类用户信息而本身尚未掌握相应解密钥匙的云服务提供商而言，此类信息并非"个人数据"。

具体而言，在下列情况下，有关资料确定为"个人数据"：（1）资料持有方提交有关资料至云系统保存前完全未加密；因此，信息所有权和使用权均不发生转移，信息的安全性可以保障。（2）加密力度不足；（3）解密钥匙没有被妥善和安全地储存，或有太多能取得此解密钥匙。在上述情况下，有关的云服务提供商还被认为是"信息处理者"，受限于信息保护规定。对完全加密后的资料，不再确定其为"个人数据"。

（三）IaaS 模式典型案例

丹麦国家欧登塞市已经决定，将利用 Google App 来处理学生的个人教育信息，并将其应用于全国各地学校，例如，通过课程设计、评价和其他程序所获得的关于学生个人教育信息的数据。该机构认为，学校应当确保这些个人信息是合法有效的并且具有完整性和保密性。2011 年 2 月，丹麦数据保护署（DDPA）做出裁决，学校管理机构对学校中个人数据信息进行管理，应当满足法律要求，尽量采取一切所需措施来保护个人信息。

该案争议在于：存储在云计算中的个人数据及资料是否满足安全要求，以保护个人数据与隐私。云计算存储的数据包括个人信息、家庭记录和其他重要数据，这些数据可以用于商业或教育用途，但也可能被用来非法收集用户的个人隐私或者其他敏感信息。欧登塞市政府相信，父母和学生们的敏感话题应通过 Google App 来解决，而且为了安全起见，DDPA 反对市政府利用云计算来存储学生个人数据信息。由于云计算服务器遍布全球，因此，欧登塞市不知道资料的实际储存地点，会被录入的地方，个人数据安全性很难得到保障。

由上得知欧登塞市相信先于云服务，有必要全面系统地开展风险评估工作，就推动云计算的发展，按照规定办事而言，标准起着关键作用。云服务本身就是一种新兴事物，其自身也存在着许多不确定性。云服务作为一种新生技术，这里面含有许多未知的元素，所以，无论是服务商，还是客户，都要认真思考并处理好这些不可控因素。此外，云服务还涉及许多新的概念与挑战，例如，如何保证用户数据信息的完整性、隐私性等。现实世界中，保证云服务处于安全范围之内，需解决好以下六个方面：云服务在运营过程中涉及哪些机构，哪些人；云服务组织应负哪些职责；资料需储存于何处；对用户来说，怎样保存这些信息？复制数据的规律是什么；如何保证数据安全？处理数据的有关规定；如何保证数据安全？云服务供应商如何保护客户安全与隐私信息，又能满足客户定制需求。

《马德里决议》中都反映了上述问题，《马德里决议》中任何人应以透明方式对待有关个人的资料，在提供云计算服务时，应满足个性化需求，同时保护个人隐私与信息安全。

随着欧登塞市政府所采取的数据处理安全措施逐渐演变为丹麦数据保护法所规定，DDPA判决否定市政府使用Google App对在校学生进行个人数据处理的正当性。除非欧登塞市能够符合数据保护法中的下列要求，并且能够提出合理解决方案：（1）已经删除后的数据不能再被还原；（2）不能判断不同数据中心间传送的消息或者数据需要加密措施；（3）不能清楚地了解数据记录和数据保存时间长短等情况。

该案为欧洲数据保护署首次发布判决，对云计算中的个人数据、隐私保护等方面产生了巨大的影响。在云计算发展愈快的今天，已存在云计算数据保护框架等，基本已不难适应云计算产业的发展。在欧登塞市就能找到答案，在利用云服务方面，有必要开展适当风险评估，标准对促进云服务发展和符合法规起着重要作用。并且目前国际上尚未形成云计算的统一标准，从而为云计算提供商提供跨境数据输入服务、市场准入标准等造成法律不确定的冲击等，当用户利用法律对其数据进行保护时，也受到了很大的冲击。2010年欧洲网络与信息安全协会开展了一项工作，以处理政府在云计算服务中的安全性和合规性，即"政府资源的保密与合规"；欧盟于2011年设立了专门负责保护云计算数据的信息保护委员会，该委员会认为，数据保护条例应根据一系列技术中性的统一且能经受长期检验的标准加以审查。这就特别需要注意云服务中数据管理者所应承担的有关职责。

通过制定相关法律，重新确立隐私保障机制等，一方面，对于云服务提供商采用的数据保护措施以及自有的数据保护能力，有着更真实、更精准的了解，为云服务提供商提供良好数据参考；另一方面对数据拥有者而言可以更好地了解自身所拥有的数据安全程度，避免被非法入侵或者窃取数据而带来不必要的损失，从而有效地提高了云计算服务中的安全性。另一方面，用户个人的数据信息及隐私得以在云环境中受到保护，这促使云计算技术得到应用与普及。

参考文献

曹建峰、祝林华：《人工智能对专利制度的影响初探》，《中国发明与专利》2018年第6期。

陈昌凤：《未来的智能传播：从"互联网"到"人联网"》，《人民论坛·学术前沿》2017年第23期。

程雪军：《区块链技术规制的国际经验与中国策略》，《中国流通经济》2021年第3期。

崔国斌：《大数据有限排他权的基础理论》，《法学研究》2019年第5期。

邓灵斌、余玲：《大数据时代数据共享与知识产权保护的冲突与协调》，《图书馆论坛》2015年第6期。

丁煌、方堃：《基于整体性治理的综合行政执法体制改革研究》，《领导科学论坛》2016年第1期。

冯文芳、申风平：《区块链：对传统金融的颠覆》，《甘肃社会科学》2017年第5期。

付丽霞、刘鑫：《人工智能时代新闻出版领域著作权问题的类型化分析》，《科技与出版》2021年第6期。

高茜：《转基因植物知识产权的法律分析》，《天津大学学报》（社会科学版）2015年第4期。

葛翔：《司法实践中人工智能运用的现实与前瞻——以上海法院行政案件智能辅助办案系统为参照》，《华东政法大学学报》2018 年第 5 期。

管荣齐：《发明专利的创造性》，知识产权出版社 2012 年版。

何怀文：《中国著作权法：判例综述与规范解释》，北京大学出版社 2016 年版。

胡康生主编：《中华人民共和国著作权法释义》，法律出版社 2002 年版。

胡潇潇：《我国专利实验例外制度的不足与完善》，《贵州社会科学》2010 年第 5 期。

黄步添、蔡亮编著：《区块链解密：构建基于信用的下一代互联》，清华大学出版社 2016 年版。

黄龙：《区块链数字版权保护：原理、机制与影响》，《出版广角》2018 年第 23 期。

黄武双、邱思宇：《论区块链技术在知识产权保护中的作用》，《南昌大学学报》（人文社会科学版）2020 年第 2 期。

金璐：《规则与技术之间：区块链技术应用风险研判与法律规制》，《法学杂志》2020 年第 7 期。

雷蕾：《从时间戳到区块链：网络著作权纠纷中电子存证的抗辩事由与司法审查》，《出版广角》2018 年第 15 期。

李程骅：《商业新业态：城市消费大变革》，东南大学出版社 2004 年版。

李菊丹：《论植物新品种权的保护与救济》，《农民科技培训》2017 年第 1 期。

李秀丽：《美国植物品种法律保护制度的变迁及对我国的启示》，《当代生态农业》2009 年第 Z1 期。

李一丁：《论生物遗传资源获取和惠益分享机制与知识产权制度》，《河北法学》2016 年第 1 期。

李宗辉：《人工智能商标侵权和不正当竞争的法律规制研究》，《中华商标》2020 年第 1 期。

廖斯：《论人工智能创作物的独创性构成与权利归属》，《西北民族大学学报》（哲学社会科学版）2020 年第 2 期。

林德山、文慈：《热话题与冷思考——关于"人工智能与未来社会"的对话》，《当代世界与社会主义》2019 年第 6 期。

刘德生、葛建平、董宜斌：《浅议区块链技术在图书著作权保护和交易中的应用》，《科技与出版》2017 年第 6 期。

刘明江：《宽严相济的专利实用性审查标准的构建》，《中州大学学报》2020 年第 6 期。

刘强：《人工智能对知识产权制度的理论挑战及回应》，《法学论坛》2019 年第 6 期。

刘强：《人工智能算法发明可专利性问题研究》，《时代法学》2019 年第 4 期。

刘然、孟奇勋、余忻怡：《知识产权运营领域数据要素市场化配置路径研究》，《科技进步与对策》2021 年第 24 期。

刘鑫：《基因技术专利化的问题、争议与应对》，《电子知识产权》2021 年第 8 期。

刘鑫：《人工智能创造物知识产权保护的正当性释疑——黑格尔"财产权人格学说"下的理论证成与制度调适》，《科技与法律》2020 年第 6 期。

刘银良：《论人工智能作品的著作权法地位》，《政治与法律》2020 年第 3 期。

吕炳斌：《试论基因技术发展对法律的挑战》，《华东理工大学学报》（社会科学版）2002 年第 1 期。

马治国、刘慧：《区块链技术视角下的数字版权治理体系构建》，《科技与法律》2018 年第 2 期。

乔芳娥：《人工智能对民事主体地位的挑战与应对——以未来强人工智能的出现为视角的分析》，《〈上海法学研究〉集刊 2021 年第 5 卷——

2021世界人工智能大会法治论坛文集》（会议论文集）2021年。

邱福恩：《人工智能算法创新可专利性问题探讨》，《人工智能》2020年第4期。

邱润根、曹宇卿：《论人工智能"创作"物的版权保护》，《南昌大学学报》（人文社会科学版）2019年第2期。

任安麒：《人工智能发明成果的专利保护困境与出路——基于洛克"劳动财产论"的视角》，《北京政法职业学院学报》2021年第3期。

任婷：《浅议云计算环境下著作权侵权管辖权》，《法制博览》2018年第1期。

苏晗：《略论云计算环境下我国著作权保护的困境与措施》，《法制与社会》2017年第9期。

陶乾：《论著作权法对人工智能生成成果的保护——作为邻接权的数据处理者权之证立》，《法学》2018年第4期。

腾讯研究院、中国信通院互联网法律研究中心、腾讯AI Lab、腾讯开放平台：《人工智能》，中国人民大学出版社2017年版。

田广兰：《大数据时代的数据主体权利及其未决问题——以欧盟〈一般数据保护条例〉为分析对象》，《中国人民大学学报》2020年第6期。

汪琼、陈伟：《区块链在图书馆著作权保护中的效用研究》，《数字图书馆论坛》2019年第3期。

王国柱：《知识产权法基本范畴中的特殊法理》，《法制与社会发展》2020年第2期。

王迁：《论人工智能生成的内容在著作权法中的定性》，《法律科学》（西北政法大学学报）2017年第5期。

王社国：《论大数据时代的知识产权管理——评〈大数据创新发展与知识产权保护〉》，《中国科技论文》2022年第5期。

魏大威、董晓莉：《利用区块链技术驱动国家数字图书馆创新升级》，《图书馆理论与实践》2018年第5期。

沃耘：《民事私力救济的边界及其制度重建》，《中国法学》2013年第5期。

吴汉东：《人工智能生成发明的专利法之问》，《当代法学》2019年第4期。

吴汉东、刘鑫：《改革开放四十年的中国知识产权法》，《山东大学学报》（哲学社会科学版）2018年第3期。

吴汉东、张平、张晓津：《人工智能对知识产权法律保护的挑战》，《中国法律评论》2018年第2期。

武伟、宁峻涛：《新业态知识产权保护问题初探》，《科技促进发展》2017年第12期。

夏朝羡：《区块链技术视角下网络版权保护问题研究》，《电子知识产权》2018年第11期。

徐俊：《论我国知识产权法院的规划设计》，《科技与法律》2015年第1期。

许春明：《新〈著作权法〉对数据库的法律保护》，《上海大学学报》（社会科学版）2002年第2期。

薛燕飞：《中国转基因植物专利权的保护现状及实施分析》，《分子植物育种》2023年第13期。

闫文锋、苏丹：《试论新业态对专利制度的挑战》，《知识产权》2018年第5期。

姚鹤徽、张根银：《论IaaS云服务商的著作权侵权责任》，《福建江夏学院学报》2021年第6期。

张光杰主编：《中国法律概论》，复旦大学出版社2005年版。

张海斌主编：《人工智能、区块链与法治：国别区域科技与法律动态》，法律出版社2020年版。

张红梅、王鑫：《新型创作物的著作权保护问题研究》，《河北开放大学学报》2023年第4期。

张焕：《云计算环境下的著作权合理使用制度的完善》，《法制博览》2016年第22期。

张平：《市场主导下的知识产权制度正当性再思考》，《中国法律评论》2019年第3期。

张晓萍、郑鹏：《论人工智能创作物独创性自然人来源的淡化》，《大连理工大学学报》（社会科学版）2021年第6期。

张新平、章峥：《强人工智能机器人的主体地位及其法律治理》，《中国科技论坛》2022年第1期。

张燕、施圣杰、陈胜：《美日欧转基因作物知识产权保护比较研究》，《世界农业》2012年第10期。

赵建国、周慧颖、王杰：《数据主体在大数据创构中的智能差异》，《自然辩证法研究》2022年第10期。

赵克：《商标近似的立法技术与司法表达》，《人民司法》2015年第11期。

赵磊、石佳：《依法治链：区块链的技术应用与法律监管》，《法律适用》2020年第3期。

钟辉、郝佳：《育种产业中植物新品种权和专利权的衔接》，《中国种业》2023年第5期。

周国清、陈暖、杜庭语：《改变与回归：人工智能对出版活动影响的理性审视》，《出版广角》2021年第22期。

周书环：《我国短视频著作权纠纷的现状、问题及其完善建议——兼评近两年的司法案例》，《大连理工大学学报》（社会科学版）2021年第4期。

朱梦云：《人工智能生成物的著作权归属制度设计》，《山东大学学报》（哲学社会科学版）2019年第1期。

朱梦云：《我国著作权法视域下的人工智能法律主体资格论证》，《电子知识产权》2021年第8期。

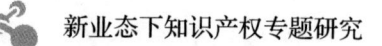

朱文玉、李想：《大数据知识产权保护路径探析》，《湖北经济学院学报》（人文社会科学版）2022年第9期。

朱雪忠、张广伟：《人工智能产生的技术成果可专利性及其权利归属研究》，《情报杂志》2018年第2期。

祝建军：《数据的知识产权司法保护》，《人民司法》2022年第13期。

［美］洛克：《政府论》（下篇），叶启芳、瞿菊农译，商务印书馆1995年版。

［美］约翰·弗兰克·韦弗：《机器人是人吗?》，刘海安、徐铁英、向秦译，上海人民出版社2018年版。

International Shoe Company v. State of Washington, 326 U.S. 310 (1945).

National Science and Technology Council, Preparing for the Future of Artificial Intelligence, 2016, Executive Office of the President, 2016.

United States Code Title 35-Patents, Article 101, 2015.

William Cornish, *Intellectual Property*: *Patents*, *Copyright*, *Trade Marks and Allied Rights*, London: Sweet and Maxwell, 1999.

日本格付研究所编：《特许·实用新案审查基准》，第Ⅲ部第1章，2015年。

后　　记

在完成这部《新业态下知识产权专题研究》撰写之际，我的内心充满了感慨。这部作品不仅仅是我对法学领域一次深入的探索，更是我人生道路上一段宝贵的经历。回顾这本书的写作过程，我深感法学与人生、法学与社会的紧密相连。法学不仅是我职业的选择，更是我人生的追求。法学，作为人类社会秩序的守护者，其博大精深、严谨缜密，始终吸引着我不断探寻。

在新业态下知识产权专题研究中，从选题到撰写，我深感其中的艰辛与不易，也不禁多次赞叹法学之魅力不仅在于其理论体系的完善，更在于其对社会发展的推动作用。知识产权作为创新驱动发展的重要保障，在新业态的崛起中扮演着愈发重要的角色。在撰写本书的过程中，通过对相关案例和文献分析，试图揭示新业态中涌现出的知识产权的新特点和挑战，为学术界和实务界提供对这些问题的深入理解和应对策略。尽管本书的研究范围有限，但我希望通过这次研究能够引起更多学者和制度制定者对新业态知识产权问题的关注，并为相关研究和政策制定提供一定的参考和借鉴，以期为新业态下知识产权的保护与发展贡献一分力量。

在本书的写作过程中，我要感谢所有支持、帮助过我的人。感谢我的家人，他们一直是我坚强的后盾，给予我无尽的爱和鼓励。感谢我的领导和同事，感谢他们在我研究遇到困难时给予了无私的帮助和支持，给予了宝贵的建议和指导。感谢我的同事杨昇，感谢她在第二章、第三章、第四章章节撰写、框架搭建等工作中的付出。感谢我的学生，法学硕士研究生戴运、段泓玉、曹雨嘉、杨澜、刘菲杨和何琦六位同学在资料收集整理及审核校对等工作上做出了贡献。此外，我还要感谢那些为新业态知识产权发展做出贡献的先驱者们，正是他们的努力和探索，为我们今天的研究提供了宝贵的经验和启示，他们求知创新的精神和严谨踏实的态度，将永远激励着我不断前行。

  回顾这本书的撰写过程，我深感自己的成长和进步。虽然其中有不少艰辛和挑战，但正是这些经历，让我更加坚定了对法学事业的热爱和追求。同时，我也意识到本书可能还存在不足之处，欢迎读者们提出批评和建议，以便我在今后的研究中不断改进和完善。也期待未来能够有更多的学者和研究机构加入到这一领域的研究中，共同推动知识产权保护和管理的理论和实践创新。展望未来，我将继续深耕法学领域，关注新业态知识产权的最新动态与发展趋势，为我国的法治建设贡献自己的力量。

王越
2024 年 5 月于大连